HISTOIRES NOIRES

Dans Le Livre de Poche :

ALFRED HITCHCOCK
présente :

HISTOIRES À NE PAS LIRE LA NUIT.
HISTOIRES À FAIRE PEUR.
HISTOIRES DIABLEMENT HABILES.
HISTOIRES MACABRES.
HISTOIRES ANGOISSANTES.
HISTOIRES À N'EN PAS REVENIR.
HISTOIRES RICHES EN SURPRISES.
HISTOIRES PIÉGÉES.
HISTOIRES TROUBLANTES.
HISTOIRES DE MORT ET D'HUMOUR.

ALFRED HITCHCOCK

présente :

Histoires noires

LE LIVRE DE POCHE

CHER COUSIN WALTER...

par Nora et Lee Caplan

Ils reçurent la carte postale au début du mois d'août. Elle ne comportait que quelques lignes, demandant comment ils allaient, parlant de cet été particulièrement chaud et souhaitant qu'ils puissent se revoir bientôt. Mais elle était signée « *Tante Margaret* ». Et ni Tom ni Helen n'avaient de Tante Margaret. Avec cela aucune adresse. Que le cachet de la poste qui indiquait Baltimore.

— Il faut la rendre au facteur, dit Tom.

Mais Helen oublia. Et plusieurs semaines après, elle retrouva la carte sous le buvard du bureau. Elle pensa alors qu'il serait stupide de la retourner aussi tardivement. Et, pour une raison qu'elle ne s'expliqua pas, elle la mit de côté.

L'été s'acheva et les enfants retournèrent à l'école. Un jour qu'Helen devait retrouver Tom en ville pour déjeuner avec lui, la deuxième carte arriva. Elle décida de l'emporter pour la montrer à Tom. Et quand ils eurent commandé leur repas, elle lui tendit la carte en disant d'un ton léger :

— Tante Margaret a été malade.

Tom parcourut la carte des yeux puis lut à haute voix :

« Merci de tout cœur pour vos ravissants asters. C'est très gentil de vous souvenir qu'ils ont toujours été parmi mes fleurs favorites. »

Le sourire d'Helen égalait le sien.

— J'étais sûre que tu apprécierais particulièrement ces remerciements.

— Elle se trompe d'individu, c'est certain.

— Tu ne trouves pas un peu drôle qu'elle ne mette jamais son adresse ? dit pensivement Helen. Sans doute croit-elle que cela n'est pas nécessaire.

Il plia ses lunettes et les remit dans la poche de son veston.

— Ce Tom Warford vient sans doute de s'installer à Silver Spring. Je me croyais tout seul de ce nom dans l'annuaire. Remets cette carte dans la boîte. La poste se débrouillera.

Mais Helen n'en fit rien. Elle éprouvait un inexplicable regret à se défaire des cartes. Elle aimait la haute écriture précise aux majuscules bien formées. Elle mit les deux cartes dans le tiroir du haut du bureau.

Tom et Helen venaient de commander quelques bulbes supplémentaires de tulipes et un sapin bleu pour leur jardin, quand ils reçurent la troisième. C'était un samedi, à la fin de septembre. Quand Helen vit entrer Tom, elle arrêta l'aspirateur qu'elle passait dans le salon. Tom avait un air bizarre.

— Je ne sais pas vraiment quoi faire de ça, dit-il en lui montrant la carte. Vois toi-même.

Le message commençait comme d'habitude :

« Très chers, J'espère que vous êtes toujours en bonne santé. En ce moment je me porte aussi bien

que possible, merci. Ma tendresse à Tim et Nancy. Mais je doute qu'ils se souviennent encore de moi. Il faut absolument que nous arrangions quelque chose pour nous revoir bientôt. Affectueusement, Tante Margaret. »

C'était si imprévu qu'Helen tout d'abord ne put rien dire. Les yeux de Tom lui parurent très noirs quand elle le regarda.

Un instant après Tim entrait en trombe. Il hurlait :

— J'veux qu'quelqu'un vienne faire partir ces idiotes de filles ! Elles marchent sur mes affaires et Nancy a déjà renversé le pot de colle. Elle...

La voix de son père tomba, incisive.

— Je t'ai déjà dit que le perron n'était pas un endroit pour faire tes constructions. Descends au sous-sol ou bien monte chez Mike.

Quand il se retourna vers Helen, il la trouva assise toute droite sur le bord du divan et regardant fixement la carte postale posée sur une table basse. Cette carte lui donnait la nausée et pourtant elle ne pouvait en détacher ses yeux.

Tom s'assit près d'elle et commença, un peu hésitant.

— Cet autre Tom Warford peut très bien avoir deux enfants qui portent les mêmes prénoms que les nôtres.

— Tu sais bien que c'est impossible.

Il caressait d'une main son menton où la barbe commençait de se voir.

— En effet, ça paraît assez difficile.

— Je n'y comprends rien, continua Helen. A moins que ce ne soit là un moyen de nous faire comprendre que... mais tu ne gagnes pas vraiment assez d'argent pour qu'on essaie de kidnapper...

— Ah ! non, chérie ! Pas ça ! C'est insensé ! Il peut y avoir trente-six raisons, mais pas celle-là, ajouta-t-il plus doucement en lui passant un bras autour des épaules.

Elle essaya de sourire.

— Tu vas peut-être me trouver encore un peu folle, mais je commence à très bien me la représenter. Une délicieuse vieille dame, touchante, un peu frêle... Tu vois ? continua-t-elle en regardant le mur devant elle. A ton avis, qu'est-ce qu'elle cherche à faire ?

Il haussa les épaules.

— Qui te dit d'abord qu'elle existe vraiment, cette Tante Margaret ? Cela peut très bien être une plaisanterie de quelque garnement. Ou d'un original. A moins encore que ce ne soit une histoire publicitaire. (Il paraissait ennuyé de la voir demeurer silencieuse devant ces hypothèses.) Tu ne peux pas savoir : ces agents de publicité sont capables de tout pour lancer une affaire. Même d'une chose aussi stupide.

Helen se tourna de nouveau vers lui.

— Tu n'as pas l'intention d'alerter la police, je pense ?

Il s'esclaffa :

— Tu nous vois allant au poste de police avec une carte postale signée Tante Margaret ? Ils diraient que nous sommes tombés sur la tête.

Elle rectifia alors d'une voix tranquille :

— Ce n'est pas une, mais trois cartes postales que nous avons. Je n'ai pas retourné les autres.

Et elle alla les chercher dans le bureau, les posa près de la dernière sur la table basse.

Tom n'y prêta pas attention.

— Bon. Nous en avons trois. Mais elles ne comportent rien de spécial. Aucune menace. Rien. Enfin, jusqu'à maintenant... se hâta-t-il d'ajouter avec une certaine prudence. Mais que veux-tu que la police en fasse ? Qu'elle y passe de la poudre pour y trouver des empreintes ? Écoute, chérie, dit-il en se levant avec impatience. Cessons d'imaginer des choses sinistres. Cela ne vaut rien de nous monter la tête comme cela. D'ailleurs, cette carte est probablement la dernière que nous recevrons jamais. (Du bout de sa chaussure il poussa légèrement le pied d'Helen.) Si tu faisais rentrer les enfants pour déjeuner ?

Puis il gagna la salle de bain, Helen l'entendit chercher son rasoir dans l'armoire de toilette et tourner le robinet d'eau chaude.

Très peu de temps après, il réapparaissait dans le vestibule, la moitié du visage encore recouverte d'une épaisse couche de savon.

— Après tout, pourquoi ne pas s'attendre à quelque chose de drôle ? Tu vois ce que je veux dire ?

Brusquement, la situation apparut aux yeux d'Helen comme un mélodrame digne du petit écran. Elle se mit à rire.

— Ta première idée était meilleure. Je préfère oublier.

Mais son inquiétude revint vite. Elle en arriva à redouter, chaque matin, d'ouvrir la boîte aux lettres. Les premières cartes n'avaient pas été envoyées à des dates régulières. Entre la première et la deuxième, six semaines s'étaient écoulées. Puis il y eut un mois d'intervalle. En supposant qu'il en vînt encore une, celle-ci pouvait arriver d'un moment à l'autre. Cependant octobre, sans histoire, laissa la place à novembre. Un coup de chance à signaler, malgré tout. Tom réussit une assez grosse affaire d'assurances et pour célébrer l'événement ils allèrent au théâtre.

Un jour de la fin novembre, Nancy, qui revenait de l'école, entra dans la maison en appelant sa mère :

— Devine ce que j'ai trouvé... une carte de la dame qui dit qu'elle est notre tante.

Elle pénétra dans la cuisine, sans chapeau et tout ébouriffée.

Helen préparait le déjeuner.

— Enlève ton manteau et lave-toi les mains.

Nancy lui agitait la carte devant les yeux.

— Tu ne veux pas lire ?

— Laisse ça tranquille, dit Helen d'un ton bref. Cela ne te regarde pas. Allez, sors d'ici.

La petite fille ne se découragea pas. Elle insista même :

— Mais je vous ai entendus, Papa et toi... vous disiez que la dame parlait de Tim et moi. Elle ne m'a rien envoyé pour mon anniversaire. Pourtant si elle est ma tante, elle devrait...

Helen claqua la porte du réfrigérateur.

— Nancy, ça suffit. Regarde l'heure qu'il est, tu n'es même pas encore à table. (Elle se pencha et brusquement défit le manteau de Nancy.) Tu es en sixième et tu ne sais pas encore boutonner correctement ton manteau ! Et qu'as-tu fait de ton deuxième ruban ? Si tu n'es pas prête à déjeuner dans deux secondes... conclut-elle sans laisser à la fillette le temps de répondre.

Quand l'enfant fut de nouveau partie pour l'école, Helen s'assit et lut la carte postale, le visage impassible.

« J'ai été très contente de voir que vous aviez suivi mes conseils au sujet de votre sapin bleu. Je souhaiterais que Walter ait autant d'égards envers sa tante que vous en avez. Il me laisse encore une fois toute seule, avec Hattie pour toute compagnie. Embrassez les enfants pour moi. »

Cela se terminait comme d'habitude : *« Affectueusement, Tante Margaret. »*

Ce soir-là, Helen discuta avec Tom.

— Mais je suis absolument certaine que personne n'est venu regarder notre maison...

— Tu ne l'auras pas remarqué.

Le ton d'Helen monta.

— Elle doit être folle. Écrire à des gens qu'elle ne connaît même pas. Et il faut que ça tombe sur nous ! Que peut-elle bien vouloir ?

— Doucement, chérie. Les enfants ne dorment pas encore.

Helen se souvint alors de ce que Nancy disait à midi. Elle baissa la voix.

— Je sais ce que tu vas me répéter. Que je n'ai pas à m'inquiéter. Que je n'ai qu'à oublier tout cela, même si quelqu'un nous surveille.

Il secoua la tête.

— Tu te trompes. Je m'inquiète pour toi comme pour les enfants.

Et pour la convaincre autant que pour se convaincre lui-même, il ajouta :

— Je crois à deux choses. Et l'une et l'autre peuvent arriver sous peu. Premièrement, elle doit bien se rendre compte de l'effet que ses cartes peuvent produire sur nous et que nous risquons d'aller nous plaindre à la police si elle continue son manège. Par conséquent elle va cesser d'écrire.

— Deuxièmement ?

Il répondit simplement :

— Elle a peut-être une raison pour nous avoir choisis.

— Mais quelle raison plausible pourrait-elle bien avoir ?

Helen s'énervait de voir Tom jouer méthodiquement avec des allumettes. Elle se serait sentie beaucoup plus rassurée si elle avait obtenu de lui une réponse nette. Il se contenta de dire :

— Je ne sais pas. Du moins, pour l'instant.

Il jeta les allumettes sur la table, enfonça ses deux mains dans ses poches et se tourna vers la fenêtre. Il faisait froid au-dehors. La glace alourdissait les branches du sapin au pied duquel une lampe de la rue dessinait un ovale de lumière sur la pelouse sombre. Tom eut brusquement l'impression que rien de ce qui l'entourait ne leur appartenait plus.

Helen avait dû lui demander quelque chose car sa voix se fit insistante.

— ... Réponds-moi. Qui supposes-tu que soit Walter ?

— Je ne le sais pas plus que toi.

C'était drôle qu'il eût oublié ce passage de la carte postale. En somme il ne s'inquiétait que de ce qui les concernait particulièrement. Mais il se sentait vraiment trop fatigué pour réfléchir davantage. Il tourna le bouton de la télévision, négligeant de changer de chaîne bien que l'émission captée fût une de celles qu'il trouvait stupides et ne regardait jamais. Le regard d'Helen suivit les images sur l'écran. Sans les voir, comme le sien.

Dix jours plus tard, ils reçurent encore une carte postale. Tante Margaret y parlait d'un certain rendez-vous qu'elle avait pris avec son homme d'affaires pour le mercredi suivant afin, disait-elle, de leur faire (à Tom et Helen) une petite surprise.

Le lendemain matin, Helen venait de se servir une seconde tasse de café noir et commençait les mots croisés du journal quand on frappa à la porte. Elle pensa tout de suite au blanchisseur, et ne prit pas la peine d'aller se donner un coup de peigne avant d'ouvrir. Mais c'était quelqu'un qu'elle ne connaissait pas. Un homme plutôt grand, les tempes grisonnantes, la quarantaine distinguée, vêtu d'un magnifique costume gris de coupe italienne, agrémenté d'une cravate de soie noire. Tout, en lui, semblait être fait sur mesures, y compris son visage bronzé aux traits réguliers.

— Vous êtes sans doute Helen ? Je suis Walter.

Elle le regardait sans pouvoir le reconnaître.

— Je suis désolée, mais je ne...

— Walter... le neveu de Tante Margaret.

Et il lui tendait la main.

Elle eut alors l'impression que toute vie s'arrêtait autour d'elle et qu'elle se trouvait brusquement changée en statue. Puis elle se ressaisit.

— Ah ! oui. Entrez donc.

Et elle s'effaça devant lui.

Tout de suite elle lui en voulut de venir à une heure aussi matinale. Le salon était un vrai fouillis. Des morceaux de papier traînaient sur le divan. L'imperméable de Tom était jeté sur un fauteuil et les bottes pleines de terre de Tim dans un coin. Mais Helen décida de ne pas s'excuser.

— J'allais prendre une tasse de café, dit-elle. Voulez-vous...

Il refusa en remerciant, choisit le siège le moins encombré, remonta un peu les jambes de son pantalon afin de ne pas abîmer leur pli, et s'assit, parfaitement à l'aise.

Bien qu'elle n'en eût plus du tout envie, Helen alla résolument à la cuisine et revint avec une tasse en plastique remplie d'un café tiède. Puis elle prit un fauteuil en face de Walter.

— Je viens de chez les Randolph où j'ai chassé durant le week-end, commença-t-il d'un ton détaché. En rentrant j'ai pensé à m'arrêter ici. Vous avez là une maison très... confortable, apprécia-t-il tandis que son regard parcourait la pièce avec une certaine hauteur. Rien que par ce que j'en vois...

Helen sourit froidement sans répondre. Il les cataloguait visiblement, Tom et elle, dans la classe moyenne, ou même plus bas.

Ainsi c'était Walter...

— Comment vont les enfants... Tim et Nancy ? demanda-t-il.

— Très bien. Ils sont à l'école.

Il fit une moue qui attestait son regret.

— J'aurais aimé les voir. Tante Margaret va sûrement me questionner à leur sujet.

A ce point de la conversation, il eût été logique qu'Helen demandât carrément ce qu'en réalité il venait faire. Mais son attitude la mettait, sans qu'elle sût pourquoi, sur la défensive, l'agaçait même. Pour l'instant tout au moins, elle préféra continuer de jouer le rôle qu'il lui attribuait. Celui d'une parente pauvre.

Il continua :

— Tom va bien ?

— Très bien.

— Toujours en bonne place à la Compagnie d'Assurances Générales ?

Ce détail ne changea pas l'humeur d'Helen. Au contraire, Walter l'ennuyait de plus en plus. A cause de ses yeux bleus et froids, de cette façon qu'il avait de tenir sa tête de façon à ce qu'elle ne touchât pas le dossier du fauteuil. Elle répondit seulement :

— Ses affaires vont aussi bien qu'elles peuvent aller en cette période de l'année.

— Rencontre-t-il quelquefois Bill Mayfield ? Il est aussi dans cette compagnie d'assurances. Directeur ou président du conseil d'administration, je ne sais plus très bien. De toute façon, Bill et moi sommes de vieux amis. Nous avons fait nos études ensemble. Il y a bien longtemps que je ne l'ai vu.

— Tom n'est qu'un simple courtier. Je doute qu'ils se connaissent.

Elle but le café qui restait. Lui sortit de sa poche un étui à cigarettes et le lui tendit. Mais elle secoua négativement la tête. Il choisit alors une cigarette puis remit l'étui dans son veston. Le geste était exécuté avec un art consommé. Comme il cherchait son briquet, il dit :

— Avant que j'oublie, avez-vous quelque chose que je puisse transmettre à Tante Margaret ? Vous ne paraissez pas écrire beaucoup, ajouta-t-il en souriant, ni venir la voir souvent. Je ne vous en blâme pas tout à fait d'ailleurs. Rien n'est plus ennuyeux qu'une vieille personne. Évidemment, ma position est pire que la vôtre. Elle se décharge de tout sur moi.

A ce moment-là, Helen s'entendit dire d'une façon tout impulsive :

— Il y a une chose dans sa dernière carte qui m'étonne un peu. Elle parle d'une visite à son homme d'affaires. (Aussitôt elle sentit un léger raidissement dans l'attitude de son interlocuteur.) Tom et moi, nous nous demandions... Mais cela n'a pas d'importance. Tante Margaret s'expliquera sûrement d'elle-même un jour ou l'autre.

Il regardait fixement sa main qui tenait la cigarette.

— Quand vous a-t-elle écrit cela ?

— Sa carte est arrivée ici samedi. Elle l'a sans doute mise à la poste la veille.

Il réfléchissait.

— C'est intéressant à savoir, dit-il à la fin. Jusqu'à maintenant elle me donnait toujours votre courrier à mettre à la boîte. Cela vous ennuierait de me la montrer ?

Helen alla chercher dans le bureau la dernière carte reçue. Elle regarda le timbre.

— Oui, c'est bien le 26. Par conséquent, vendredi.

Elle lui tendit la carte qu'il lut avec une grande attention. Puis il la lui rendit. Il porta sa cigarette à ses lèvres et fit jouer son briquet. Mais celui-ci refusa de s'enflammer malgré plusieurs essais.

— Je vais vous chercher des allumettes, proposa Helen.

Il eut un geste impatient de refus et écrasa sa cigarette dans un cendrier.

— Non, non. Ne vous dérangez pas. A votre place, dit-il d'un ton bref, je ne ferais pas très attention à ce qu'écrit Tante Margaret. Elle vieillit terriblement depuis un an. Et bien que je déteste employer ce mot, je dirai même qu'elle paraît de plus en plus sénile.

— Vous m'étonnez, répliqua Helen qui trouvait un réel plaisir à se montrer d'un avis contraire. Je n'ai pas du tout cette impression. Je la trouve toujours parfaitement saine d'esprit.

Elle n'arrivait pourtant pas à comprendre pourquoi elle se sentait le droit de parler de choses qui, en vérité, ne la regardaient nullement, un peu comme si c'eût été une question de loyauté envers cette inconnue.

Il la regarda et ses yeux montrèrent nettement qu'il évaluait à leur juste valeur sa jupe et son sweater de lainage vert, ses chaussures plates usagées, sa coiffure banale. Et, d'un ton désagréablement familier, il reconnut :

— Vous avez le droit de prendre cette attitude... d'autant plus que cela peut être à votre avantage. Mais, ne craignez-vous pas, ma chère, que votre but ne soit tout de même un peu trop évident ? Renouer ainsi, après tant d'années, avec Tante Margaret, à l'âge qu'elle a...

— Cela nous regarde, répondit Helen avec une assurance qui la surprit elle-même.

Il marcha vers la porte.

— Je ferais mieux de rentrer, dit-il en donnant une chiquenaude à un fil blanc accroché à la manche de son veston. Il n'y a vraiment rien que je puisse dire de votre part à Tante Margaret ?

Il la défiait jusqu'au bout. Comme il ouvrait la porte, Helen répondit :

— Assurez-la de notre affection et dites-lui que nous aimerions beaucoup la revoir.

— Naturellement, fit-il.

Et il la quitta.

Elle alla décrocher le téléphone et appela Tom.

— Walter sort d'ici, lui annonça-t-elle sans autre préambule. Tu ne peux pas te figurer...

Mais on tapait à la machine dans le bureau de Tom. Il entendait mal.

— Qui ?

Elle répéta plus fort.

— Walter... Tu sais bien. Le neveu de Tante Margaret.

— Que diable voulait-il ?

— C'est bien ce que je me demande.

— Écoute, chérie, rappelle-moi un peu plus tard. Je partais voir un client. Je serai de retour à mon bureau vers trois heures. Non. Plus tard... Il faut absolument que j'aille immédiatement à Arlington.

— Tant pis, dit Helen. Je te raconterai ça ce soir.

Elle se sentait très déçue d'avoir à attendre le retour de Tom et elle essaya avec difficulté de reprendre la journée où elle l'avait laissée. Elle repassait encore du linge quand les enfants revinrent de l'école. Tim avait déchiré sa veste toute neuve et Nancy raté sa composition d'orthographe. Helen s'efforça de garder son calme en attendant que Tom fût là pour prendre les choses en mains. Malheureusement, au moment où elle mettait un plat de viande au four, il téléphona pour la prévenir qu'il ne rentrerait pas pour dîner. Pour une fois, Helen remercia la télévision. Les enfants pourraient la regarder ce soir-là jusqu'à l'heure de leur coucher.

Tom rentra finalement à près de onze heures. Son visage était défait et sa voix enrouée.

— Tu couves quelque chose, déclara Helen en lui mettant la main sur le front. Prends de l'aspirine et mets-toi au lit. (Ce n'était pas le moment de lui parler de Walter.) Je téléphonerai à la première heure demain matin à ta compagnie pour leur dire que tu ne pourras pas aller travailler. Comme cela tu dormiras autant que tu voudras.

Il ne protesta pas et elle en conclut qu'il était en effet malade.

Le lendemain, elle lui apporta son petit déjeuner au lit. Et comme elle restait dans la chambre pour y remettre un peu d'ordre, Tom lui dit :

— Tu ne m'as toujours pas dit ce que Walter voulait hier.

Helen s'assit à côté de lui sur le lit. Quand elle eut fini de lui raconter ce qui s'était passé avec Walter, il rejeta furieusement les draps et ragea :

— Ce que je trouve idiot c'est non seulement que tu lui aies rapporté ce que la vieille dame nous avait confié, mais surtout que tu n'aies tiré aucun renseignement de ce type. Pourquoi ne lui as-tu pas tout simplement demandé ce qu'elle voulait faire ? dit-il, enfin, en se calant les reins avec un deuxième oreiller.

— Je savais bien, murmura Helen, que tu ne me comprendrais pas. Je ne vois d'ailleurs pas très bien moi-même pourquoi j'ai agi ainsi. Je me sentais montée contre lui et... (Elle passa lentement sa main sur le drap pour le défriper.) Le plus étrange, c'est que j'éprouvais comme une sorte d'obligation envers elle... envers Tante Margaret. Presque comme si elle attendait quelque chose de moi.

Il reprit après un silence :

— D'après ce que je comprends, ce neveu s'est montré plutôt familier. N'empêche, soupira-t-il, que tu viens de laisser passer une belle occasion de savoir ce que tout cela veut dire.

Parmi leur courrier de ce matin-là, ils trouvèrent une enveloppe qui portait l'écriture de Tante Margaret. Dans son impatience de lire cette lettre, Helen ne vit pas qu'une partie du contenu de l'enveloppe tombait sur le parquet. La lettre portait la date du lundi.

« *Ma chère Helen, mon cher Tom,*

J'avais tout d'abord décidé que ce qui est joint à ma lettre vous serait envoyé par mon avoué. Mais je préfère m'en occuper moi-même car j'éprouve maintenant pour vous une réelle affection.

Sans doute avez-vous été surpris de recevoir une série de cartes postales d'une étrangère. J'ai simplement choisi votre nom dans l'annuaire du téléphone. J'aime le nom de Thomas et l'un de mes ancêtres, du côté maternel, s'appelait aussi Warford. Après une discrète enquête, je me suis rendu compte à ma grande satisfaction que vous étiez tout à fait le genre de jeune couple que j'espérais.

Je vous assure que mon but n'était pas de vous importuner et bien qu'il fût une action désespérée de ma part, il se trouve excusable. En bref, je me sers de vous comme exemple pour mon neveu. Je me reproche d'être responsable de son manque de caractère. Quoi qu'il en soit, après avoir en fin de compte reconnu sa faiblesse et l'impossibilité dans laquelle je suis de l'en corriger, j'ai pensé que des parents — même fictifs — comme vous, lui serviraient d'exemple.

Pendant que je me désolais d'employer de tels moyens, le résultat final a dépassé mes espérances, pour moi et aussi pour Walter. J'avais, il y a quelque temps, réduit sa part d'héritage dans mon testament. Mais je veux, maintenant, prendre de nouvelles dispositions en sa faveur afin qu'il redevienne mon principal héritier.

Ainsi aurez-vous, sans le savoir, pris une part importante dans ma vie et celle de mon neveu. Walter m'a longuement parlé de la visite qu'il vient de vous faire et montré combien vous l'aviez favorablement impressionné. Il semble désormais rempli de bonnes intentions.

Vous trouverez dans ma lettre un chèque, simple gage de ma gratitude. Son montant exprime mal mes remerciements et mes regrets aussi que cette affaire ait pu vous causer une injuste inquiétude.

Je vous quitte. Hattie, ma vieille chatte persane, trop gâtée, insiste pour que je l'emmène faire notre promenade habituelle d'après dîner, de façon à prendre un peu l'air. Je vous souhaite à tous les deux et aux enfants un heureux Noël et une nouvelle année parmi les meilleures. Affectueusement, Tante Margaret. »

Helen ramassa le chèque. Il était de cinq mille dollars et signé Margaret Dawes Comstock. Sceptique, Helen relut la lettre et s'aperçut alors que celle-ci comportait un post-scriptum au verso.

« *Je ne peux résister au plaisir de vous rapporter un exemple des attentions que Walter a maintenant pour moi. Il part pour Philadelphie par le train de 10 heures et, comme je vais me trouver seule jusqu'à demain matin, il ferme lui-même toutes les fenêtres. Le cher garçon, il a même tenu à vérifier lui-même la chaudière du chauffage central, avant de partir.* »

Helen tendit finalement la lettre et le chèque à

Tom en lui disant qu'elle espérait que les nouvelles ne le rendraient pas plus malade.

— Ah ! ça alors, s'exclama-t-il, stupéfait. J'avais déjà entendu parler d'histoires extraordinaires, mais celle-ci dépasse tout. Elle a du caractère, Tante Margaret.

Helen secoua la tête.

— Non, dit-elle avec émotion, je ne crois pas que ce soit tout à fait cela. D'ailleurs, elle l'explique elle-même... Je trouve touchant son désir de rendre son neveu meilleur et de s'acquitter envers nous parce qu'elle nous a causé quelques ennuis.

Tom grommela :

— Drôle de façon d'agir, tout de même.

— Mais nous n'allons pas garder cet argent, dit résolument Helen. Walter serait trop content. Je vais écrire tout de suite à Tante Margaret et, que tu le veuilles ou non, lui retourner son chèque.

Elle vit avec surprise Tom se montrer de son avis.

— Plus vite nous serons débarrassés de cela, et mieux cela vaudra. Mais comment vas-tu faire ? Tu n'as pas d'adresse.

— Mais si. Il y en a une en haut de la lettre.

Tom s'allongea de nouveau dans son lit. Au moment où elle allait quitter la pièce il ouvrit un œil et sourit.

— Dis-lui que ce qui nous a le plus impressionnés, c'est Walter s'occupant lui-même du chauffage central. Je parierais à dix contre un qu'il ne sait pas reconnaître une chaudière d'une machine à laver.

Helen se mit à rire.

— Je crois que je vais le faire, répondit-elle.

***

Le mercredi matin, la sonnerie du réveil ne se déclencha pas et c'est Tim qui réveilla ses parents en les secouant.

— Il est huit heures et demie !

D'un bond Tom sauta du lit.

— Oh ! Et moi qui devais être à Wheaton à neuf heures et demie ! Je n'ai pas le temps d'avaler une tasse de café. Je m'arrêterai à un drugstore quand j'aurai fini avec mon client. A ce soir, dit-il en embrassant Helen à la hâte.

Après le départ de Tom, Helen décida de préparer d'abord sa lessive. De ce fait il était près de dix heures quand elle fit chauffer son petit déjeuner et ouvrit le journal. Ce fut donc entourée d'une vaisselle pas faite, d'un parquet pas encore balayé et parmi les aboiements aigus et répétés du cocker des Freeman qui en voulait à un élagueur d'arbres, qu'Helen lut ce titre dans son journal, à la rubrique nécrologique :

« MARGARET DAWES COMSTOCK, 75 ANS, VEUVE DU FONDATEUR DE LA BAY CHEMICALS COMPANY.

Baltimore, Md. 30 novembre. Margaret Dawes Comstock a été trouvée asphyxiée ce matin dans sa maison par l'un de ses domestiques, victime apparemment du mauvais fonctionnement d'une chaudière de chauffage central.

Elle était la veuve d'Andrew Comstock, le fondateur de la Bay Chemicals Company. Généreuse bienfaitrice de maintes organisations charitables de notre ville, elle était aussi connue pour son amour du jardinage. Le parc de sa propriété était ouvert au public chaque année à diverses occasions.

Elle n'avait pour famille qu'un neveu, Walter Dawes Carew. »

Helen alla prendre dans le bureau la dernière

lettre de Tante Margaret et elle en chercha la date. Puis elle relut le post-scriptum. Ensuite elle replia la feuille de papier et machinalement la mit dans la poche de sa blouse. Dans un état voisin de l'hébétude, elle retourna à la cuisine, rangea, nettoya, s'efforçant d'enlever jusqu'au plus petit morceau de corn flake séché sur la nappe de plastique. *Ce n'est pas un accident*, se répétait-elle. *C'est lui...* Elle remplit d'eau l'évier, et cherchant à tâtons l'éponge, ne s'aperçut même pas que cette eau était brûlante. Elle ne sentait plus rien. *Ma lettre a dû arriver aujourd'hui. S'il la lit... il verra que je parle de la chaudière...*

Elle décrocha le téléphone et appela Tom.

— Je suis désolée, répondit la secrétaire, M. Warford n'est pas encore arrivé...

— Dites-lui de me téléphoner dès son retour, insista Helen d'un ton pressant.

Et elle raccrocha. *En supposant que la police ne soupçonne même pas Walter... D'ailleurs, pourquoi le soupçonnerait-elle ?...* Elle regardait fixement le numéro marqué sur l'étiquette jaune au-dessus du cadran du téléphone. Appels urgents. *Mais peut-être vaut-il mieux parler à Tom d'abord. Il saura mieux s'expliquer avec la police.*

A ce moment-là elle se souvint de sa lessive. Elle devait être terminée. Elle descendit au sous-sol et mit le linge dans l'essoreuse. Puis elle commença de remonter l'escalier. Mais à mi-chemin elle leva la tête. Sur la dernière marche, il y avait des chaussures... d'élégantes chaussures qu'elle connaissait.

— Ah ! vous voilà, dit Walter. Je craignais que vous ne fussiez pas là.

Il se tenait dans l'encadrement de la porte qui donnait dans la cuisine, toujours aussi à l'aise, vêtu cette fois d'un costume noir. Sans qu'il fît le moindre geste menaçant, il s'opposait visiblement à ce qu'Helen remontât. Elle redescendit quelques marches mais il devait savoir que le sous-sol n'avait pas d'autre issue que cet escalier.

— Je vous apporte de bien mauvaises nouvelles, dit-il encore. Cette pauvre Tante Margaret est morte avant-hier soir.

Elle agrippa la rampe pour s'y appuyer.

— Je sais. Je l'ai lu ce matin dans le journal.

Il ne parut pas s'en émouvoir.

— J'aurais voulu vous éviter ce choc.

Helen s'entendit à peine répondre :

— Est-ce pour cela que vous êtes venu ?

En souriant il tira un papier de la poche intérieure de son veston et le lui tendit. Il ne restait aucun doute à avoir. Dans la demi-obscurité de l'escalier, Helen reconnut parfaitement le chèque qu'elle avait renvoyé la veille.

— Pas exactement. Je tiens à ce que vous gardiez ce chèque, dit Walter. Tante Margaret l'aurait elle-même désiré.

Helen ne pouvait pas répondre. Elle le vit lever les sourcils.

— Je vous propose un marché, poursuivit-il en prenant tout son temps. Pour une raison sentimentale que vous comprendrez, j'aimerais avoir toute la correspondance que vous a envoyée Tante Margaret et, en particulier, sa dernière lettre. (Il s'appuyait du coude contre le chambranle de la porte.) Maintenant que je sais que vous n'étiez pas vraiment ses parents, il n'y a aucune raison pour que vous vous opposiez à mon vœu. C'est très simple. Vous gardez le chèque et vous me rendez la lettre de Tante Margaret.

— Non, jeta brusquement Helen.

Et, aussitôt, elle comprit que sa réponse la mettait davantage encore en danger.

Il se redressa.

— Franchement, je ne vous comprends pas. Que voulez-vous prouver ? Comment est morte Tante Margaret ? Ce chèque ne m'intéresse pas. Je suis persuadé que vous en auriez un bien meilleur emploi que moi. Ne me dites pas, dit-il, sardonique, que vos principes s'opposent à ce que vous l'acceptiez.

Cette dernière réflexion montrait la différence qui existait entre eux. Entre sa valeur et celle d'Helen. Elle comprit brusquement à quel point il était veule — le souci de Tante Margaret. Soudain Helen s'en sentit elle-même plus forte.

— Walter, vous êtes un sot, dit-elle d'un ton sans réplique.

Et pour la première fois elle comprit qu'elle dominait la situation.

Il rectifia machinalement son nœud de cravate et fit un pas vers elle.

— Vous êtes un sot, répéta-t-elle avec force. En tuant Tante Margaret, vous avez commis un crime insensé, insista-t-elle sans lui laisser le temps de protester. Elle devait aller chez son avoué aujourd'hui pour changer son testament de telle sorte que vous héritiez de toute sa fortune. A présent, vous n'aurez pas un centime.

— Vous mentez, dit-il d'une voix rauque.

— Vous n'avez sans doute pas encore vu cet avoué.

L'assurance d'Helen ébranlait nettement Walter.

— Est-ce cela que disait sa lettre ?

Poursuivant son avantage Helen monta délibérément vers lui.

— Ce n'était qu'une partie de sa lettre. Elle disait aussi que personne ne lui était plus cher au monde que vous et qu'elle aurait souhaité faire de vous un homme, dans toute l'acception du terme. Mais vous changiez, écrivait-elle, et elle s'en montrait bien heureuse. N'alliez-vous pas jusqu'à prendre la peine de vous occuper vous-même de la chaudière du chauffage central ? Comment avez-vous pu vous y prendre, Walter ? ajouta Helen en souriant avec tristesse. Je suis sûre que la police se pose la même question. (Elle voyait son étonnement grandir.) Vous avez sous-estimé tout le monde, Walter, sauf vous. Pour ce que vous savez, on peut très bien déjà vous surveiller. Encore une chose à laquelle vous ne songiez sans doute pas... (Elle n'était plus qu'à une très petite distance de lui.) Auriez-vous l'intention de me faire du mal, simplement pour reprendre la lettre ? Vous oubliez Tom. Il sait tout, lui aussi. (Elle le regardait maintenant presque avec pitié.) Walter, ne comprenez-vous pas que vous êtes fini ?

Il n'essaya même pas de l'arrêter quand elle passa devant lui. Les yeux d'Helen ne quittaient pas les siens.

— Ce que vous pouvez faire de mieux, dit-elle, c'est de téléphoner vous-même à la police et de leur dire où vous êtes.

Quelque chose dans l'attitude d'Helen paralysait Walter. Sa façon de se tenir, la fermeté de sa voix. *Elle ressemblait à Tante Margaret.*

— Je ne le peux pas, murmura-t-il.

Helen décrocha alors le téléphone, forma le numéro. Mais avant que quelqu'un au bout du fil ne répondît, elle se tourna de nouveau vers lui.

— Cher cousin Walter, dit-elle doucement, vous ne serez donc *jamais* un homme ?

Relative to murder.
Traduction de Simone Millet-Jacquin.

LE CADAVRE INCOMPLET

par DOUGLAS FARR

Cinq minutes suffirent pour changer la vie de Norman Roth. A vrai dire, même, cela ne dura qu'une seconde. Cette unique seconde au cours de laquelle il découvrit sa femme dans cet endroit insolite, cette seconde où s'abattit sur lui une terrible révélation. Il ne fallut pas plus d'une seconde. Jusque-là, Norman Roth avait été un homme heureux, doux, sans ennemi ni haine. En une seconde il devint un fou sadique sans autre but sur cette terre que la vengeance. Il aurait pu commettre un meurtre au cours de cette seconde. Mais le meurtre ne l'aurait pas satisfait. Le meurtre ne suffisait pas.

***

Au seuil de ces cinq fatidiques minutes, il ne se trouvait qu'à quarante-cinq kilomètres de chez lui. Mais il avait fait, ce jour-là, toute la route depuis Chicago et il était mort de fatigue. Sidney, sa femme, l'attendait — à vrai dire, elle ne l'attendait pas avant quatre ou cinq jours — mais elle l'attendait tout de même. Cette arrivée prématurée serait pour elle une surprise agréable. Il était déjà plus de dix heures et il voulait arriver chez lui avant qu'elle fût endormie.

En attendant, il luttait lui-même contre le sommeil. Il avait toujours eu horriblement peur de s'endormir au volant pendant un de ces voyages et d'aller se jeter dans un fossé ou contre un poteau. Il ne voulait pas faire ça. Il avait trop de raisons de vivre.

Un bref arrêt et une tasse de café, voilà ce dont il avait besoin.

Mais, inexplicablement, le genre d'endroit où l'on s'arrête pour prendre une tasse de café, le restauroute, ne se montrait pas. En désespoir de cause, il finit par choisir un établissement plus relevé. Une vingtaine de voitures encombraient déjà le petit parking, mais il trouva une place dans laquelle il put se faufiler.

La musique le frappa quand il descendit de voiture, une musique un peu trop bruyante à son goût. Mais il se dit que cela l'aiderait à se réveiller. Il entra, et s'aperçut qu'il n'y avait guère plus de lumière dans l'établissement qu'à l'extérieur. C'était le genre de taverne que l'on rencontre habituellement en bordure de route, un peu mieux que médiocre. Il y avait un orchestre de quatre musiciens ; devant l'orchestre un petit espace avait été laissé libre et quelques couples y dansaient. La salle contenait des boxes, des tables et un bar. C'est le bar qui paraissait le moins encombré, aussi s'y installa-t-il.

— Une tasse de café, dit-il au barman.

— Le café vient de la cuisine, répondit celui-ci.

Norman Roth ne se montra pas agressif, mais

ferme. De plus, il était bien habillé, avait l'air d'un monsieur important :

— Vous pourriez me le faire monter ici, non ?

L'homme s'éloigna en maugréant et dit quelques mots à une serveuse. Roth commençait à s'habituer à l'obscurité. Mais l'endroit ne l'intéressait pas. Il ferma les yeux pour les reposer. C'était rudement agréable. S'il n'avait eu tellement envie de rentrer chez lui, auprès de Sidney, il serait retourné dans la voiture piquer un petit somme. Mais l'idée du café était meilleure.

Le café finit par arriver, le sortant de sa léthargie. Une tasse épaisse, sans soucoupe, de café fumant et bien noir. Il déposa un billet d'un dollar sur le bar d'une façon qui indiquait bien qu'il ne comptait pas qu'on lui rendît la monnaie. Puis il but à petites gorgées, aussi vite que le lui permettait la température élevée du breuvage. Il avait presque fini sa tasse et s'apprêtait à partir quand il les vit. Dès ce premier instant aveuglant, il ne se fit aucune illusion. Il comprit exactement, pleinement la signification de ce qu'il voyait.

Ils se tenaient ensemble dans un box contre le mur le plus éloigné. Sans doute devait-il aux couples qui dansaient en passant et repassant devant lui, de ne pas les avoir remarqués plus tôt. Tommy Barron et Sidney.

Tommy Barron n'était qu'un gosse. Grand, beau garçon, mâle, mais tout de même, ce n'était qu'un gosse. D'au moins cinq ans plus jeune que Sidney. Tommy Barron était malin, nanti de diplômes universitaires et venait de finir son service militaire. C'était un vendeur-né et Roth l'avait engagé parce qu'il s'était rendu compte que Tommy était doué. Tommy avait fait ses preuves. En trois ans, et à lui seul, il avait fait conquérir à Roth et à la société une place au soleil. Deux mois plus tôt, Roth avait fait de lui son associé. Et le jeune homme, bien qu'il le méritât, en avait presque pleuré de gratitude. Et voilà que maintenant il se tenait dans un box de taverne, assis en face de Sidney.

La Sidney de Norman Roth. La jolie, jolie Sidney. Pas vraiment belle au sens classique du terme. Ses lèvres étaient un rien trop pleines, son visage un peu trop long, un rien aquilin. Mais elle était belle. Frappante. Sidney avait trente-deux ans, mais elle n'avait pas changé depuis le jour de leur mariage. Ses yeux étaient noirs, étincelants. Elle portait ses cheveux noirs dégagant le visage, soit en chignon, soit en queue de cheval. La manière variait, mais l'effet était toujours terriblement chic. Les gens, qu'ils fussent hommes ou femmes, la regardaient toujours. Tommy Barron avait dû la regarder. Il la regardait maintenant. Ils se regardaient l'un l'autre, inconscients des occupants de l'endroit, parfaitement inconscients de la présence d'un homme petit, plutôt trapu, qui se tenait au bar avec une tasse de café en suspens entre ses lèvres et le comptoir. Sur la table, entre eux deux, il y avait deux verres pleins de whisky, mais ces verres avaient été repoussés de côté, comme s'ils étaient oubliés, sans importance. Les deux mains de Sidney étaient au centre de la table et celles de Barron les recouvraient. Ce soir-là, Sidney avait coiffé ses cheveux en queue de cheval. Sa peau, dans la chiche lumière, était couleur d'ivoire pâle. Elle portait une robe noire, noire comme ses cheveux, une robe que Norman ne lui avait jamais vue, qui révélait la beauté lisse de ses épaules et de son dos.

Elle parlait. Ou plutôt c'était Tommy, le vendeur-né, qui parlait. Les réponses de Sidney se bornaient à un rire silencieux, ou à un geste négatif de la tête qui balançait sa queue de cheval. Son rire était sensuel — bouche entrouverte, provocante. Et son geste de tête feignait d'être négatif. En fait, elle disait oui. Oui. Oh ! oui, oui, oui... Norman Roth le voyait bien. Évidemment, Tommy Barron qui se trouvait plus près d'elle pouvait le voir lui aussi.

Tommy fit signe à la serveuse ; il porta la main à sa poche et déposa quelques billets sur la table. La serveuse vint et parut s'étonner de trouver là les deux verres encore pleins. Tommy Barron se mit à rire, leva son verre et le vida en deux gorgées. Sidney se contenta de le regarder faire, avec amusement. Elle ne toucha pas à son propre verre. Puis il la prit par le bras et ils s'apprêtèrent à partir.

Norman Roth pencha bas la tête sur sa tasse de café et leva la main gauche pour masquer son profil. Mais il n'avait pas à s'inquiéter. Tommy et Sidney ne l'auraient pas remarqué. Ils se regardaient dans les yeux en riant.

Norman Roth attendit qu'ils fussent partis. Pour un homme de son âge, de son rang et de sa corpulence, il se déplaça rapidement. Une fenêtre donnait sur la façade, d'où il pouvait les observer. Il les vit monter dans la décapotable bleue et blanche de Barron. Il vit la décapotable reculer, tourner, reculer de nouveau. Chaque fois, ses pneus faisaient jaillir le gravier. Elle finit par se dégager du parking et tourna sur la gauche, dans la direction d'où venait Roth, c'est-à-dire en s'éloignant de la ville. Roth courut vers la porte, grimpa dans sa propre voiture, et maniant habilement le volant, sortit du parking beaucoup plus vite que la décapotable. Il tourna à gauche lui aussi, s'éloignant de la maison qu'il avait auparavant été si pressé de rejoindre. Il conduisait vite, plein gaz. Et même de cette façon, il lui fallut plusieurs minutes avant de repérer les feux de Barron. Il se rapprocha, vérifia le numéro minéralogique, puis ralentit à nouveau, mais sans perdre de vue le feu rouge de Barron.

Il savait où ils se rendaient, mais il les suivait malgré tout. Il voulait en être absolument sûr. Et ensuite, ils paieraient. Le prix fort. La haine en lui était déjà épanouie, mûre, mortelle. Mais c'était une haine froide, réfléchie, qui le ferait agir sans précipitation et sans erreur.

Il suivit la décapotable pendant trente kilomètres, puis elle ralentit, comme il l'avait prévu. Une lumière rouge s'alluma en clignotant à l'arrière pour indiquer un tournant à droite. Cela aussi, il l'avait prévu. Il ralentit comme il se devait de le faire, mais ne se prépara pas à tourner. Il n'avait pas besoin de les suivre davantage pour savoir quelle était leur destination. Et ses plans n'étaient pas encore au point. La décapotable prit le tournant de justesse. Apparemment le virage n'était pas familier à Barron. Seulement à Sidney. La décapotable n'avait pas ralenti tout à fait assez. Barron était impatient. La décapotable oscillait dangereusement, mais c'était une voiture lourde autant que coûteuse, elle ne se renversa pas.

Sans se presser, Roth dépassa l'intersection tout en regardant les feux rouges de Barron disparaître vers la droite dans un nuage de poussière de gravier. Un tournant, une rangée d'arbres, elle avait disparu. Roth savait où elle allait et à quelle distance elle se trouvait. Ils allaient au cabanon — son cabanon de chasse — où ils jouiraient d'une intimité totale.

Et bien qu'il l'eût su, cette certitude l'atteignait de plein fouet maintenant. Il fut obligé de ralentir. Il se rangea sur le bas-côté et stoppa la voiture en freinant brutalement. Puis il bondit sur la route, et, dans l'obscurité, totalement isolé, il fut malade.

***

Il ne rentra pas chez lui avant quatre jours. C'étaient les jours qu'il était censé passer à Chicago. Mais il les passa dans sa propre ville. Il s'inscrivit sous un nom d'emprunt dans un hôtel bon marché, prit ses repas dans de petits restaurants excentriques et graisseux, en prenant bien soin d'éviter les endroits où il pourrait se trouver nez à nez avec des gens de connaissance.

Il consacra la plus grande partie de son temps à réfléchir. Il passa une journée entière à la bibliothèque municipale, à lire des livres de médecine. Autrefois, il avait voulu être docteur, et avait passé un an à la Faculté. Il prit de nombreuses notes de ses lectures. Au bout de quatre jours, ses plans étaient au point.

Le temps qui avait passé n'avait en rien diminué sa haine. Mais à le voir maintenant, personne n'aurait pu deviner que c'était un homme en proie à une passion dévorante. Il n'était plus malade. Il parvenait même à sourire. Il le savait bien, parce qu'il s'y était entraîné. Il avait appris à dissimuler complètement ses sentiments. Il ressemblait de nouveau à Norman Roth — un homme aimable, réussissant en affaires, satisfait, heureux.

Et c'est sous ces traits-là qu'il repartit chez lui, vers Sidney. Quand elle lui tendit les bras, il alla vers elle et ils s'embrassèrent. Son baiser fut normalement affectueux. Son récit du séjour à Chicago, convaincant.

Sidney se conduisit exactement comme il s'y était attendu. Pour elle, il ne s'agissait que d'une liaison avec l'associé de son mari. Elle n'avait pas l'intention de quitter Norman. Parce que Tommy Barron, de cinq ans plus jeune qu'elle et jouant sa carrière, ne lui avait pas proposé de s'enfuir avec lui. Sidney pourrait être amenée à le lui demander plus tard, mais pour le moment c'était Barron qui dirigeait les opérations. Un vendeur-né, beau parleur, jouissant d'une personnalité séduisante. Si séduisante que, sous son charme, Sidney se laissait même persuader de supporter son mari encore un petit moment.

Donc le mari et la femme se jouaient la comédie. Mais le mari était seul à savoir qu'ils étaient deux à la jouer.

***

Norman Roth laissa les choses aller de cette façon pendant près de deux semaines. Puis un jour, il fit venir Tommy Barron dans son bureau et engagea la conversation comme il l'avait prévu.

— Tommy, la chasse est ouverte pour les écureuils et les lapins. Que diriez-vous de venir passer le week-end au cabanon avec moi pour en tirer quelques-uns ?

Le jeune homme était aussi bon acteur que lui. Mais c'est par ignorance qu'il jouait la comédie :

— Je n'ai jamais chassé de ma vie, monsieur Roth.

Il appelait toujours son associé *monsieur Roth*. C'était intelligent de sa part. Il faisait preuve de l'humilité qui convient.

— Alors il faudrait vous y mettre, Tommy. Vous n'avez pas de manies à ma connaissance. Or, tout homme doit en avoir au moins une.

Et chacun d'eux se mit à rire en secret du double sens de ces paroles.

— Je m'en tiens à ma manie de boire, dit Barron.

— Allons donc, mon petit, c'est une chose que nous pouvons également faire au cabanon.

Roth se montrait gai, bienveillant, exubérant. Mais, en silence, il mesurait son adversaire. Bien entendu, Barron n'avait guère envie de l'avoir comme compagnon de cabanon. Et si lui, Roth, allait chasser au cabanon, Barron aurait carte libre avec Mme Roth à la maison.

— On ne pourrait pas remettre cela à une autre fois, patron ? demanda Barron, obstiné.

Roth prit l'air blessé :

— Je suppose que nous ne nous entendons pas trop bien, vous et moi, sur le plan mondain, murmura-t-il apparemment pour lui-même. Trop de différence d'âge, je suppose.

— Écoutez, ce n'est pas cela...

— Ça ne fait rien, Tommy. Sidney n'aime pas tellement y aller non plus, vous savez. Elle a le cœur trop tendre pour la chasse. J'avais l'habitude d'y aller avec Max Terrel. Mais vous n'ignorez pas qu'il a fait une crise cardiaque. Je n'y suis pas retourné depuis. J'ai horreur d'y aller seul. Mais je suppose que si je veux chasser...

Il était difficile d'ignorer son air pitoyable et son ton désolé. Or, Barron avait une dette de reconnaissance envers lui :

— Écoutez, monsieur Roth...

— Ça ne fait rien, Tommy. Je comprends...

— Je vais vous dire ce que je vais faire. Je vais essayer. Mais il ne faudra pas m'en vouloir si c'est sur vous que je tire et non sur un lapin.

Roth eut un sourire heureux. Les paroles de Barron ne renfermaient aucune menace cachée. Et Roth savait que Barron n'avait pas l'étoffe d'un assassin. Parce que lui, Roth, connaissait exactement les qualités requises.

Le week-end suivant, donc — le vendredi soir — ils partaient ensemble pour le cabanon. Ils partirent dans la voiture de Roth, et c'est Roth qui conduisit. Il sourit en voyant Barron feindre de ne pas connaître le chemin du cabanon, et, lorsqu'ils y furent arrivés, en le voyant faire semblant de le découvrir.

Roth accomplit les gestes routiniers en faisant visiter les lieux à son invité :

— C'est un endroit agréable, vous savez, Tommy. Cela n'a rien d'une vie à la dure. Deux chambres, cuisine, salle de séjour et chambre à coucher. Salle de bain, naturellement. Nous avons notre propre puits. Une cheminée, avec des réserves de bois et une hache si vous avez le cœur à prendre de l'exercice...

Barron accueillit apparemment avec calme la mention de la hache et de l'exercice.

— Nous avons, poursuivit Roth, à la fois des bois profonds et des champs découverts autour d'ici. Beaucoup d'abris pour le gibier. Et l'on trouve parfois du poisson dans le petit lac, en bas de la colline.

Ils défirent leurs bagages et, quand cela fut fait, Barron déclara qu'il était fatigué et qu'il aimerait aller se coucher. Étant donné que son invité avait avoué que son vice était de boire, Roth insista pour qu'il s'y adonnât un peu. Il n'avait aucune raison de se lever tôt le lendemain matin. Roth alla vers le réfrigérateur, rapporta des cubes de glace et ouvrit une bouteille d'Old Crow. Barron ne mit pas très longtemps à se laisser convaincre.

L'invité avait une résistance considérable au bourbon. Son hôte s'y était plus ou moins attendu, aussi se montra-t-il patient. Quant à lui, il but avec circonspection, mais s'arrangea pour donner l'impression à son invité qu'il lui tenait compagnie. Une fois la bouteille à demi vidée, Barron exprima le désir de s'arrêter, mais Roth ne voulut rien savoir.

Il était près de minuit quand Barron finalement s'effondra :

— Je veux me coucher, maintenant, patron, bafouilla-t-il.

Pour toute réponse, Roth lui servit une nouvelle rasade d'alcool. Barron pouvait à peine tenir le verre, mais il but avec obéissance. Il avait le regard vide et n'arrivait plus à le centrer. Il tenta de se lever pour se diriger vers un lit, mais ses jambes ne purent faire cet effort et il retomba sur le dos. Debout à son côté, Roth s'impatientait maintenant que la fin était proche.

Et puis la fin arriva, plutôt soudaine. La tête de Barron s'affaissa brusquement en arrière, puis sur le côté. Le verre tomba de sa main et se brisa, tandis que le whisky et les cubes de glace se répandaient à terre.

Pourtant, Roth voulait être absolument sûr de son fait. Il souleva le corps inerte par les bras et le mit debout : « Barron ! » lui cria-t-il, en plein visage. N'obtenant pas de réponse, il lâcha le corps, qui s'effondra sur le verre brisé. Roth, alors, passa rapidement à l'action. Il alla chercher la hache sur le tas de bois, près du feu ; le scalpel de chirurgien était prêt dans sa poche. Se servant de ces deux objets pour couper, il effectua l'opération. Le whisky qu'il avait bu servit à la fois à lui donner courage et à atténuer la douleur. Il s'amputa le petit doigt de la main gauche.

C'est à ce doigt qu'il portait sa chevalière. Il abandonna le doigt, la chevalière et le reste par terre, et tout en s'activant à refermer et à bander la blessure, il laissa le sang couler librement sur Barron et sur la hache. Cela ne gêna Barron en rien. Il s'était mis à ronfler.

Après cela, il ne lui restait pas grand-chose à faire. Il appliqua les empreintes digitales de Barron sur la hache. Il alla chercher la bêche dehors, la souilla, y mit également les empreintes de Barron ainsi qu'un peu de sang, puis il remit l'instrument dehors.

Il était plus d'une heure quand il quitta le cabanon. Il savait que Sam Rogers viendrait frapper à la porte. Il avait pris rendez-vous avec Sam depuis longtemps. Sam devait lui amener des chiens de chasse. Sam arriverait avant le réveil de Barron, il serait le témoin nécessaire et il empêcherait Barron — si toutefois l'esprit de Barron était apte à fonctionner le lendemain matin — de se débarrasser des preuves.

En attendant, Roth disposait de tout son temps. Laissant sa voiture garée devant le cabanon, il partit à pied. Il suivit un chemin qu'il connaissait très bien. A l'aube, il prit un raccourci à travers champs, qui le mena sur une autre route, et à l'heure du petit déjeuner, billet en main, il montait dans un autocar à destination de l'Ouest. A midi, il se trouvait dans une autre ville. Il quitta l'autocar, prit une chambre dans un hôtel bon marché, et là, s'effondrant sous l'effet de la douleur et de l'épuisement, il s'endormit.

*
* *

Il lut les journaux avec avidité. Toute l'histoire s'y étalait. C'était exactement le genre de chose dont raffolaient les journaux.

Sam Rogers s'était bien acquitté de ses fonctions. Il avait trouvé la porte du cabanon ouverte et tout dans l'état où Roth l'avait laissé, y compris Tommy Barron toujours endormi. Sam n'avait touché à rien, mais avait appelé la police immédiatement.

Des inspecteurs habiles avaient reconstitué la situation. Le doigt sectionné pouvait être identifié à la fois grâce à la chevalière et aux empreintes qu'on en pouvait tirer. La hache était manifestement l'arme du crime. Ce qui les intriguait, bien entendu, c'était de savoir où était passé le reste du cadavre. Il y avait deux possibilités — le lac ou les bois. La bêche suggérait la seconde. Il faudrait longtemps pour vérifier, et la vérification n'aboutirait peut-être jamais. Donc ils n'étaient pas certains qu'un crime eût été commis.

Mais alors ils commencèrent à rechercher les mobiles, à poser des questions, à recevoir des renseignements. Et le portrait de Tommy Barron commença à se dessiner. Un jeune homme agressif, dont l'employeur avait fait son ami, qu'il avait pris dans sa maison, dont il avait fait son associé. Et Tommy Barron avait manifesté sa gratitude en devenant l'amant de sa femme. Finalement, il avait eu une discussion d'ivrogne avec son employeur au cabanon ou peut-être avait-il conçu un plan pour l'éliminer — bien qu'il fût impossible de prouver que la femme était mêlée à cette affaire. Quelle que soit l'hypothèse, Tommy Barron fut arrêté pour meurtre.

Norman Roth sourit en lisant tout cela. Il essaya de s'imaginer ce que Barron devait penser. Il avait oublié, bien entendu. Mais il devait s'interroger. Qu'était-il arrivé au patron ? Était-il vraiment mort ? Se pouvait-il qu'il l'eût réellement tué ? Ces questions recevraient leurs réponses. Mais Barron n'apprécierait pas les réponses. Sidney avait aussi sa part de publicité, bien entendu. Au début, elle avait nié tout lien romantique avec Barron. Puis elle avait changé d'avis, avait reconnu son amour pour Barron, s'était mise à dire des choses peu flatteuses au sujet de son mari et s'était déclarée absolument sûre que Barron ne l'avait pas tué.

Norman Roth ne put s'empêcher de rire à nouveau. Pauvre Sidney ! Elle était sûre que Tommy n'était pas un assassin. Mais en ce cas, que s'était-il passé au cabanon ? Et qu'allait-il arriver à Tommy maintenant ?

Norman Roth acheta tous les journaux qu'il put trouver. Il passait des heures à les lire. Et ce faisant, il commençait à vivre sa vie nouvelle. Cette partie-là de son plan avait également été soigneusement combinée. Il n'avait rien fait qui pût donner à penser qu'il avait l'intention de disparaître. Il n'avait pas touché à son compte en banque. Il n'avait rien vendu qui pût attirer l'attention. Mais il avait toujours gardé deux mille dollars en argent liquide dans son coffre bancaire. Sidney n'en savait rien. La banque non plus. Cet argent, il l'avait maintenant. Cela le mènerait — s'il y prenait garde — aussi loin qu'il le fallait. Donc il n'avait pas besoin de travailler, ni de rien faire qui dût l'obliger à justifier de son identité. Il s'était inscrit à l'hôtel sous le nom de Norman Jones. La disparition parfaite.

Sa main posait des problèmes, bien entendu. Il n'osait pas aller voir un docteur. Il devait donc se soigner lui-même. Il savait le risque qu'il prenait. Une infection grave pouvait le tuer ou l'obliger à rechercher un secours médical qui risquait de le faire découvrir. Mais aucune infection grave n'apparut. Grâce à ses petites connaissances médicales et aux drogues qu'il pouvait acheter sans ordonnance, il livra bataille et gagna. La blessure commença lentement à se cicatriser.

Non sans douleur, d'ailleurs. Par moment, il souffrait intensément. L'amputation avait été grossière, maladroite, et avait causé des dommages inutiles. Mais il supportait cette douleur de bon cœur, presque avec satisfaction. Parce qu'il savait que la douleur qu'il infligeait était plus grande que celle dont il souffrait.

En attendant, Tommy Barron fut inculpé de meurtre au premier degré et la date de son procès fut fixée. Norman Roth s'impatientait de la lenteur du char de la justice, et s'en trouvait contrarié. Barron cessa de faire les frais de l'actualité. Mais Norman se consolait en sachant que ni Barron ni Sidney ne passaient des heures très agréables.

Il fut amplement informé quand le moment du procès approcha. Les journaux recommencèrent à s'intéresser à l'affaire. Les articles qu'il lut lui apprirent qu'aucun élément n'avait changé. Du point de vue du Ministère Public, le meurtre pouvait largement être prouvé en dépit de l'absence de cadavre complet. Et s'il y avait eu meurtre, qui d'autre que Tommy avait pu le commettre ?

Le premier jour du procès, Norman Roth retourna vers sa ville. Il voyagea discrètement en autocar, et s'inscrivit sur le registre d'un de ces hôtels minables auxquels il s'était habitué. Mais cet hôtel-là donnait sur le Palais de Justice où le procès devait être jugé.

Bien entendu, il n'assista pas au procès en personne. Cela lui aurait plu et il fut tenté de le faire. Son aspect physique avait considérablement changé — c'était l'œuvre de la douleur et de la solitude et il y avait peu de chance que quelqu'un le reconnût, mais il se refusa à prendre ce risque inutile après tous ceux qu'il avait déjà pris.

Le matin du premier jour du procès, assis à sa fenêtre du troisième étage, il regarda Barron que les policiers escortaient jusqu'au tribunal depuis la prison qui se trouvait de l'autre côté de la rue. De sa fenêtre il pouvait fort bien voir la scène et des jumelles bon marché amélioraient encore la vue qu'il en avait. Il nota tous les détails avec grande attention.

Barron traversa la rue entre deux policiers en civil. Il était attaché à l'un d'eux par des menottes.

Une petite foule d'une centaine de curieux s'était rassemblée pour regarder l'accusé passer. Roth décida que c'était la situation idéale.

***

Mais ce n'est que le troisième jour du procès qu'il trouva la force d'en venir au stade suivant de son plan. Les journaux faisaient une large part au procès, de sorte que la petite foule augmentait un peu plus tous les jours. Elle se composait essentiellement d'habitués du tribunal, de quelques dactylos friandes de sensations, qui travaillaient dans le voisinage, et probablement d'un petit nombre de gens qui passaient là par hasard.

Le matin du troisième jour, donc, Roth alla se joindre à eux. Discrètement, il se glissa dans les premiers rangs. C'était un rassemblement bruyant. Tous parlaient de l'affaire, sans se soucier réellement de l'homme qui y était impliqué. Pour eux, ce n'était qu'un animal en cage. Mais le calme se fit quand Barron et son escorte apparurent. Un silence d'enterrement s'installa parmi eux.

Roth observa l'arrivée de son ex-associé. Tommy marchait entre les deux mêmes agents en civil indifférents et las. Il ne regardait pas la foule qui l'entourait mais droit devant lui. « *Il a peur,* se dit Roth. *Je n'ai jamais vu un homme paraître aussi effrayé. Il ne la ramène pas comme autrefois. Il a souffert, mais ses souffrances ne font que commencer.* »

Les trois hommes approchaient et passèrent bientôt devant lui ; la manche d'un des policiers effleura le manteau de Norman Roth. C'est ce moment-là que Roth choisit pour parler. Il ne parla pas très fort, mais distinctement, de sa voix habituelle.

— Bonne chance, Tommy.

Le prisonnier retourna brusquement la tête et regarda par-dessus son épaule, fouillant fiévreusement la foule dans l'espoir de retrouver le propriétaire de cette voix familière. Roth leva la main — cette main mutilée qui n'avait que quatre doigts —, il l'agita et eut la satisfaction de voir Barron blêmir, tentant brusquement, mais en vain, d'entraîner ses gardes en arrière afin de déterminer si cette vision avait été réelle ou non. Et il eut le plaisir d'entendre ses cris incohérents tandis que les agents luttaient pour empêcher ce qui, dans leur esprit, était une tentative de fuite. Il s'ensuivit une scène de désordre indescriptible. Des cris émanant de spectateurs effrayés noyèrent les protestations désespérées de Barron. Et au milieu de toute cette excitation, Norman Roth s'éloigna tranquillement, se fondit dans la foule, et disparut longtemps avant que quiconque eût discerné le sens de ce que Barron tentait d'expliquer. Sans que nul intervînt, il regagna son hôtel, prit l'ascenseur jusqu'au troisième étage et rentra dans sa chambre. Ce n'est qu'à ce moment, dans l'intimité et dans la solitude de sa chambre, qu'il donna libre cours à ses sentiments. Il se mit à rire, et à rire, sans bruit, mais avec un plaisir intense.

Les journaux parlèrent de l'affaire dans leur édition de midi. L'homme que l'on jugeait pour meurtre prétendait avoir reconnu sa victime supposée dans la foule qui stationnait devant le tribunal. Les commentaires différaient : certains jouaient avec la possibilité bizarre que Norman Roth fût encore en vie, d'autres prétendaient sarcastiquement que l'accusé essayait un nouveau tour pour faire naître le doute dans l'esprit des jurés. Lorsque Barron serait interrogé, il tenterait certainement de faire croire au jury qu'il avait vu en vie un homme présumé mort.

Les journaux du soir développèrent le même thème. Un policier soulignait qu'il était étrange que Barron eût été le seul à voir l'homme qu'il décrivait comme ressemblant à Norman Roth. Et il était également étrange que l'homme se fût volatilisé lorsque les agents cherchèrent à le retrouver.

A l'abri, dans sa chambre d'hôtel, Roth s'amusait énormément. Mais il savait aussi qu'il devait prendre de nombreuses précautions. Il resta dans sa chambre ce soir-là, renonçant à dîner, préférant se repaître des tortures d'incertitude que devait endurer Barron. Il y avait fort peu de chances, se disait-il, que Barron, comme Sidney d'ailleurs, jouît d'une grande sérénité en dînant ce soir-là.

Le lendemain matin, il ne quitta toujours pas sa chambre. Il resta assis à la fenêtre, ses jumelles à la main, attendant l'arrivée de Barron devant le tribunal. De toute façon, il n'avait pas l'intention de renouveler la comédie de la veille, mais en plus il se méfiait d'un piège, d'un quelconque dispositif policier mis en place pour le cas où Barron aurait dit la vérité et où Norman Roth se manifesterait de nouveau.

Norman Roth resta dans sa chambre. Il remarqua qu'une foule importante s'était massée sur les marches du tribunal. Et il y avait manifestement des policiers en civil éparpillés dans cette foule. Il rit en les contemplant de haut, comme un Dieu, certain, à l'avance, de la vanité de leurs efforts.

A l'heure habituelle, Barron et ses gardes émergèrent de la prison et se mirent à traverser la rue. Roth voyait son ancien associé très nettement dans les jumelles. Aujourd'hui il ne regardait pas droit devant lui. Il regardait autour de lui, dans toutes les directions. Roth crut voir une expression de fol espoir sur le visage du jeune homme. Vain espoir, bien entendu. Rien ne se produisit. Norman Roth n'était pas là. Cela n'avait été qu'une illusion, un mirage, le dernier espoir d'un homme condamné. Barron et ses deux gardes montèrent les marches du tribunal et disparurent à l'intérieur.

Cet après-midi-là, Roth descendit furtivement acheter un journal. La photo de Tommy Barron s'étalait en première page et sous celle-ci l'accusé appelait au secours : « *Je vous en prie, revenez, monsieur Roth. Faites savoir que vous êtes en vie. Je vous en prie...* »

***

Les jurés s'étaient retirés, pour prendre leur décision dans l'affaire Barron. Norman Roth, pour la première fois depuis des mois, rentra chez lui.

Il avait commencé à surveiller la maison au crépuscule. Il savait que Sidney s'y trouvait, mais il désirait savoir si elle s'y trouvait seule et si personne d'autre que lui ne surveillait les lieux. Il finit par conclure que le champ était libre. Personne ne semblait avoir assez d'imagination pour prévoir ce que Norman Roth ferait, à supposer qu'il fût en vie. Il resta tout contre le mur de la maison, de telle façon que Sidney ne put le voir si elle décidait de jeter un coup d'œil avant d'ouvrir. Et il était prêt à s'enfuir si les choses tournaient mal. Mais il n'eut aucun ennui. Sidney vint ouvrir presque tout de suite, et avant qu'elle eût pu comprendre à qui elle avait affaire, il était entré dans les lieux.

Quand elle le reconnut, elle s'apprêta à crier, mais porta la main à la bouche pour étouffer le son.

— Étonnée de me voir, Sidney ? dit-il d'un ton aimable.

Elle hocha la tête et, sur le point de s'évanouir, elle s'appuya au mur, le fixant de ses grands yeux.

— N'es-tu pas heureuse, Sidney, de constater que ton mari disparu depuis si longtemps n'est pas mort en fin de compte ? Veux-tu que nous allions nous asseoir au salon ? poursuivit-il sans attendre une réponse qui tardait à venir. J'aimerais bavarder avec toi, mais je n'ai pas beaucoup de temps.

Obtempérant au geste de son mari, Sidney passa devant lui. Il remarqua qu'elle avait un peu minci et qu'elle ne se soignait pas comme avant. Elle portait toujours les cheveux noués en arrière, mais flottant, n'importe comment, et ils avaient un peu perdu de leur luisant. Sa robe de chambre à carreaux était fripée, chiffonnée, comme si elle s'en était servi pour dormir.

— Assieds-toi, Sidney...

Elle se dirigea vers le divan et s'assit dans le fauteuil qui lui faisait face. Elle le regardait tandis qu'il inspectait son visage : d'ivoire pâle qu'il était jadis, il était devenu jaunâtre et les lèvres étaient exsangues. Seuls ses yeux avaient encore le feu de la vie. Un feu qui brûlait fiévreusement.

— Donc, Tommy t'a bel et bien vu devant le tribunal, dit-elle.

— Oui, bien sûr. Je voulais qu'il me voie. Je voulais le rassurer, qu'il sache qu'il ne m'avait pas vraiment tué.

Son intuition féminine lui fit découvrir la vérité :

— Mais tu ne voulais pas que la police te trouve.

— C'est ça.

— Tu as fait arrêter Tommy pour une fausse accusation de meurtre et maintenant tu veux le torturer en lui faisant savoir que tu es en vie.

— Tu comprends parfaitement la situation.

— Pourquoi es-tu venu ici ?

— Pour que tu aies l'esprit en repos toi aussi, ma très chère Sidney.

— Mais tu n'as toujours pas l'intention de te faire connaître de la police ?

— Bien sûr que non.

Il ôta lentement son gant gauche. Sidney surveillait ses gestes, fascinée. Mais sa bouche se crispa et elle ferma les yeux un moment après avoir vu sa main mutilée.

— Tu t'es donné beaucoup de mal pour arranger tout ça, dit-elle finalement.

— Beaucoup.

Elle observa son visage pendant un moment.

— Je ne peux pas m'empêcher de me demander pourquoi, dit-elle.

— Parce que je vous détestais tous les deux. J'ai pensé à vous tuer. Mais vous ne méritiez pas une mort facile. Le fait de vous procurer le sort que vous méritiez vraiment valait tout le mal que je me suis donné.

— Pourquoi nous haïssais-tu ?

— Pourquoi ?

— Je ne comprends pas pourquoi tu me détestais, Norman. Je ne vois pas pourquoi mon infidélité t'a fait tellement d'effet. Parce que tu ne m'as jamais véritablement aimée.

— Écoute, dit-il avec colère, si tu essaies de me faire changer d'avis...

— Non, je ne crois pas que tu changerais d'avis. Mais tout concorde. Tout ce que tu as fait concorde, Norman. Tu m'as épousée parce que j'étais le genre de femme dont tu pouvais être fier. Pas par amour, Norman. Par orgueil. Et ma liaison avec Tommy a blessé ton orgueil. Mais voilà que ton orgueil est satisfait de nouveau. Tu te venges. Tu te prends pour Dieu, et tu nous regardes, Tommy et moi, nous convulser et hurler. Il se peut que nous ayons eu tort, mais je ne crois pas que nous méritions ça...

Il se leva de son fauteuil, l'interrompit :

— Si tu me supplies d'avoir pitié...

Elle se leva à son tour, la bouche railleuse.

— Pitié ! De la pitié venant d'un homme qui s'est mutilé lui-même, qui a versé son propre sang pour avoir du sang. Non, Norman, je ne vais pas ramper si c'est ce spectacle que tu escomptais voir.

Il lui tourna le dos, remit son gant tout en se dirigeant vers la porte d'entrée et s'immobilisa près du battant.

— Je suppose, dit-il, que tu vas aller trouver la police, maintenant, et essayer de les convaincre que tu m'as vu ici, en vie, dans ta maison.

Sidney ne le suivit pas jusqu'à la porte.

— Je ne perdrai pas mon temps à essayer de les convaincre de quoi que ce soit, Norman. Ton plan a trop bien marché.

Il sortit furieux. A huit cents mètres de la maison, il trouva un taxi, et se fit conduire à quelques blocs de son hôtel. Il n'était pas heureux. L'entrevue l'avait laissé insatisfait. Cela ne s'était pas tout à fait passé comme il l'avait escompté.

Mais il se sentit un peu mieux quand il entendit les vendeurs de journaux crier : « Édition spéciale ! Barron coupable ! Édition spéciale... »

*
* *

Il ne perdit pas Sidney de vue, pendant la condamnation de Tommy Barron. Pendant les appels légaux, qui échouèrent les uns après les autres. Pendant l'appel à la clémence du gouverneur de l'État, qui fut rejeté lui aussi. Et pendant que l'on attendait la date de l'exécution.

Et c'est ainsi qu'il sut qu'elle se rendait au cabanon la veille du jour où Tommy devait mourir.

Alors, il comprit que la satisfaction finale à laquelle il aspirait ne pouvait être acquise que d'une seule façon. Il fallait qu'il se trouvât avec Sidney au moment de la mort de Barron.

L'heure — tous les journaux l'avaient annoncée — était fixée à onze heures du soir. Norman passa les heures du jour dissimulé dans les bois à surveiller le cabanon. La voiture de Sidney resta garée devant. Sidney ne sortit qu'une fois, pour prendre un paquet dans la voiture. Puis elle regagna le cabanon et n'en bougea plus. Il entendit la radio. Elle écoutait certainement les bulletins d'information.

Il attendit qu'il fît nuit, et encore longtemps après. Alors il s'approcha tout près de la maison. Sidney était vêtue d'un pantalon et d'un pull noir, ses cheveux étaient défaits. Il entendait la radio distinctement. Le nom de Tommy Barron fut mentionné plusieurs fois. Il observa sa femme un moment par la fenêtre. Elle fumait nerveusement.

A onze heures moins le quart, il frappa à la porte. Sidney se trouvant isolée dans les bois, il pensait être obligé d'user de menaces pour qu'elle lui ouvrît. Il était décidé à casser une vitre pour entrer. Mais elle ouvrit presque immédiatement après qu'il eût frappé.

— Je t'attendais, Norman, dit-elle.

Le fait d'être à nouveau pris par surprise l'irrita.

— Laisse-moi entrer, dit-il d'un ton désagréable.

Elle libéra l'écran anti-moustique et il entra. Debout à ses côtés, elle levait les yeux vers lui en affichant sur ses lèvres pâles un sourire suffisant qui l'irritait.

— Tu vois comme je te comprends bien, Norman. Je savais que tu me suivrais et je savais que tu voudrais vivre avec moi ces heures cruciales. C'est pour cela que je suis venue ici. J'ai pensé que c'était le cadre voulu pour toi. Et je ne veux te priver de rien.

Il lui tourna le dos et examina l'intérieur du cabanon. Le désordre et le sang avaient disparu depuis longtemps, bien entendu. Maintenant, les lieux témoignaient d'une présence féminine. Mais Sidney n'était pas aussi soignée qu'autrefois. Il y avait des vêtements éparpillés sur les sièges et par terre. Le lit était défait. De la vaisselle sale s'étalait dans l'évier, et il y avait sur la table une bouteille à moitié vide et un verre contenant un fond de whisky.

— Tu bois, à ce que je vois, commença-t-il.

— Je dois reconnaître que ça aide.

— Nous pouvons boire ensemble, dit-il. Nous pouvons lever notre verre à la disparition d'un homme pour qui tu as éprouvé de l'affection.

Il prit un verre propre dans l'armoire et se versa du whisky. Puis il s'assit et fit signe à Sidney de venir le rejoindre. Elle prit place dans le fauteuil en face de lui.

— Pas encore de commutation de peine pour Tommy ? demanda-t-il.

— Je n'en attends pas, dit-elle.

Ils se contemplèrent en silence. La radio donnait de la musique, douce, facile, reposante. Il se surprit à l'écouter.

— Je me disais, dit-il un peu plus tard, qu'une fois Tommy mort, dans quelques jours, je pourrais surgir quelque part, faire reconnaître mon identité. Je suis en train de réfléchir à l'histoire que je pourrais raconter. Je pense que je pourrais inventer quelque chose de convaincant. Tommy et moi avons eu une bagarre sanglante d'ivrogne et je me suis sauvé de justesse. Je suis parti du cabanon et j'ai perdu la mémoire pendant un moment. Puis j'ai retrouvé la mémoire. Je me suis aperçu à ma grande horreur que Tommy avait été exécuté pour m'avoir assassiné. Qu'est-ce que tu en penses ?

— On te croirait probablement.

— Tu comprends, ma chère, je cherche à t'empêcher de profiter, en qualité de veuve, de l'argent que j'ai laissé...

Le visage de Sidney était indéchiffrable. Roth avait envie de se lever et de la frapper, de la faire crier, de la faire pleurer. Mais il n'en fit rien. Il la blessait, cela ne faisait aucun doute. Elle devait être blessée. Elle n'était pas faite de pierre. Même si elle refusait de le montrer, elle était blessée.

— ... Nous pourrions même, chère Sidney, reprendre notre vie commune interrompue. Je pourrais te pardonner, te reprendre. Tu n'aurais guère le choix, tu sais. Ta liaison est connue de tous. Je pourrais divorcer sans te faire de pension alimentaire. Tu aurais le choix : rester avec moi ou être jetée dehors.

— Notre nouvelle vie commune serait-elle heureuse, Norman ?

— Esthétique, dit-il en souriant.

La radio annonça qu'il était exactement onze heures.

— A Tommy Barron, fit Norman en levant son verre.

Sidney ne dit rien, mais avec un frisson qui secoua tout son corps au moment où la radio annonçait l'heure, elle leva son verre et le vida. Norman en fit autant.

— A Tommy Barron !

Le bulletin d'informations durait quinze minutes. C'est vers la fin que parvint le flash. Tommy Barron s'était assis à l'heure dite sur la chaise électrique de la prison de l'État. Le médecin de la prison l'avait déclaré officiellement mort.

— Eh bien, dit Norman, ton ami n'est plus. Il n'y a plus guère d'obstacle entre nous et la journée a été rude. Si nous allions nous coucher ?

Il se moquait d'elle, bien entendu, mais en réalité il se sentait fatigué. Vidé. Sans énergie, sans émotion.

Et brusquement Sidney lui sourit et il se demanda pourquoi.

— Je ne crois pas que tu pourrais aller jusqu'au lit, Norman, lui dit-elle.

— Que veux-tu dire ?

— Il y avait, dans ce whisky que tu as bu, une drogue qui entraîne la paralysie.

Il était sur le qui-vive, de nouveau, terriblement conscient d'un danger. Parce qu'il éprouvait une sensation bizarre qui inondait son torse et ses jambes. Son cerveau ordonnait à ses jambes de se déplacer, mais elles refusaient d'obéir. Quoi qu'il en soit, il n'avait pas encore peur.

— Tu as bu de ce whisky toi aussi, dit-il.

Elle secoua la tête :

— Mon verre était déjà rempli lorsque tu es entré. Tu t'en souviens ? Tu es le seul à avoir bu de cette bouteille.

Et il la regarda qui prouvait ses paroles en se levant de son fauteuil et en avançant vers la cheminée, contre laquelle une hache était appuyée. Elle souleva délicatement l'arme, et se retourna pour l'observer. Le front de Norman se couvrit de sueur.

— Te rends-tu compte, Norman, dit-elle avec un sourire mauvais, que tu es déjà légalement mort ? Si je te découpais en morceaux avec cette hache, et que je prenais quelques précautions en me débarrassant des morceaux, personne n'en saurait jamais rien. Et si un jour quelqu'un trouvait quelque chose... un autre doigt peut-être..., bien entendu, ce serait Tommy le coupable.

Elle s'avança vers lui. Il était vivant, conscient. Il pouvait l'observer s'apprêter à faire ce qu'elle allait faire.

— Chéri, dit-elle, c'est toi qui en as eu l'idée.

The incomplete corpse.
Traduction de Nicolète et Pierre Darcis.

LA MORT JUMELLE

par FLETCHER FLORA

Le lieutenant Joseph Marcus passa devant le neuvième trou, avec un souverain et officiel mépris pour la pelouse trop bien entretenue. Ce n'était pas tout à fait du mépris, d'ailleurs, car il y avait, dans cette manière d'agir, une agressivité voulue qu'il exprimait en enfonçant avec rage dans le terrain ses talons et la pointe de ses souliers. Le lieutenant Marcus, né pauvre et resté pauvre, ressentait une animosité inexplicable pour le golf, et un certain dédain pour les gens qui s'y adonnaient. Toutefois, tolérant et affable de nature, il était légèrement honteux de ses sentiments et de ce petit accès de vandalisme.

Le sergent Bobo Fuller marchant à un demi-pas derrière lui, il descendit la pelouse en pente douce et se dirigea d'un pas rapide vers l'endroit où le sol s'abaissait brusquement pour former un talus assez abrupt. Si le sergent Fuller (dont le prénom, oublié de tous, ne ressemblait pas à Bobo) marchait un peu en arrière de son chef, c'était parce qu'il ne parvenait pas à suivre son allure. Cela n'avait rien à voir avec un respect mesquin dû au rang. A vrai dire, le sergent Fuller se fichait éperdument des questions hiérarchiques. Il se fichait également du lieutenant Marcus et c'est pourquoi il gardait ses distances. Il tenait Marcus pour un snob, qui lit des bouquins et se donne de grands airs et ce demi-pas en arrière était une preuve subtile de cette antipathie, dont le sergent était assez fier et le lieutenant vaguement conscient.

En franchissant le bord du talus, Marcus enfonça de nouveau ses talons dans le sol, mais cette fois dans l'intention parfaitement justifiée de freiner sa descente. En bas, il se trouva sur un terrain plat qui, de nouveau s'inclinait un peu plus loin, mais en pente douce. Cinquante mètres plus loin s'étendait un petit lac qui scintillait sous la lumière matinale. Entre Marcus et le lac, plus proche du lieutenant et presque à l'ombre d'un vieux chêne noueux et distingué, se trouvait un groupe composé de quatre hommes et d'un enfant. Ce dernier tenait d'une main une canne à pêche munie d'un moulinet et, de l'autre, une boîte verte contenant des engins de pêche. Deux des quatre hommes étaient des policiers en uniforme, chargés par le commissariat de laisser tout sur place pour l'arrivée de Marcus qui n'avait pas été immédiatement disponible. Le troisième — il l'apprit bientôt — était un gardien qui se rendait à son travail et avait fait un léger détour. Quant au quatrième homme, il gisait la face contre terre sur le gazon, la tête en direction du talus et il était, dit-on à Marcus, bel et bien mort. C'était d'ailleurs pour cette raison que Marcus et Fuller s'étaient rendus sur les lieux. Ils étaient là parce que l'homme couché sur l'herbe était mort d'une façon et en un lieu considérés comme des plus suspects par les autorités responsables, et par

Marcus qui trouvait lui aussi que cette histoire n'était qu'une imposture.

Il s'adressa aux deux policiers de cet air distrait qui avait contribué à lui faire sa réputation de snobisme, et s'agenouilla pour soumettre le corps à un examen, qui, il en était persuadé, ne révélerait rien de particulièrement intéressant. Ce pessimisme était inhérent à sa nature et il était toujours surpris lorsque les choses tournaient mieux qu'il ne l'avait espéré ou attendu. L'homme était mort. Nul doute là-dessus. Il avait reçu, dans le cœur, apparemment, une balle d'un revolver de petit calibre. D'après l'état du corps, Marcus jugea que le crime avait eu lieu quelques heures plus tôt seulement, car la rigidité cadavérique n'était pas très marquée. Il fallait toujours faire des réserves en la matière, mais il était douteux que ce qu'on appelle « l'estimation » du coroner (lequel était sans doute en chemin) fût plus proche de la vérité que celle de Marcus. « A un moment donné entre... » c'est ainsi qu'il s'exprimait, songea Marcus avec une certaine aigreur. Disons entre minuit et le lever du jour.

Toujours avec l'irrationnelle sensation qu'on lui imposait une corvée, Marcus émit plusieurs observations et quelques hypothèses. Age, trente à trente-cinq ans. Taille, environ un mètre soixante-dix. Poids, à peu près quatre-vingts kilos. Des yeux bleus, ouverts et aveugles. Chemise blanche, tachée de sang. Cravate étroite, rayée de deux tons de marron, pantalon d'été marron en laine peignée. Chaussettes marron, chaussures également marron. Et sur l'herbe, à cinq mètres de là, environ, un veston qui s'harmonisait avec le pantalon. Dans la poche droite de celui-ci, une somme d'un dollar et vingt-trois *cents*. Et un petit canif en or. Dans la poche arrière boutonnée, un portefeuille contenant, outre dix-huit dollars en billets, plusieurs papiers d'identité, parmi lesquels un permis de conduire et une carte de membre de club, croix bleue sur écu bleu. *Tiens*, songea Marcus, *ils ne seront pas obligés de payer pour celui-là*. A en croire le permis de conduire et la carte d'identité, l'homme s'appelait Alexander Gray. S'étant approprié officiellement tous ces objets et les ayant mis dans sa poche, Marcus se dirigea vers le veston brun. Il n'y trouva rien. Rien du tout.

— Qui a découvert le corps ? interrogea-t-il à la cantonade.

— C'est le gosse, répondit un des policiers.

Marcus se tourna vers le jeune garçon, qui devait avoir dans les douze ans, et qui tenait toujours sa canne à pêche et sa boîte, comme s'il craignait qu'on ne les lui enlevât, elles aussi. Bien entendu. Marcus n'en avait point l'intention, mais il aurait bien aimé les emprunter et passer la journée à taquiner le goujon au lieu de faire ce qu'il avait à faire. Il aimait les gosses, mais le montrait rarement. Le malheur, justement, c'était qu'il montrait rarement une émotion quelconque et le peu qu'il laissait paraître n'était que le reflet déformé de ce qu'il pensait et éprouvait vraiment.

— Comment t'appelles-tu, fiston ? demanda-t-il.

— William Peyton Hausler, répondit le garçonnet.

Il était évident qu'en déclinant ses nom et prénoms, il espérait se créer un statut, qui, bien que limité par son jeune âge, établirait son innocence et lui vaudrait le traitement respectueux auquel il avait droit.

— Tu habites par ici ?

Le gamin indiqua la direction avec la main qui tenait la canne à pêche.

— Là-bas, de l'autre côté du terrain de golf.

— Tu allais à la pêche, hein ?

— Oui, m'sieur. Au lac.

— Tu y vas souvent ?
— Oui, assez souvent. Le directeur du club est d'accord.
— C'est un bien petit lac. Il y a beaucoup de poissons ?
— Des masses, surtout des perches. Les membres du club vont y pêcher. Je ne suis pas membre — papa non plus — mais le directeur m'a quand même permis de pêcher.
— Quelle heure était-il quand tu as trouvé le corps ?
— J'sais pas exactement. Il ne faisait pas jour depuis longtemps. Vers six heures et demie, je crois. Je voulais aller au lac de bonne heure, parce que le poisson mord mieux.
— Je l'ai entendu dire. De bonne heure le matin et tard le soir. Qu'est-ce que tu as fait après avoir découvert le corps ?
— Pas grand-chose. Je me suis approché, et j'ai parlé une ou deux fois pour voir si le type allait me répondre, mais il n'a pas répondu, et j'ai eu la trouille parce que j'avais bien deviné que quelque chose n'allait pas, et puis, là-dessus, M. Tompkins est arrivé.
— Tu n'as rien touché ?
— Non, monsieur, rien du tout.
— Qui est M. Tompkins ?
— C'est un des gardiens.
— Merci, fiston. Tu ferais mieux d'aller voir si le poisson mord.
Le garçon descendit la pente menant au lac et Marcus se tourna vers Tompkins, la soixantaine, le visage buriné, pantalon de twill fané et chemise de travail bleue, du genre de celles que portait Marcus avec une salopette, quand il était enfant.
— Le gosse a-t-il dit la vérité ? questionna le lieutenant.

— Je crois bien que oui, autant que je puisse savoir. Quand je suis arrivé, il était simplement là, debout, à regarder fixement le corps. Il avait l'air terrifié.

— Il y a de quoi. Ce n'est pas tous les jours qu'un gosse découvre un cadavre. Et vous, qu'avez-vous fait ?

— J'ai regardé le corps, sans le toucher, et j'ai vu qu'un peu de sang avait suinté sur le gazon. J'ai dit au gosse de rester là pour surveiller les lieux et j'ai filé au club pour téléphoner à la police.

— Le club est ouvert de si bonne heure ?

— Non, mais il y a une cabine téléphonique sur la terrasse du fond. Et j'avais de la monnaie dans ma poche.

— C'est encore une veine. Après que vous avez appelé la police, vous êtes revenu ici et vous avez attendu ?

— Oui. Je suis revenu ici, j'ai attendu en compagnie du gosse et je n'ai touché à rien.

— Bon. Vous avez bien fait. Je ne suppose pas que vous connaissiez ce type-là ?

— Le mort, vous voulez dire ? Jamais vu de ma vie.

— Bon. Vous pouvez aller travailler. Allez au club et ramenez-moi le directeur, ajouta Marcus à l'attention d'un des policiers. Vous pouvez lui raconter ce qui est arrivé, s'il vous le demande.

Gardien et policier s'éloignèrent dans deux directions opposées, l'un vers le siège du club, l'autre, probablement, vers son appentis, et Marcus se mit à parcourir lentement la zone d'herbe entourant le corps. Il ne cherchait rien de particulier et ne trouva rien. Aucune trace éloquente sur cette terre dure où croissait l'herbe rase. Aucun objet, même le plus petit qui eût fort obligeamment fait porter les soupçons sur telle ou telle personne. Rien, se dit-il amèrement, pas même un sacré mégot.

La veste marron l'intriguait. Pourquoi diable le mort l'avait-il ôtée ? Avant de mourir, bien entendu. Et pourquoi l'avait-il laissée à cinq mètres environ de l'endroit où il avait été tué ? A moins qu'on ne l'eût transporté là *après coup*, ce qui semblait bien improbable. Et d'ailleurs que faisait-il sur ce terrain de golf ? Un terrain de golf ne paraissait pas être pour Marcus l'endroit idéal pour se promener entre minuit et l'aurore, mais, de toute façon, un terrain de golf ne lui semblait pas l'endroit idéal, quels que fussent l'heure et le moment. A moins qu'on n'y vînt, comme le gosse, pêcher dans un lac ou s'étendre à l'ombre d'un arbre pour rêver à un monde meilleur...

Fuller, qui observait Marcus, fut tenté de lui demander ce qu'il cherchait, mais il résista à la tentation. Il avait en tout cas deviné que Marcus ne le savait pas lui-même et il était décidé à éviter de donner l'impression du flic abruti qui cherche à éclairer sa lanterne auprès de son supérieur. On avait déjà, de l'avis de Fuller, suffisamment bonne opinion en haut lieu des capacités de Marcus. En fait, l'appel vint dans l'autre sens, mais Fuller n'en triompha pas pour autant, car il dut tout bonnement avouer ce qu'il espérait pouvoir cacher.

— Vous avez une idée sur la question, Fuller ? interrogea Marcus.

— Pas encore, répondit Fuller. J'essaie de comprendre.

— Moi aussi, mais je n'ai jamais eu de veine et ça m'étonnerait que j'en aie jamais. A mon avis, un gars qui s'est fait étendre sur un terrain de golf devait être cinglé, et les cinglés, quand on voit ça avec l'œil d'un flic, font les plus mauvaises victimes, parce qu'il est impossible de s'expliquer logiquement ce qu'ils ont bien pu faire pour être assassinés.

C'est ça, songea Fuller, *fais-moi une conférence là-dessus, espèce de snobinard. La Psychologie des Cinglés, par le docteur Joseph Marcus.*

Il n'eut pas à répondre, toutefois, car l'autre policier revint, accompagné d'un petit homme en short et en chaussettes à grosses côtes qui lui montaient presque jusqu'aux genoux. Marcus approuva le short, car il était toujours partisan du confort, mais il se demandait pourquoi réduire à néant l'effet du short en portant de gros bas. Ce qui d'ailleurs, il le reconnut silencieusement, ne le regardait en aucune façon.

— Vous êtes le directeur de ce club ?

— Oui, dit le petit homme. Paul Iverson.

— Je suis le lieutenant Joseph Marcus, monsieur Iverson. Nous avons un cadavre sur les bras.

— Oui, oui, je sais, votre assistant me l'a dit.

— Tué d'une balle.

— C'est incroyable. Incroyable.

— Il semble que quelqu'un a profité de l'isolement de votre terrain de golf pour y commettre un meurtre.

L'expression d'Iverson, bien qu'indiquant l'émotion et le dégoût, était surtout celle du ressentiment. On devinait à le voir que si l'on pouvait tolérer quelques écarts de conduite, transgressions et autres peccadilles analogues de la part des membres du club, le meurtre était une tout autre affaire et pareil acte devait entraîner l'exclusion dudit club.

— Êtes-vous sûr qu'il s'agit d'un crime ? dit-il. Peut-être s'est-il tué ?

— Avec son doigt, hein ?

— Ah ! je vois. Il n'y a pas de revolver.

— Exactement : il n'y a pas de revolver. En outre,

sa chemise ne porte pas trace de poudre. La balle a été tirée à une certaine distance.

— Vous ne pensez pas qu'il pourrait s'agir d'un accident ?

— C'est possible, mais je ne crois pas.

— C'est épouvantable. Simplement épouvantable. Je n'y comprends rien.

— Vous avez plus de chance que moi. Vous, vous n'avez pas besoin de comprendre. Tout ce que vous avez à faire, c'est de voir si vous reconnaissez la victime.

Iverson hésita, puis se dirigea vers le cadavre et regarda avec attention les yeux bleus et aveugles. Quand il revint vers Marcus, son expression de dégoût s'était encore accentuée, mais il s'y mêlait un certain soulagement, comme s'il s'était attendu au pis, et que ce pis lui avait été épargné.

— Je ne le connais pas, déclara-t-il. Je peux vous assurer qu'il n'était pas membre de ce club.

— Très bien, fit Marcus avec un vilain sentiment de rancœur. Mais peut-être le meurtrier fait-il partie du club, lui.

— Je suis sûr que vous allez trouver le contraire. Il serait inconcevable qu'un membre du club fût mêlé à pareille histoire. Cela va créer un terrible bouleversement, je le crains. Il est même possible que nous ayons quelques démissions.

— Vous affirmez que cet homme n'était pas un de vos membres ? Il se nommait Alexander Gray.

— Je vous l'affirme. Le nombre des membres est limité, le club est assez fermé et je les connais tous. C'est pourquoi je suis persuadé qu'aucun d'eux ne peut être mêlé à ce crime.

— Il arrive que même des gens appartenant à un cercle fermé commettent un crime, monsieur Iverson. Peut-être même les gens que vous fréquentez. Peu importe. Je vous remercie d'être venu jusqu'ici.

Il tourna brusquement les talons et il mit dans ce geste une sorte de dédain qui fit rougir Iverson et sacrer entre ses dents le sergent Fuller. Comprenant qu'on le renvoyait, Iverson reprit la direction du club, dont on n'apercevait que le toit, au-delà du talus. Marcus alla ramasser le veston marron qu'il avait jeté sur l'herbe après en avoir exploré les poches.

— Je me demande où est le coroner, dit-il.

— Il ne va sans doute pas tarder, répondit Fuller.

— Eh bien, je ne l'attendrai pas. Vous allez rester ici pour savoir ce qu'il a à dire. Pas grand-chose, je présume. Il ne sait jamais rien.

Le sergent Fuller aurait bien voulu connaître les plans de son chef, mais il ne donnerait pas à Marcus la satisfaction de l'entendre poser la question. Il regarda le lieutenant s'éloigner vers le parking où ils avaient laissé leur voiture et il jura une fois de plus contre Marcus auquel il reprochait son attitude, et contre le coroner qui tardait à venir.

Dans la voiture, ne se doutant pas qu'il eût été voué à la malédiction ou même qu'il eût mérité d'y être voué, Marcus regarda le permis de conduire d'Alexander Gray afin d'y trouver une adresse. Le nom de la rue et le numéro éveillèrent en lui un vague souvenir et il demeura immobile pendant une minute, s'efforçant de localiser cette rue en dressant mentalement un plan de la ville. Si ce plan était correct (et il l'était) Gray n'habitait qu'à un kilomètre et demi de l'entrée du club. Peut-être même plus près. Marcus consulta sa montre : neuf heures deux minutes. Il démarra et après avoir suivi un moment une allée goudronnée, il se retrouva bientôt dans une rue animée de la banlieue. Quelque temps après, il stoppait le long du trottoir devant un immeuble en briques portant, au-dessus d'une double porte, des chiffres chromés correspondant au numéro de l'adresse inscrite sur le permis de conduire.

Au rez-de-chaussée, Marcus trouva l'appartement du gardien de l'immeuble. C'était un petit homme frêle, avec des cheveux gris en désordre et un pince-nez accroché à l'arête d'un nez curieusement arrogant. Marcus et le gardien se présentèrent. Ce dernier répondait au nom d'Everett Price.

— Y a-t-il ici un locataire du nom d'Alexander Gray ? demanda le lieutenant.

M. Price ôta son pince-nez, qui était, bien entendu, attaché à un ruban noir, et il le tint dans sa main droite.

— Oui, dit-il. Appartement 306. Il le partage avec M. Rufus Fleming.

— Ah ? Il y a longtemps que M. Gray et M. Fleming occupent le même appartement ?

— Il y a deux ans, je crois. Oui, deux ans cet été. De parfaits gentlemen, l'un comme l'autre. Tranquilles et bien élevés. Leurs manières ont même quelque chose de démodé. Plutôt aristocratiques, vous comprenez. On ne trouve pas souvent cette qualité-là chez les jeunes gens de notre époque.

— Je reconnais que c'est rare. Savez-vous si M. Fleming est chez lui en ce moment ?

— Je n'en sais rien. Mais c'est possible, puisque c'est samedi et qu'il ne travaille pas le samedi.

— Je voudrais bien pouvoir en dire autant. Je crois que je vais monter bavarder un instant avec M. Fleming si vous le permettez.

M. Price parut perplexe. Il essuya les verres de son pince-nez avec un mouchoir propre et les remit sur son grand nez, puis dévisagea Marcus comme s'il s'était dit que son premier jugement sur lui demandait révision.

— Excusez-moi, je croyais que vous vouliez voir M. Gray.

— Je n'ai pas dit ça. J'ai simplement demandé si M. Gray habitait ici.

— C'est exact. Je suppose que j'ai sauté aux conclusions. Quoi qu'il en soit, il est probable que ces deux messieurs sont chez eux ce matin.

— Pourriez-vous monter avec moi ? Au cas où l'un et l'autre seraient absents...

Cette fois, M. Price parut surpris. Il avait peut-être soudain compris, au ton de Marcus, que le policier avait l'intention de monter, avec ou sans sa permission, bien qu'il eût poliment feint de la demander, et que lui, le gardien devrait monter, aussi, que ça lui plaise ou non.

— Mais pourquoi ? demanda M. Price.

— Pour que vous me fassiez entrer dans l'appartement, si nécessaire.

— Oh ! mais c'est impossible sans l'autorisation des locataires !

— Vous croyez ? Moi pas. Vous pourrez y réfléchir le long du chemin ; vous changerez peut-être d'avis.

— Je suis à peu près sûr que M. Fleming, ou M. Gray, sera là un samedi matin.

— M. Fleming peut-être. Mais pas M. Gray. M. Gray ne reviendra jamais ici. Il est mort. Selon toute apparence, il a été assassiné.

Le pince-nez tomba du nez de M. Price, eut un soubresaut et se mit à se balancer au bout de son ruban. Marcus eut la vision sinistre d'une trappe qui s'ouvre et d'un corps pendu à une corde.

— Qu'est-ce que vous avez dit ?

Marcus ne se donna pas le mal de se répéter. Il attendit simplement que l'information eût le temps d'être digérée.

— C'est épouvantable, dit M. Price.

— Je suis de votre avis.

— Mais qui aurait bien pu assassiner M. Gray, un homme si charmant ?

— Il arrive que des gens charmants se fassent assassiner. Généralement par des gens qui le sont moins.

— Quand cela s'est-il passé ? Où ?

— Peu importe pour l'instant. Vous le saurez bientôt. Tout le monde le saura. A présent, je voudrais monter parler à M. Fleming, s'il est là, ou dans le cas contraire, jeter un coup d'œil sur l'appartement.

— Oui, dit M. Price, avec une soudaine humilité. Tout de suite, monsieur.

Ils montèrent les trois étages et sonnèrent au 306. M. Fleming était absent, ou bien il ne répondait pas. La première hypothèse était la bonne, ainsi que Marcus s'en aperçut dès que M. Price lui eut ouvert la porte. L'appartement consistait en un living-room, une grande chambre à coucher munie de deux lits, une salle de bain et une petite cuisine.

Personne. Les lits étaient faits, la cuisine propre, le living-room bien rangé. M. Gray et M. Fleming avaient le sens de l'ordre.

— Fleming a-t-il passé la nuit là ? interrogea Marcus.

— Je ne sais pas. Il est rentré de bonne heure, ainsi que M. Gray, mais il a pu ressortir.

— Bon. Je vous remercie. Je n'ai plus besoin de vous. Et ne vous inquiétez pas : je ne mettrai pas de désordre dans l'appartement.

M. Price se retira à regret. Marcus entra dans la chambre à coucher et commença à la fouiller. Il ouvrit les tiroirs et regarda dans les placards, mais tout cela ne servit qu'à renforcer son opinion : Gray et Fleming avaient suffisamment d'ordre pour satisfaire la femme la plus maniaque du monde. Dans le living-room, après avoir regardé un peu partout et parcouru les titres de livres qui lui parurent, dans l'ensemble, considérablement ennuyeux, il s'arrêta devant le manteau d'une fausse cheminée sur laquelle trônait une photographie. Celle d'une jeune femme. Il la prit et lut la dédicace : *A Rufe et Alex avec toute ma tendresse, Sandy.* La double inscription impliquait un platonisme qui semblait à Marcus en opposition avec le caractère exclusif de l'amour. Se grattant la tête, il examina le visage de Sandy.

C'était un joli visage. Mélancolique en forme de petit cœur. Des yeux tristes et tendres. Passionnés ? On retrouvait du moins la passion dans les douces lèvres qui esquissaient une ombre de sourire. Toutefois il y avait là une... Marcus chercha le mot... une sorte de mysticisme. Le lieutenant était en train de tomber amoureux !

Remettant la photographie sur la cheminée, il tourna les talons. Puis il se retourna. Sur le manteau, placé soigneusement en dessous d'une reproduction de Daumier *Don Quichotte et Sancho Pança* qui pendait au mur, se trouvait une grande boîte en cuir. Marcus l'ouvrit. A l'intérieur, nichés sur du velours, il y avait deux revolvers calibre 22. Propres tous les deux. Bien huilés. Superbement entretenus. *La lettre volée n'a pas fini de jouer son rôle*[1], se dit-il. Il s'était tellement intéressé aux tiroirs et aux placards, qu'il avait failli négliger la boîte qui lui sautait aux yeux. Cela n'avait pas, d'ailleurs, grande importance, pour le moment. Néanmoins, il s'appropria la boîte et l'emporta en partant, c'est-à-dire après être retourné encore une fois dans la salle de bain et y être demeuré quelques minutes, l'air absent, devant l'armoire à pharmacie ouverte, placée au-dessus du lavabo.

1. Allusion au conte de Poe, où la lettre volée est bien en évidence.

Une fois en bas, il sonna de nouveau chez le concierge. M. Price, visiblement soulagé de le voir partir, s'efforça de ne pas le montrer.

— Avez-vous fini, lieutenant ? demanda-t-il.

— Oui. Du moins provisoirement. J'emporte ceci avec moi : ce sont deux revolvers identiques. Était-ce M. Gray ou M. Fleming qui s'intéressait au tir à la cible ?

— En fait, ils s'y intéressaient tous les deux. Le dimanche matin, lorsque le temps était beau, ils se livraient à des matches de tir. Je crois qu'ils faisaient des paris modestes. J'espère que vous prendrez bien soin des pistolets.

— Soyez tranquille. Je peux vous donner un reçu, si vous le désirez.

— Je suis certain que ce n'est pas la peine.

— Merci. A propos, il y a une photo sur la cheminée, là-haut. Une jeune femme. Des cheveux blonds coupés court. Très jolie. C'est signé Sandy. La connaîtriez-vous par hasard ?

— Je l'ai rencontrée. Mademoiselle Sandy Shore. Elle m'a été présentée un soir, dans le hall, où je l'avais rencontrée en compagnie de M. Gray et de M. Fleming. J'ai eu ultérieurement l'occasion d'échanger quelques mots avec elle lorsqu'elle venait leur rendre visite.

— Venait-elle souvent ?

— Fréquemment. Et je n'ai pas toujours dû la voir entrer. Mais je suis certain qu'il ne se passait rien d'incorrect. Elle était l'amie de ces deux messieurs. Elle les connaissait depuis l'enfance, m'a-t-elle dit. C'était tout à fait charmant.

— Je n'en doute pas. Dites-moi, connaissez-vous l'adresse de Mlle Shore ?

— Non, mais elle se trouve probablement dans l'annuaire.

— Voudriez-vous regarder ?

— Volontiers.

Il invita Marcus à entrer chez lui, mais le policier préféra attendre dans le hall. Quelques instants plus tard, M. Price revenait avec une feuille de bloc-notes. Se livrant de nouveau à un effort de cartographie mentale, Marcus localisa l'adresse par rapport à l'endroit où il se trouvait.

— Encore une question si vous le voulez bien, et puis je m'en irai, dit-il. Je suppose que M. Gray et M. Fleming avaient chacun leur voiture ?

— Ils n'en avaient qu'une pour deux. On pourrait croire que pareil arrangement soulèverait des difficultés, mais apparemment, cela marchait très bien.

— M. Gray et M. Fleming me paraissent en effet s'être fort bien entendus. Le même appartement. La même voiture. La même amie... Où la voiture est-elle rangée ?

— Il y a un garage au fond, tout près de la ruelle. C'est le box numéro cinq. L'automobile, si vous désirez le savoir, est une Ford. Je ne connais pas le modèle, mais il est récent, en tout cas.

— Je vous remercie. Vous m'avez rendu grand service.

Marcus tourna les talons avec sa vivacité agressive et sortit de l'immeuble, dont il fit le tour pour gagner le garage. Le box numéro cinq était occupé par une Ford modèle 1960. M. Fleming, où qu'il se trouvât, avait dû prendre ses pieds comme moyen de locomotion ou tout autre véhicule que le sien propre. Marcus remonta dans celui que son administration mettait à sa disposition et se dirigea vers l'adresse écrite sur le feuillet. Cette fois, il n'eut pas à déranger le gardien, car il y avait dans le hall une liste des locataires avec l'indication des étages correspondants.

Il découvrit bientôt que le photographe qui avait pris la photo de Sandra Shore était un véritable artiste. Il avait capté, dans ce petit visage d'elfe, l'expression émouvante, la mélancolie, la tendresse, la passion qu'il reflétait. Vue en chair et en os, elle était encore plus séduisante. Un corps petit et mince, aux formes ravissantes qu'un chemisier et une jupe étroite mettaient en valeur. Marcus, debout dans le hall, le chapeau à la main, remercia tout bas le hasard.

— Oui ? dit Sandra Shore.

— Mon nom est Marcus, Lieutenant Joseph Marcus. De la police. Pourrais-je m'entretenir avec vous quelques instants ?

Elle l'observait, d'un air grave, la tête légèrement inclinée de côté.

— Et pourquoi donc ?

— Cela ne prendra que quelques minutes et je vous en serai très reconnaissant.

— Si vous êtes vraiment de la police, je serai bien obligée de vous parler, bon gré, mal gré, alors ça ne sert pas à grand-chose de me demander la permission, n'est-ce pas ?

— A mon grand regret, je dois admettre que vous avez raison. Merci de clarifier si gentiment la situation. Puis-je entrer ?

Elle inclina la tête et ferma la porte derrière lui. La suivant jusqu'au living-room, où elle le pria de s'asseoir, il put admirer ses jolies jambes et la finesse de ses chevilles. Quand elle se fut assise à son tour, sa jupe étroite pudiquement rabattue sur les genoux, il continua un moment à admirer ses jambes avec discrétion, mais bientôt ses yeux remontèrent vers le visage qui était, après tout, la plus jolie partie de Mlle Shore, malgré les distractions qu'offrait le reste de sa personne.

— Vous n'avez pas l'air d'un policier, dit-elle.

— Vraiment ? C'est bien possible. A quoi un policier est-il censé ressembler ?

— Je ne sais pas trop. Pas à vous en tout cas... C'est à quel sujet que vous vouliez me parler ?

— Au sujet d'un jeune homme appelé Alexander Gray.

Elle donna l'impression d'être légèrement incrédule, sans perdre pour autant sa sérénité.

— Alex ? Mais en quoi Alex peut-il intéresser la police ?

— Il est mort. Vraisemblablement assassiné. Quelqu'un l'a tué d'un coup de revolver, ce matin, sur le terrain de golf du Greenbrier Club.

Elle demeura immobile ; son geste fut de se croiser les mains sur ses genoux. Ses grands yeux graves s'assombrirent légèrement, comme si une lumière s'y était éteinte.

— C'est absurde.

— La vérité est souvent absurde. Les choses ne paraissent avoir aucun sens.

— Alex n'est même pas membre du Greenbrier Club.

— Apparemment, il n'est pas nécessaire de faire partie d'un club pour s'y faire tuer.

— Je refuse de vous croire. C'est cruel de votre part de venir me raconter un mensonge pareil.

— Ce serait cruel, si je mentais. Et inutile.

— Je comprends. Vous voulez dire que vous n'auriez aucune raison de me mentir. A moins qu'il y en ait une que j'ignore. C'est ça ?

— Non. Aucune. Vous devez bien vous en rendre compte.

— Oui. Sans doute. Je suppose que je dois vous croire.

Elle se leva brusquement et s'approcha de la fenêtre où elle demeura un instant immobile, mince et droite contre le carreau, ses cheveux pâles captant la lumière oblique. Puis elle revint, se rassit, croisa de nouveau les mains sur sa jupe et murmura : « Pauvre Alex, pauvre petit Alex... »

Il n'avait pas été si petit que ça. De taille moyenne, en fait, mais Marcus ne fit aucun commentaire. Mlle Sandra Shore lui semblait être une jeune femme tout à fait remarquable. Sa voix et ses yeux assombris exprimaient une douleur véritable, mais son visage était aussi serein, malgré le choc et le chagrin, que sur la photographie.

— Vous êtes bien calme, étant donné les circonstances, dit-il. J'en suis très soulagé.

— Peut-être est-ce que je n'arrive pas à me faire à cette nouvelle, tout en sachant qu'elle est vraie.

— Il arrive parfois que nous mettions un certain temps à enregistrer les choses qui nous frappent le plus durement. Vous sentez-vous en état de me parler maintenant ?

— Que voulez-vous savoir ?

— Vous étiez très liée avec Alexander Gray, n'est-ce pas ?

— Oui, c'est exact, mais je me demande comment vous l'avez appris. A moins que vous n'ayez parlé à Rufe ?

— Rufus Fleming ? Non. J'aimerais lui parler, d'ailleurs, mais j'ignore où il est.

— Êtes-vous allé à l'appartement ? Alex et Rufe vivaient ensemble, vous savez.

— Oui, je le sais, j'y suis allé. Avez-vous une idée de l'endroit où Fleming peut se trouver ?

— Non, mais il ne tardera pas à revenir, je suppose.

— Sa voiture était au garage.

— Rufus aime la marche ; il fait parfois de longs parcours à pied.

— Il y avait une photographie de vous dans l'appartement. Une excellente photo. J'ai noté que la dédicace s'adressait à la fois à Gray et à Fleming. Étiez-vous également liée avec chacun d'eux ?

— Également liée ? C'est difficile à dire... Je les aimais tous les deux, et je les aime encore tous les deux, bien qu'à vous croire Alex soit mort.

— Et eux ? Vous aimaient-ils tous les deux ?

— Oui. Nous étions tous trois liés par une amitié très étroite.

— Ne sont-ce pas là des relations assez curieuses entre deux hommes et une femme ?

— Je ne crois pas. Si, peut-être. Mais il en était ainsi depuis si longtemps que cela me paraissait parfaitement normal.

— Ça n'entraînait jamais de complications ?

— Si, en un sens. Ils m'aimaient tous deux et voulaient m'épouser et moi j'aimais l'un et l'autre, ce qui était très bien, et j'aurais voulu les épouser tous les deux, ce qui était moins bien, d'où les complications.

— Je comprends. La bigamie, outre qu'elle est illégale, n'est pas une solution.

— Oui. Quoi qu'il en soit, je ne pouvais supporter l'idée d'en épouser un et pas l'autre, car cela eût signifié l'abandon total de celui qui n'aurait pas été mon mari. Si seulement j'avais pu en épouser un et garder l'autre à côté de moi, comme autrefois, tout aurait été parfait, mais ça n'aurait pas marché, je le crains, car un mari, si bon et si tolérant soit-il, ce n'est pas la même chose qu'un ami ; il a l'instinct de possession, il exige ses droits et il ne supporte pas qu'un autre homme s'occupe de sa femme.

Marcus n'arrivait pas à la croire tout à fait. Il croyait *les mots* qu'elle disait, mais il ne la croyait pas, *elle*. Il ne croyait pas *à elle*. Qu'elle existât. Qu'elle fût assise en ce moment sur une chaise devant lui, sa jupe rabattue. Il était, en fait, plus que troublé par ce qui lui semblait être à la fois parfaitement logique et complètement insensé. Oui, c'était bien ça. Logique, mais insensé. Il n'y avait pas nécessairement contradiction entre les deux termes.

— Vous dites que ces relations existaient depuis très longtemps ? Depuis combien de temps ?

— Oh ! des années et des années. Une éternité. Depuis notre adolescence.

— Vous vous connaissiez tous trois à cette époque ?

— Mais je vous l'ai dit. Nous avons été à l'école ensemble et depuis lors nous sommes restés intimes.

— Il est pour le moins étrange que deux hommes demeurent amis en pareilles circonstances.

— Eh bien, ils étaient charmants et compréhensifs et ils croyaient toujours que l'on trouverait une solution, mais, comme je vous l'ai expliqué, il n'y en avait pas.

— Le problème est résolu, à présent.

— Vous voulez dire, avec la mort d'Alex ? Parce qu'à présent rien ne m'empêche plus d'épouser Rufe ? Peut-être, mais il faudra que j'y réfléchisse. Ça ne me paraît pas très juste pour Alex, vous comprenez. Il semble que, par souci d'impartialité, je devrais abandonner également Rufe.

Marcus se donna une petite tape sur le genou, se leva, fit le tour de sa chaise et se rassit. Il ferma les yeux et les rouvrit : Sandra était toujours là.

— Il y avait deux revolvers dans l'appartement, reprit-il. Le gardien m'a dit que vos deux amis adoraient le tir. Est-ce vrai ?

— Oui, et moi aussi j'aime ça. Je possède un revolver semblable à ceux que vous avez vus. Nous avons commencé à tirer quand nous étions encore très jeunes. Nous habitions une petite ville, à peu de distance de la campagne, et nous sortions fréquemment, tous les trois, pour faire des matches. Voulez-vous voir mon revolver ?

— Ce serait fort aimable à vous de nous le montrer.

Elle se leva, se dirigea vers un bureau et en revint bientôt avec un revolver, qui, comme elle l'avait dit, était apparemment identique aux deux que Marcus s'était appropriés. Propre, récemment graissé. Il le prit, l'examina et le lui rendit. Elle se rassit, le revolver sur les genoux.

— Auriez-vous une photographie de M. Fleming ?

— Non, je regrette.

— Pas même un instantané ?

— Non, pas même ça. C'est plutôt bizarre, n'est-ce pas, quand on y pense ? Ni Alex ni Rufe n'aimaient à se faire photographier.

— Peut-être pourriez-vous me le décrire ?

— Pourquoi ?

— Oh ! pour le cas où je le rencontrerais, par exemple. Cela me faciliterait les choses.

— Eh bien, il est très grand, environ un mètre quatre-vingt-dix. Plutôt mince, mais très robuste. Il a un long visage avec des sourcils épais qui se rejoignent et des cheveux noirs rebelles. Il se tient un peu voûté et je lui dis toujours de se redresser, mais en vain. Je crois qu'il se tient voûté exprès, pour paraître moins grand, surtout quand il est avec moi. Comme vous pouvez le voir, je suis plutôt petite.

— Oui, je vois.

Marcus se leva, le chapeau à la main et jeta un coup d'œil autour de lui. Une porte ouverte menait à une petite cuisine. Et une porte fermée, sur ce qui devait être une chambre à coucher, pourvue, sans doute, d'une salle de bain. L'appartement ne différait guère de celui que partageaient Gray et Fleming.

— Voyez-vous, demanda-t-il, quelqu'un qui aurait eu intérêt à tuer Alexander Gray ?

— Non. Personne. Il doit s'agir d'un accident.

— Je vois. Eh bien, je vous remercie beaucoup, Mlle Shore. Si vous rencontrez M. Fleming, veuillez lui dire de prendre contact ave moi au commissariat central.

Elle l'accompagna jusqu'à la porte ; la dernière vision de Marcus, avant que le battant ne se refermât sur lui, fut celle de son visage grave et de ses yeux assombris. Midi avait sonné depuis longtemps et le policier alla manger un sandwich au rosbif dans un petit restaurant avant de retourner au commissariat où il prit connaissance du bref rapport du coroner. Quant à l'heure où Gray avait été tué, l'estimation ne différait guère de celle de Marcus. D'après le coroner, Gray avait été assassiné par une balle calibre 22, qu'on n'avait pas encore eu le temps d'extraire du corps. Toutefois on lui promettait de procéder à l'autopsie le plus tôt possible.

Marcus porta les deux revolvers au service de balistique et y laissa ses instructions, puis il revint à son bureau et s'efforça de rédiger un rapport sur l'affaire Gray. Il essaya trois fois, mais en vain, d'atteindre Fleming à l'appartement : Fleming demeurait introuvable. Tard dans l'après-midi, Fuller vint raconter ce qui s'était passé sur le champ de golf après le départ de Marcus, mais ça n'avait pas grand intérêt.

Une fois seul, Marcus s'adossa à son siège, ferma les yeux et essaya de réfléchir. Il songeait surtout à Sandra Shore. Il avait encore du mal à se convaincre de sa réalité et il se demanda si elle avait vraiment des nerfs d'acier ou si elle avait été incapable d'exprimer avec plus d'efficacité une surprise et une émotion qu'elle ne ressentait pas parce qu'elle était déjà au courant de la nouvelle. Avait-elle su, en fait, qu'Alexander était mort avant que Marcus ne vînt le lui annoncer ? Il se posait la question, mais en ignorait la réponse.

Il demeura immobile à réfléchir, sans parvenir à trouver une solution et il rappela une fois encore l'appartement de Fleming. Toujours en vain. Une fois rentré chez lui, il lut un moment, s'octroya trois verres de whisky avec du soda, puis écouta la sixième de Beethoven, dirigée par Toscanini. Le lendemain matin, qui était un dimanche, il se leva de bonne heure, but deux tasses de café, et se rendit à son bureau. Quelques instants plus tard, Fuller, de service bien à contrecœur, lui amena un jeune homme qui désirait le voir, parce que, à en croire le sergent, il avait des révélations à faire sur l'assassinat de Gray. Le jeune homme se nommait Herbert Richards.

— Asseyez-vous et racontez-moi ce que vous savez, lui dit Marcus.

— Eh bien, dit Richards en obtempérant, j'étais en voiture hier matin et je longeais la rue à l'est du Golf Club, où ce type a été tué, quand mon vieux tacot est brusquement tombé en panne. Je travaille sur un chantier de construction et j'allais rencontrer quelques membres de l'équipe en ville. Nous devions prendre un camion tous ensemble pour aller au chantier, vous comprenez. Quoi qu'il en soit, ma bagnole a refusé d'avancer et j'ai dû me dépêcher pour arriver là-bas à l'heure, alors j'ai pris un raccourci par le terrain de golf, en longeant une sorte de petit ravin qui le coupe en diagonale, et tout à coup, j'ai entendu des détonations.

— Attendez, coupa Marcus. Vous avez dit *des* détonations ?

— Oui, monsieur. Deux. J'ai lu hier soir, dans le journal, que la victime n'avait reçu qu'une seule balle et je me suis demandé si j'avais pu me tromper, mais j'ai réfléchi, et je suis certain que non. Les coups de feu ont été tirés si près l'un de l'autre qu'ils semblaient n'en faire qu'un seul, mais je suis sûr qu'il y en a eu deux.

— Qu'avez-vous fait quand vous avez entendu ces coups de feu ?

— Rien. J'ai continué mon chemin.

— Il ne vous est pas venu à l'esprit qu'il pouvait se passer un drame ?

— Non. J'ai entendu des tas de détonations dans ma vie et c'est la première fois que j'apprends qu'il s'agit d'un crime.

Marcus concéda la validité de cette réponse. Les gens honnêtes qui se rendent à leurs affaires ne croient pas automatiquement à un assassinat dès qu'ils voient ou entendent quelque chose d'anormal, même des coups de feu.

— Quelle heure était-il ?

— C'était sur ce point que je tenais à attirer votre attention. Le jour venait tout juste de poindre. Je sais qu'il est important de connaître l'heure dans une histoire de ce genre et c'est pourquoi je suis venu vous trouver.

— Je vous en remercie.

— Vous ai-je rendu service ?

— Je le crois. Et je vous suis très reconnaissant. Si vous n'avez rien d'autre à me dire, vous pouvez disposer.

Herbert Richards s'en fut, visiblement satisfait, et Marcus ferma les yeux pour imaginer la scène du crime. En les rouvrant, il aperçut Fuller qui attendait.

— Fuller, lui dit-il, vous rappelez-vous ce grand talus que nous avons descendu sur une distance d'environ vingt mètres à partir du lieu où se trouvait le cadavre ? Prenez deux hommes et allez voir là-bas si vous ne retrouvez pas une balle.

Fuller, que cette mission n'amusait pas, ne cacha

pas ses sentiments. Marcus s'aperçut de cette mauvaise humeur, mais ne broncha pas.

— Qu'est-ce que ça peut faire qu'il manque une balle ? demanda Fuller. On va récupérer ce matin celle qui est entrée dans le corps de Gray dès que le coroner l'aura extraite, et on n'a pas besoin d'autre chose. En outre, d'après la position qu'il occupait, Gray faisait face au talus ; le meurtrier au contraire lui tournait le dos. Si une balle a raté Gray, elle a dû filer dans la direction opposée.

— Allez toujours examiner le talus, répondit Marcus. Faire les choses consciencieusement n'est jamais inutile.

Fuller parti, Marcus prit la position qui favorisait le mieux ses méditations : chaise balancée en arrière, yeux fermés, mains entrecroisées sur le ventre. Son esprit se fixa sur différents éléments de l'histoire qui formaient devant lui comme un fantastique dessin. Il imagina Alexander Gray, Rufus Fleming et Sandra Shore selon un triangle affectif tellement extravagant qu'il n'était concevable que composé d'individus eux-mêmes assez extravagants. Il songea à Gray gisant sur le gazon du golf ; à un veston de laine brune, jeté sur l'herbe à cinq mètres du cadavre ; à Herbert Richards, ouvrier de construction, qui, en traversant le golf sans autorisation, avait entendu deux coups de feu si rapprochés l'un de l'autre qu'ils semblaient se confondre ; à une paire de revolvers placés selon un symbolisme fortuit au-dessous d'une reproduction du *Don Quichotte* de Daumier ; à une armoire de toilette au-dessus d'un lavabo, une armoire dans laquelle il n'y avait qu'*un seul* rasoir et *une seule* brosse à dents.

Je n'y crois pas, se dit-il. *Bon sang, je ne peux pas arriver à y croire.*

Il se rendit au service de balistique et obtint son rapport, mais il lui manquait la précision spécifique dont il avait besoin et qui dépendait du coroner. Il monta dans sa voiture et prit, sans enthousiasme, la direction de l'immeuble de Sandra Shore. Il sonna et attendit ; il allait sonner de nouveau lorsqu'elle vint ouvrir la porte. Ses yeux s'agrandirent légèrement en apercevant le policier, mais ils reprirent aussitôt leur gravité et leur sérénité habituelles.

— Bonjour, dit le policier.

— Bonjour, dit-elle. Vous voulez me parler à nouveau ?

— Si cela ne vous ennuie pas.

— Ça m'ennuie un peu, à dire vrai, mais je suppose que je n'ai pas le choix.

— Merci. Je vais tâcher d'être bref.

Ils s'assirent, comme la veille, sur les mêmes chaises et Marcus demeura un moment immobile, les yeux fixés sur son chapeau, ne sachant comment attaquer. Puis il regarda Sandra Shore, et ses yeux glissèrent délibérément jusqu'à la porte de la chambre à coucher.

— Puis-je entrer dans votre chambre, mademoiselle Shore ? dit-il.

— Non ! Certainement pas !

Elle se figea jusqu'au moment où le regard de Marcus revint vers elle et ses petits seins s'élevèrent et s'abaissèrent en un profond soupir.

— Eh bien, reprit-elle, je vois que vous avez été aussi malin que je le craignais, mais je suis heureuse, en fait, car son état semble empirer et j'ai peur qu'il ne meure en dépit de tous mes efforts. C'était impossible d'aller chercher un médecin, vous comprenez, et j'ai extrait la balle moi-même, mais il semble aller plus mal, comme je vous l'ai dit et je me demandais ce que j'allais faire.

— Avez-vous rapporté les revolvers dans leur appartement et y avez-vous pris un rasoir et une brosse à dents ?

— Oui. Comme vous êtes *intelligent* ! Alex et Rufe avaient simplement décidé ce qu'ils devaient faire pour régler le problème. Ils sont donc allés sur ce terrain de golf, qui était l'endroit le plus commode. Tout se serait bien passé pour Rufe, malgré la mort d'Alex, malheureusement il a été atteint, lui aussi ; il a été blessé à l'épaule, ce qui a terriblement compliqué les choses. Il fallait bien qu'il aille quelque part, évidemment. Alors il est venu ici et j'ai fait de mon mieux pour lui. Il avait les deux revolvers et j'ai pensé que la meilleure chose à faire, c'était de les nettoyer et de les graisser, puis de les rapporter à l'appartement.

— Vous avez commis une erreur. Vous devez savoir que nous pouvons prouver que la balle qui a tué Gray a été tirée par l'une de ces armes.

— C'est vrai ? Je n'y ai pas pensé sur le moment, parce que j'étais trop bouleversée pour être capable de réfléchir. C'est curieux, n'est-ce pas ? Je voulais vraiment venir en aide à Rufe, mais je crois qu'en fin de compte, je lui ai plutôt fait du mal.

— Les imbéciles ! Les triples imbéciles ! maugréa Marcus à voix basse en se frappant le genou. Pourquoi diable ne vous ont-ils pas tirée à la courte paille ?

Elle le regarda avec mépris, comme si elle s'était brusquement rendu compte qu'il n'était qu'un individu ignoble, dénué de tout sens de l'honneur.

— Oh ! non ! Alex et Rufe ne m'auraient jamais traitée de cette façon !

— Excusez-moi, dit-il avec amertume. J'admets que vous avez fait de votre mieux pour Rufe que vous aimez, mais alors, Alex que vous aimiez autant et qui est malheureusement mort... Qu'est-ce que vous pensez de cette solution disons... discutable ?

— Si les choses s'étaient passées autrement, j'aurais fait la même chose pour Alex.

— Je vois.

Il se leva, la bouche si amère qu'il aurait souhaité pouvoir cracher sur le tapis. Je vais appeler une ambulance et puis vous m'accompagnerez au commissariat.

Il était assis à son bureau, oisif, lorsque Fuller entra.

— Nous avons examiné ce talus, déclara Fuller. La balle n'y est pas.

— Ça ne fait rien, dit Marcus. Je sais où elle est. Ou plutôt où elle était.

— Pas possible ! Ça vous ennuierait de me fournir quelques explications ?

— Nullement. Elle était dans l'épaule d'un type appelé Rufus Fleming. Lui et Gray se sont battus en duel hier matin. Et Gray a été tué.

— Un *duel !* (Les yeux de Fuller lui sortirent de la tête et il fut tout à coup tellement certain que Marcus avait perdu l'esprit qu'il n'hésita pas à le lui dire.) Vous prétendez toujours que les gens sont cinglés, mais à mon avis, le plus cinglé de tous, c'est vous.

Marcus ne se vexa pas. Il ferma les yeux et sourit mélancoliquement.

Eh bien, songea-t-il, *à cinglée, cinglé et demi.*

Homicide and gentlemen.
Traduction de Catherine Grégoire.

MORTE PAR STRANGULATION

par JAY FOLB

Depuis trois jours, en se réveillant chaque matin dans son studio de New York, Helen Samish ouvrait ses yeux pâles sur un trésor. C'était à la fois un trésor précieux et inexploré, et sa vue amenait un fugitif rayon de beauté sur un visage ordinairement ingrat et sans caractère. Le trésor n'était autre qu'une bibliothèque contenant six cent cinquante livres, que dans un moment de folie, elle avait achetée le samedi précédent à la salle des ventes.

C'était là un acte tout à fait déraisonnable, du moins de la part d'une femme qui ne disposait pour tout potage que de son salaire de sténo-dactylo. Mais Helen n'avait jamais eu le sens commun lorsqu'il s'agissait de livres. Elle les collectionnait, non pas avec la piété d'un bibliophile, mais avec l'ardeur et l'avidité d'un lecteur invétéré. Chez elle, le plaisir de la lecture surpassait tous les autres.

Le troisième jour qui suivit la vente, elle quitta son domicile avec un volume — *Precious bane* — sous le bras. Elle le transporta amoureusement toute la journée et puis, la nuit venue, elle se précipita vers la maison avec l'intention de le lire pendant son repas à la cafétéria.

Elle venait de terminer son café, lorsqu'elle s'aperçut qu'une personne était assise en face d'elle, et ses doigts se raidirent immédiatement sur le livre. Elle savait que son vis-à-vis n'avait pas cessé de la fixer depuis quelque temps, et elle avait l'impression qu'il allait lui adresser la parole d'un moment à l'autre. Résolue à l'ignorer, elle tourna la page et affecta de se plonger dans la lecture.

— C'est mon livre de chevet ! dit-il au bout d'un moment.

Elle leva la tête vivement et elle aperçut une jeune figure maigre avec des yeux bruns sérieux et une bouche légèrement ironique.

— Elle écrit merveilleusement, n'est-ce pas ? Je veux parler de Mary Webb.

Le cœur d'Helen se mit à battre, mais pas au rythme des phrases de Mary Webb. En fait de jeunes gens, elle ne connaissait que les blonds héros qui promenaient leurs pas intrépides à travers les pages de ses romans. Les vrais, ceux qui lançaient aux femmes des sourires pleins de sous-entendus, ceux qui riaient bruyamment dans les rues lui étaient totalement étrangers.

— Je ne voudrais pas être importun, dit-il encore. Vous savez ce que c'est lorsque l'on voit quelqu'un lire un de vos livres préférés. Du moins lorsque vous aimez les livres, n'est-ce pas ?

— Si j'aime les livres ? Certainement, dit Helen.

— Et moi donc ! Il n'y a rien au monde que je préfère. Cela doit vous paraître bizarre ?

— Non, pas du tout. (Elle s'éclaircit la voix.) Je lis tout le temps. Je crois que tout ce qui existe dans le monde se trouve dans les livres, tout ce qui est arrivé à chacun de nous...

— C'est très vrai. Je vois que vous voyez ce que

je veux dire. C'est exactement ce que je ressens. Mais il est tellement difficile de communiquer ses sentiments.

Il parlait avec un enthousiasme juvénile qui se refléta sur le visage d'Helen.

Ils continuèrent à parler. Ils parlèrent de Mary Webb et ils parlèrent de Dickens. Ils parlèrent d'Hemingway et de Milton, de Shakespeare et de Faulkner. Ils découvrirent, auteur après auteur, ceux pour lesquels ils partageaient une égale dilection. Après deux heures de conversation et de café, il dit :

— Je m'appelle Bill. Bill Mallory.

— Et moi Helen, dit-elle à son tour en baissant les yeux.

— C'est l'un de mes prénoms favoris. Connaissez-vous le poème : *Est-ce là le visage qui lança mille navires, et brûla les tours sans toit d'Ilion ? Douce Hélène, rends-moi immortel avec...*

La rougeur qui s'étendit sur le visage d'Helen, interrompit sa citation. Les jeunes gens ne parlaient pas de cette façon, pas à elle. Soudain, la pensée qu'il se moquait d'elle tomba sur son corps comme une douche froide. Elle se leva, ramassant son livre et son sac à main.

— Attendez, dit Bill en la retenant par le bras. Si vous n'avez pas de projets...

— J'en ai, malheureusement...

— Ne pourriez-vous pas les changer ?

— Excusez-moi...

— Je vous en prie.

Il lui étreignit le bras ; ce contact la fit frissonner d'une sensation inhabituelle.

— Vous ne pouvez disparaître ainsi. Nous pourrions aller voir un film, faire une promenade...

Elle le regarda droit dans les yeux. Ils étaient

toujours aussi sérieux, mais sa bouche bien dessinée avait une expression ambiguë.

— D'accord, dit Helen qui ne reconnut pas sa voix.

Ils se promenèrent dans les rues de la ville pendant une heure. La jeune fille se débattait au milieu de sentiments tumultueux et contradictoires, prise entre la méfiance instinctive qu'elle éprouvait à l'égard du jeune homme et le plaisir qu'elle ressentait en sa compagnie. Finalement ils se rendirent à son appartement, où elle le vit avec soulagement détourner son intérêt de sa personne pour le reporter sur les livres qui encombraient ses rayons.

— C'est sensationnel, s'écria-t-il en plongeant avidement ses mains parmi les volumes. Vous devez posséder au moins mille livres...

— Il y en a plus de mille. Je viens d'en acheter six cent cinquante à la salle des ventes. C'est pourquoi vous voyez tout ce désordre dans mon studio.

Il jeta un regard autour de lui et sourit. Il y avait des livres partout, en tas le long des murs, retenus ensemble par une ficelle. Il y avait des caisses de livres, pleines à déborder. Il y avait des livres sur toutes les étagères. Il allait d'un coin à l'autre avec ardeur, soulevant les couvertures, feuilletant les pages.

— Quel travail pour classer tout ça ! Je pourrais peut-être vous donner un coup de main...

— Il se fait tard.

— Demain soir si vous préférez. A moins que vous ne soyez occupée.

— Oh ! non, dit Helen vivement.

— Alors, c'est convenu, dit-il en souriant.

Après le départ de Bill Mallory, Helen s'adossa à

la porte d'entrée, le souffle court, ne croyant qu'à demi au miracle qui venait d'entrer dans sa vie.

Il revint le lendemain soir, plein du désir de l'aider à classer et cataloguer sa nouvelle bibliothèque. Le troisième soir, il posa ses lèvres ironiques sur celles de la jeune fille en lui souhaitant bonne nuit. Lorsqu'il revint le soir suivant, Helen s'aperçut qu'elle s'intéressait beaucoup moins au travail et beaucoup plus aux faits et gestes de Mallory. C'est avec une véritable passion qu'elle observait le sérieux intense de son jeune visage, la courbe ironique de ses lèvres, les mouvements prestes de ses doigts feuilletant les pages. Jamais elle n'aurait cru qu'une pareille évolution de ses sentiments fût possible, mais à présent, il y avait quelque chose dans sa vie de plus important que le plaisir de la lecture.

Le lendemain, elle regarda le ciel couvert d'un œil serein. Debout devant les étagères de livres, elle parcourait les titres, cherchant un volume pour la journée...

A la fin elle choisit un gros exemplaire d'*Ulysse* de Joyce. Il était étroitement serré sur l'étagère du fond ; au moment où elle le soulevait, la couverture s'ouvrit, et quelque chose tomba d'entre les pages.

Elle ramassa la chose avec curiosité et vit qu'il s'agissait d'une enveloppe, portant l'adresse complète avec un timbre oblitéré. Elle avait été ouverte et la lettre se trouvait toujours à l'intérieur.

Elle était adressée à *William Mallory II Bleeker Street, New York City*. L'adresse de l'expéditeur était : *Jenny Isler, 320 West 10th Street, New York*.

Au moment même où les yeux d'Helen tombèrent sur le nom de la jeune fille, sa gorge se contracta de jalousie. Elle sortit la lettre et ses yeux s'embuèrent.

Chéri
Je t'ai téléphoné toute la semaine, mais apparemment tu n'es jamais chez toi. Ma mère croit que je suis folle, et j'ai dû lui faire croire que j'appelais pour demander l'heure ou la météo. Je suis sûre que maman te plairait. Il faut que tu fasses sa connaissance bientôt. Mais je voulais te dire surtout qu'il faut que je te voie immédiatement afin que nous parlions de tout. Tu te souviens de ce que je t'ai dit à propos de qui tu sais et que j'ai vu vendredi. Je me suis fait passer pour une certaine Mme Carter. Bill, ça ne date encore que de deux mois et ce n'est pas visible, et personne ne devinerait si nous nous mariions tout de suite, car beaucoup d'enfants naissent prématurément. Je sais que tu ne tiens pas à brusquer les choses, mais je ne vois pas le moyen de faire autrement. Et je t'en prie, ne me demande plus d'aller voir une tu sais quoi, parce que j'ai peur qu'il m'arrive quelque chose. J'ai souffert de rhumatismes aigus dans mon enfance, et ce serait peut-être dangereux. Si nous nous marions, je pourrai garder ma place, et j'irai habiter dans ton appartement jusqu'au moment où nous aurons trouvé quelque chose de plus grand. Mais je t'en prie, téléphone-moi, afin que nous puissions parler de tout cela après le travail. Je t'aime.

Jenny.

La commotion provoquée par la lettre fit venir des larmes brûlantes aux yeux d'Helen. Elle ne voulait pas cesser d'aimer Bill Mallory ; il était beaucoup plus facile d'oublier les mots cruels qu'elle tenait à la main, et de penser seulement à la rencontre de ce soir et du lendemain.

Mais comment la lettre avait-elle fait pour échouer dans ce livre ? Est-ce Bill qui l'avait oubliée ? Non, il n'avait jamais apporté de volume. En outre, elle était certaine qu'à aucun moment, au cours de leur travail de classement, ils n'avaient inscrit l'*Ulysse* dans le répertoire.

On ne lui avait pas révélé le nom du propriétaire à la salle des ventes. Ne serait-ce pas à lui que les livres auraient appartenu par hasard ? Bill les connaissait à fond. Il n'y en avait pas un seul qu'il n'eût lu !

Passionnément, elle souhaita qu'il n'y eût aucun rapport entre la lettre et les livres. Une faute commise à l'égard d'une autre femme était pardonnable. Mais une tromperie préméditée — dont elle serait elle-même la victime — c'était proprement impensable !

Il fallait bien ranger Jenny Isler au nombre des personnes réelles et découvrir sans se trahir si sa situation était authentique.

Les renseignements lui fournirent le numéro d'une certaine Hermine Isler dont l'adresse correspondait à celle qui figurait sur l'enveloppe. Elle appela : une femme répondit.

— Est-ce Mlle Jenny Isler qui est à l'appareil ? demanda-t-elle d'une voix qui faiblissait.

— Non, c'est la femme de chambre. Qui est à l'appareil ?

— Je voudrais parler à Mlle Isler...

— Mlle Isler est morte, dit la femme de chambre.

Helen poussa un léger cri en recevant cette réponse inattendue. Elle regardait le récepteur d'un air incrédule. Puis elle recouvra l'usage de la parole :

— Je ne savais pas. Je suis une vieille amie de Jenny.

— Mlle Isler est morte il y a deux semaines, précisa la femme de chambre dont la voix était aussi émue que la sienne. Tous les journaux en ont parlé. Elle a été tuée.

— Tuée ? Oh ! mon Dieu !

— Voudriez-vous parler à Mme Isler ?

— Non, non, dit Helen Samish et elle laissa retomber le récepteur comme s'il lui avait brûlé la main.

Jenny Isler tuée ! Mais comment ? Un accident — il s'agissait sûrement d'un accident ! L'autre éventualité était trop horrible pour qu'elle pût se résoudre à l'envisager. Si elle avait été assassinée, la lettre contenue dans le livre constituait une preuve accablante contre...

Elle sentit le sol osciller. La logique l'amenait à des conclusions auxquelles elle ne désirait pas aboutir. La logique expliquait l'intrusion subite du romanesque dans sa vie. La logique lui apprenait que Bill Mallory était venu vers elle pour des raisons qui étaient autres que celles qu'elle avait espérées.

Non ! Elle secoua la tête de toutes ses forces. Ce n'était pas un assassinat !

Mais au bureau, dans l'après-midi, elle fut assaillie par de terribles pensées. A trois heures, incapable de dominer son trouble intérieur, elle téléphona à la rédaction d'un journal et demanda des renseignements.

— Jenny Isler ? dit une voix neutre au téléphone, certainement, nous avons passé le reportage jeudi 12. Une jeune fille étranglée à Central Park...

***

Bill arriva à huit heures et demie. Son baiser sur la joue d'Helen fut négligent, c'est pourquoi il ne put remarquer la froideur de ses lèvres. Puis il se dirigea tout droit vers les étagères de livres et Helen se rendit compte qu'il ne procédait pas à l'examen attentif d'un amateur passionné, mais à une véritable fouille.

Elle plaça l'*Ulysse*, avec la lettre à l'intérieur, sur

le bureau à haut pupitre près du mur. Puis elle s'approcha de lui par-derrière et dit :

— Qui est Jenny Isler ?

Elle vit son dos se raidir.

— Qui ?

— Jenny Isler. La fille qui vous a écrit la lettre.

Il se retourna, sa bouche moqueuse évoluant curieusement du rictus au sourire de soulagement.

— Alors vous avez trouvé ce maudit papier. Dieu soit loué. Voulez-vous me le donner, Helen ?

— Vous ne m'en avez pas dit un mot...

— Pardonnez-moi, chérie. (Un sourire chassa le rictus et il la prit par les mains.) Écoutez, je sais ce que vous pensez. Que je suis un voyou de première classe. Vous le savez, sans doute, que ces livres étaient à moi...

— Oui.

— Je n'avais pas l'intention de vous tromper. J'ai dû les vendre il y a deux semaines lorsque j'ai quitté mon appartement. Alors je me suis arrangé avec la salle des ventes pour qu'ils s'en chargent.

— Et c'est pour récupérer la lettre que vous êtes entré en relations avec moi ?

— Est-ce cela que vous pensez ? demanda-t-il en rejetant en arrière sa tête de beau garçon. Vous êtes une petite idiote. Sûrement pas, chérie. Je savais évidemment que vous aviez acheté les livres. Mais je me suis intéressé à vous parce que je savais que j'aimerais une fille qui aimerait mes livres. Ne pouvez-vous comprendre cela, Helen ?

Il l'attira vers lui, mais devant son sourire incertain la jeune fille se raidit, résista.

— Elle est morte, dit Helen, Jenny Isler est morte. Elle a été assassinée.

— Oh ! je le sais. Pour parler franc, cela m'a causé quelques soucis lorsque je l'ai appris. Je pensais que la police pourrait se méprendre sur le sens de cette lettre. Je ne savais même pas qu'elle se trouvait dans un livre jusqu'au moment où j'ai vendu ma collection. C'est plus tard que je me suis rendu compte...

La voix d'Helen se fit stridente :

— Alors vous deviez la trouver. Vous deviez la trouver à tout prix.

— Helen !

Elle le repoussa.

— Pourquoi n'avez-vous pas dit à la police que vous la connaissiez ? Pourquoi n'êtes-vous pas allé la trouver ?

— Comment ? Pour me trouver mêlé à une histoire pareille, merci bien ! (Il se mit à rire, mais d'un rire forcé.) Après tout, ils ont arrêté l'assassin. Un clochard quelconque.

— Vraiment, Bill ?

— Dites donc, vous ne pensez pas...

Elle s'écarta de lui, ses bras minces enserrant sa poitrine.

— Allez-vous-en ! Je ne veux plus vous voir, Bill.

Il grimaça.

— Soit, si c'est ainsi que vous le prenez. Je vais simplement prendre ma lettre...

— Non ! dit-elle d'un air de défi. Vous m'avez menti, vous m'avez fait croire que vous étiez autre chose que ce que vous êtes. Je ne vous rendrai pas la lettre...

Son visage s'assombrit :

— Écoutez, chérie ! N'essayez pas de jouer ce petit jeu avec moi. Donnez-moi la lettre et nous serons quittes. Je peux feuilleter les livres moi-même, vous savez !

— Je crierai si vous le faites, dit-elle d'une voix annonciatrice de la crise de nerfs. Je vais crier, Bill !

— Ne faites pas la sotte !

Il ricana et se dirigea vers la bibliothèque, et tout le ressentiment et la souffrance contenus dans le corps d'Helen Samish explosèrent dans un cri suraigu. Il se retourna vers elle, avec des yeux affolés, mais elle continua de crier. Il fit un pas vers elle, et elle recula contre le bureau à haut pupitre, contre le mur. Avant qu'elle n'ait pu se remettre à crier, de longs doigts l'avaient agrippée, déchirant ses vêtements, scellant ses lèvres. Elle glissa sa main derrière son dos, cherchant frénétiquement une arme défensive ; elle rencontra l'*Ulysse*, et se mit à le frapper à coups redoublés jusqu'au moment où la reliure céda. Mais il y avait de l'acier dans les doigts de Bill Mallory, de l'acier qui se referma sur son cou comme un étau. Le livre tomba sur le sol, et après s'être débattue quelques instants encore, Helen Samish exhala son dernier soupir.

Bill Mallory regarda la fille morte et écouta le silence qui venait de s'installer dans la pièce. Mais le silence ne devait pas durer : les cris avaient attiré les gens dans les couloirs de l'immeuble. Il se dirigea vers la porte, et descendit l'escalier avant que la foule n'ait découvert ce qui avait provoqué les cris et en avait tari la source.

***

Le représentant de l'Armée du Salut s'appelait M. Weedy. C'était un homme corpulent, aux yeux ronds, qui se déplaçait à pas feutrés et respectueux dans la chambre de la jeune fille défunte.

Il tourna les yeux vers le lieutenant de police qui l'accompagnait, et dit avec une lugubre intonation de circonstance.

— Quand la pauvre fille est-elle morte ?

— Il y a environ deux semaines, monsieur Weedy,

et pour ce qui est de retrouver l'assassin, la chance ne nous a guère favorisés.

— Ah ! fit M. Weedy, en portant son regard sur le bois brisé de la porte d'entrée. Est-ce l'assassin qui a fait... cela ?

— Nous ne savons pas, répondit aimablement le lieutenant. Cela s'est passé deux jours après le meurtre. Quelqu'un a voulu s'introduire par effraction dans l'appartement, mais il a pris la fuite avant d'avoir pu y réussir. Depuis ce temps nous avons fait garder les lieux.

— Ah ! dit encore M. Weedy d'un air pénétré, l'assassin revient toujours sur les lieux du crime...

— Peut-être, dit le policier en souriant, à moins qu'il ne s'agisse d'un amateur de souvenirs. C'est extraordinaire comme ce genre d'affaires les attire. Il n'a rien prélevé dans l'appartement, mais nous n'avons pas réussi à mettre la main sur lui.

— C'est terrible. Et la jeune fille n'avait pas de famille ?

— Pas à notre connaissance. Tout ce qu'elle possédait au monde se trouve ici... et naturellement, il y avait les livres. (Le lieutenant se dirigea vers les étagères, et examina les ouvrages.) Elle avait des livres merveilleux : dis-moi ce que tu lis, je te dirai qui tu es...

— Oui, dit M. Weedy en s'éclaircissant la voix. Eh bien, je crois que nous pourrions nous mettre au travail. L'Armée du Salut vous est infiniment reconnaissante de ce don généreux, lieutenant.

— Nous ne pouvions mettre ces livres en meilleures mains, monsieur Weedy. Ils semblent tous en bon état, à l'exception de celui-ci dont la couverture a été arrachée.

Il se baissa et ramassa un gros ouvrage parmi les piles de volumes entassées en désordre sur le plancher.

— Arrachée, vraiment ? dit M. Weedy.

— Jamais eu le temps de le lire. Ce n'est pourtant pas l'envie qui m'en a manqué...

— Alors, emportez-le donc...

— J'éprouve quelques scrupules... Ces livres appartiennent maintenant à l'Armée du Salut, monsieur Weedy.

— Je vous en prie, ne vous gênez pas... D'autant plus qu'il est endommagé. Emportez-le, puisque vous en avez envie.

— Merci, dit le lieutenant. Je crois que j'aurai beaucoup de plaisir à le lire.

Et il mit *Ulysse* sous son bras.

Best of victims.
Traduction de Pierre Billon.

QUI TUERA LISA ?

par C.B. GILFORD

A l'allure à laquelle elle conduisait son petit coupé sport le long de la corniche, on aurait dit qu'elle avait la mort aux trousses. La saison des vacances étant terminée, le pays était désert et il y avait peu de circulation sur la route. Le contraire eut été catastrophique car elle conduisait très mal sans se soucier de la vitesse ni des virages.

Elle roula tout l'après-midi sous le pâle soleil d'automne, jusqu'à la nuit tombante. Ce ne fut pas l'obscurité, mais son extrême fatigue qui la contraignit à s'arrêter devant l'une des rares auberges encore ouvertes.

Elle y entra sans même regarder le nom de l'endroit. Un vieillard, derrière son bureau, l'informa qu'il restait des chambres. Elle hésita avant de signer le registre, puis inscrivit le premier nom qui lui passa par la tête : « Louise Thompson. »

On la conduisit à sa chambre et quand l'employé se fut retiré elle s'allongea sur le lit. Mais elle n'y resta pas longtemps. Elle avait espéré que le calme presque parfait des environs l'apaiserait, mais elle sentait au contraire sa nervosité s'accentuer. Elle redescendit et demanda si elle pourrait dîner.

L'employé lui montra la salle à manger. Dans cette pièce où cinquante personnes auraient pu tenir à l'aise, il n'y avait qu'un couple de vieilles gens et une femme seule, comme elle. L'atmosphère n'était pas réconfortante mais elle s'assit tout de même et composa son menu.

En attendant qu'on la servît elle fuma une demi-douzaine de cigarettes. La pluie commençait à tomber et elle pouvait entendre les grosses gouttes dispersées par la brise marine, frapper les carreaux. Ce bruit acheva de l'affoler, c'était comme si les éléments griffaient les murs de l'hôtel pour essayer de s'emparer d'elle. Elle frissonna, se rappelant combien elle avait aimé autrefois marcher sous la pluie. Maintenant tout lui semblait hostile, la pluie comme le reste.

Elle aperçut l'homme dès qu'il entra dans la salle à manger. Un seul coup d'œil lui suffit pour le détailler. Il avait dû arriver juste derrière elle car il avait été mouillé par la pluie. Son chapeau et son manteau l'avaient protégé et il les avait certainement déjà mis à sécher dans sa chambre. Mais il y avait des traces d'humidité sur les jambes de son pantalon et sur ses chaussures.

C'était un homme de taille moyenne, probablement d'une trentaine d'années, assez bien de sa personne. Ses yeux inspectèrent la pièce, glissant sans s'arrêter sur le couple âgé et sur l'autre femme seule, avant de se poser sur elle. Elle soutint son regard pendant un moment, le souffle coupé, consciente de la hardiesse qu'elle montrait en le fixant de cette façon, mais incapable de détourner les yeux. Elle sentait pourtant qu'elle trahissait ainsi la crainte subite et instinctive qu'il lui inspirait.

Le vieil employé essayait de diriger le nouvel

arrivant vers une table vacante, mais l'homme le repoussa et marcha tout droit vers elle. Il semblait intrigué.

— Est-ce que nous nous connaissons ? demanda-t-il.

C'était une approche sans aucune originalité. Elle secoua la tête.

— Je ne crois pas, répondit-elle d'une voix tremblante.

Mais il ne s'éloigna pas. Il resta là devant elle, à la regarder l'air toujours aussi intrigué.

Pourquoi me fait-il peur ? se demandait-elle. Il ne semble pas sûr de lui, il n'est donc pas ce que je le soupçonnais d'être. Qu'y a-t-il de si étrange à ce qu'un homme me dévisage ? Je suis jolie, c'est pourquoi il me témoigne de l'intérêt. Je devrais pourtant bien en avoir l'habitude... mais ça ne peut être l'explication. Il y a quelque chose de familier chez cet homme... je ne le connais pas et pourtant...

— Je suis certain de vous avoir déjà vue, insista-t-il. Peut-être tout simplement sur la couverture d'un magazine.

— C'est possible.

— Mais vous, vous ne m'avez jamais vu ?

— Non.

— Alors pourquoi m'avez-vous regardé de cette façon ?

— Quelle façon ?

— Quand je suis entré, j'ai regardé s'il n'y avait pas quelqu'un de ma connaissance ici. Je voyage beaucoup, comprenez-vous, et je descends souvent dans cet hôtel. Mais je ne connaissais personne. Ce que j'ai aperçu c'est une étrangère, très belle, qui me fixait, apparemment terrifiée. Je peux avoir vu une photo de vous quelque part, mais vous, vous ne me connaissez pas. Pourtant, je vous fais peur. Pourquoi ?

— Je pensais que vous étiez venu pour me tuer, dit-elle, surprise d'avoir avoué la vérité sans hésiter.

Il fronça les sourcils et s'assit en face d'elle sans y être invité.

— Mais comment ? Pourquoi ? Puisque vous ne m'avez jamais rencontré avant ?

— Je croyais que Dion Cantwell vous avait envoyé pour me tuer.

Il sembla être sur le point de rire, mais il dut comprendre que ce n'était pas la chose à faire.

— Eh bien, vous vous trompez, je n'ai jamais entendu parler de ce Dion Cantwell.

Ils dînèrent ensemble et elle commença à parler plus librement. Elle apprit qu'il s'appelait Robert Narron. Elle lui confia son vrai nom, c'est-à-dire son vrai nom de mannequin : Lisa Troy. Puis elle lui parla de Dion Cantwell.

***

« C'est par une agence de mannequins que Dion Cantwell fit ma connaissance. Il vint me trouver un jour pour me demander de faire mon portrait.

On nous fait souvent des offres de ce genre et je lui répondis que je n'étais pas disponible pour cette sorte de travail. Je précisai bien que j'étais mannequin.

— Écoutez, insista-t-il. C'est votre visage que je voudrais peindre. C'est le plus beau que j'aie jamais vu.

Dion était un beau garçon grand et jeune. A première vue, on l'aurait plutôt pris pour un modèle que pour un peintre, n'eussent été ses yeux au regard intense et brûlant, qu'ont souvent les artistes.

Je posai donc pour un portrait. Surtout pendant les week-ends, quand je ne travaillais pas pour les studios. Dion fit d'abord des esquisses sous des douzaines d'angles différents. Ils étaient tous bons, disait-il, mais il voulait le meilleur de tous. Quelquefois, en essayant de saisir la ressemblance, il restait des heures à regarder mon visage, sans même lever son crayon. Quand il attaqua enfin le portrait, je commençai à soupçonner qu'il était tombé amoureux de moi. Mais il ne se déclarait pas. Son attitude dénotait plus d'adoration que d'amour. Quand le portrait fut terminé — et il avait montré peu d'empressement à le finir — il me demanda de venir chez lui pour faire la connaissance de sa famille.

— Pourquoi, Dion ? lui demandai-je.

Il hésita. Je ne pense pas qu'il soit timide avec toutes les femmes, mais avec moi il l'était.

— Ma famille n'approuve pas mon métier d'artiste, me répondit-il enfin. Alors, j'aimerais leur montrer ce portrait et mon modèle. Pour leur faire voir que j'ai réussi à capturer l'expression que je cherchais à peindre. J'ai du mal à l'expliquer et je ne sais même pas si elle est bien rendue dans ce portrait.

J'insistai pour qu'il s'expliquât. Je lui déclarai que je n'irais pas voir sa famille tant qu'il ne m'aurait pas dit ce qu'il pensait de cette expression qu'il avait du mal à saisir. Alors il finit par me confier sa pensée.

— C'est une forme particulière de la beauté, me dit-il. Il y a quelque chose en elle et au-delà d'elle. Je ne peux dire si cette chose est bonne ou mauvaise, elle est là, c'est tout. Comment l'appeler ? Une force de destruction...

Sur le moment je trouvai ça drôle et je me mis à rire :

— Et qu'est-ce que je vais détruire ?

— Je l'ignore, répondit-il. Mais ne riez pas. Je vois cela parce que je suis un artiste. Des millions de gens vous contemplent sur des photos ou des couvertures de magazines sans avoir ce sentiment. Même vous, n'en avez pas conscience quand vous vous regardez dans votre miroir. Il n'y a que moi, parce que j'ai le don de double vue des artistes...

Je continuai à me moquer de lui, mais j'acceptai de rendre visite à sa famille. Car j'aimais beaucoup Dion.

Quand je vis la maison, je découvris que Dion était d'un milieu très riche. C'était une grande bâtisse en pierre de taille entourée d'un parc immense. Il y avait des domestiques, des meubles de valeur et des collections d'art.

Dion me présenta d'abord à Mme Cantwell, sa mère, qui était veuve. C'était une petite femme fragile d'un certain âge, toujours vêtue de noir et qui ne vivait que pour ses deux fils. Le premier, plus âgé que Dion, s'appelait Mark.

Mark devait avoir la quarantaine. Il n'était pas aussi séduisant que Dion et de plus il était infirme. Il avait une jambe paralysée et il était obligé de se déplacer avec une canne. Alors que Dion était émotif et rêveur, Mark était sérieux et efficace. D'après les clauses du testament de leur père, c'était Mark qui contrôlait complètement la fortune de la famille.

Je retournai souvent chez les Cantwell après cette première visite. Dion fit plusieurs portraits de moi là-bas. Mark et Mme Cantwell semblaient tout juste tolérer le fait que Dion fût un artiste. Ils ne firent même pas semblant d'aimer mes portraits. Apparemment, ils n'y voyaient pas cette *expression* que Dion prétendait y mettre.

Il arriva alors que Mark tomba amoureux de moi. C'était tout à fait différent de l'amour ou de l'adoration de Dion. C'était un amour raisonnable, comme Mark lui-même. Il réussit à se ménager un entretien avec moi. Il me fit remarquer que des deux frères il était le seul à être riche. Et il me demanda de l'épouser.

Il n'insista pas pour avoir une réponse immédiate. Il me dit que je pouvais réfléchir. Je réfléchis donc. Mark pouvait m'offrir la vie rêvée à laquelle toute jeune fille aspire. Et je n'aurais aucun sacrifice à faire, car j'aimais beaucoup Mark. Le fait qu'il fût infirme ne me gênait pas. Peut-être même que je l'aimais vraiment d'amour. Je lui répondis donc que oui, je voulais bien me marier avec lui.

J'avais compté sans la réaction de Dion à la nouvelle de notre mariage prochain. Il aurait pu me faire une scène devant sa mère et son frère. Mais non. Ce qu'il avait à me dire, il me le dit à moi seule.

— Vous ne pouvez pas me faire ça ! Vous connaissez mes sentiments pour vous.

— Non, répondis-je sincèrement.

— Je vous aime.

— Mais vous m'aimez en tant que modèle, Dion ! Vous aimez les traits de mon visage et la teinte de ma peau. Mais vous ne m'aimez pas en tant que femme, comme une femme désire qu'on l'aime. Mark me porte un tel amour, c'est pourquoi je vais l'épouser.

— Vous voulez son argent, c'est tout ce qui vous intéresse.

— C'est faux !

— Ça ne se passera pas comme ça, Lisa. Vous m'appartenez. Prenez-le comme vous voudrez. Vous ne m'échapperez pas.

— Que pouvez-vous faire ? demandai-je.

Il me regarda avec passion et me dit textuellement :

— Je ferai n'importe quoi... »

***

— Et vous pensez, conclut Robert Narron, que Dion est assez jaloux pour vous tuer. Vous avez même cru qu'il m'avait payé pour le faire.

Ils marchaient côte à côte, dans la nuit profonde, entre la route et l'océan. Il pleuvait encore, mais plus doucement. Robert la tenait par le coude tandis qu'ils foulaient le sable mouillé et les galets.

— Oui, et c'est pourquoi je me suis enfuie.

— Je suppose que vous croyez tout ce que Dion vous a raconté sur ce don de destruction qui est en vous ?

— Sur le moment je ne l'ai pas cru, mais maintenant, si !

— Eh bien, cessez d'y penser. Dion prétend qu'il a des intuitions, mais il ne peut tout de même pas prédire l'avenir. Et il me semble incapable de tuer qui que ce soit.

Ils firent demi-tour et reprirent la direction de l'hôtel. Ils parlaient peu, maintenant. La pression de la main de Robert Narron sur son bras était rassurante. Les gouttelettes qui frappaient son visage lui faisaient du bien et la calmait. Elle était contente d'avoir rencontré cet homme, contente de lui avoir parlé.

Juste avant de rentrer à l'hôtel, ils s'arrêtèrent.

— Combien de temps allez-vous rester ? demanda-t-il.

— Je ne sais pas, répondit-elle. Je conduisais sans but et je me suis arrêtée ici par hasard.

Le visage de Robert Narron, voilé par la pénombre, exprimait la mélancolie et le regret. *Comme il est gentil*, pensa-t-elle.

— Je ne sais pas si je vous reverrai un jour, reprit-il. Je rentre chez moi après un voyage d'affaires. Il faut que je parte très tôt demain matin.

— Je serais désolée de ne plus vous voir, dit-elle. Mais je vais peut-être rester ici. Qui sait ? Je n'ai nulle part où aller. Cet endroit en vaut un autre. Il est tranquille, reposant...

— Je ne passe pas par ici très souvent. Je ne voyage pas de façon régulière, comprenez-vous. Il peut se passer des semaines, des mois...

Ils n'avaient plus rien à se dire, mais ni l'un ni l'autre ne se décidait à rentrer. Levant les yeux vers lui, elle vit que son visage était tendu, sérieux. Elle aimait surtout ses yeux. Ils étaient bons et tendres comme ceux de Dion. Mais il avait la rudesse et l'esprit pratique de Mark.

— Je crois que je vais rester quelque temps ici, décida-t-elle.

— Vous ne croyez plus que Dion veuille vous tuer, n'est-ce pas ?

— Non. Mais il y a les autres...

— Quoi ? Quels autres ?

Elle serra sa main.

— Une autre fois, Robert, dit-elle.

***

Il revint à l'hôtel moins d'une semaine après, un dimanche. Elle était dans sa chambre quand l'employé lui téléphona qu'un certain Robert Narron la demandait. Elle s'habilla vivement, se fit une beauté devant la glace sans prendre garde, dans sa hâte de revoir Robert, aux cernes de ses yeux.

Mais lui, les remarqua immédiatement. Il lui prit les deux mains et la gronda.

— Vous vous êtes encore fait du souci.

— J'ai eu le temps de réfléchir, expliqua-t-elle.

— A quoi, cette fois-ci ?

— Au manque d'énergie de Dion. Il ne lui viendrait pas à l'idée de louer les services de quelqu'un pour me rechercher. Mais Mark est tout le contraire. C'est un esprit pratique, il est efficace, lui.

— Mark ? Mark Cantwell ? Pourquoi vous inquiète-t-il ?

Ils sortirent pour profiter de ce bel après-midi d'automne et elle lui parla de Mark Cantwell.

***

« Maintenant je suis sûre de n'avoir jamais vraiment aimé Mark. J'avais de l'amitié pour lui, c'était tout. Je savais que vivre en sa compagnie serait agréable parce qu'il se montrerait très gentil pour moi. Et je voulais épouser un homme riche pour vivre dans le luxe, la sécurité et le confort.

Mais nous comprîmes tous deux que Dion nous gênerait. Après tout, c'était le frère de Mark et nous ne pouvions l'ignorer.

— Ce sera impossible de vivre dans cette maison avec Dion à tourner autour de nous. Je sais combien il serait jaloux. Nous irons autre part. Nous avons les moyens de nous installer n'importe où... en Europe... où vous voudrez. Que choisissez-vous, Lisa ?

— Non, Mark, lui répondis-je. Je ne veux pas quitter Dion.

Il se mit en colère. Le rouge lui monta au visage et il devint presque laid. Je pensais qu'il allait me frapper.

— Qu'est-ce que ça veut dire ? demanda-t-il. Vous êtes amoureuse de Dion ?

— Non, répondis-je sincèrement.

— Alors quels sont vos sentiments pour lui ?

Comment lui expliquer ? Que lui répondre ? Que j'avais peur de Dion ? Que je ne savais pas de quoi il serait capable ? Que je voulais simplement l'apaiser ?

— Dion est un artiste, dis-je. Je suis son modèle.

Mark ricana avec mépris :

— Qu'est-ce que cela signifie ?

— Dion m'a expliqué qu'un artiste peut ne rencontrer qu'un seul modèle dans toute son existence. Il consacre alors sa vie à l'étudier. Je suis ce modèle pour Dion.

Tout d'abord il concentra sa colère sur le peu de bien qu'il pensait de Dion en tant qu'artiste. Puis il dévoila enfin le fond de sa pensée.

— Lisa, vous m'épousez pour mon argent, mais c'est mon frère que vous aimez et vous voulez nous avoir tous les deux à cause de ce que chacun peut vous donner. Vous croyez que je vais endurer un arrangement de ce genre ? Avoir ma femme étudiée et détaillée tout le temps par un autre homme, même si cet homme est mon frère ? Et savoir que cette histoire de portrait n'est pour lui qu'un prétexte pour être plus près de vous ?

Il ne me battit pas. Mais il se retira en boitant de l'autre côté de la pièce pour éviter la tentation de le faire. Quand il reprit la parole, il était plus calme.

— Vous n'êtes qu'une égoïste, Lisa. Ce n'est peut-être pas tout à fait votre faute. Mais vous ne pourrez pas manœuvrer les Cantwell à votre façon. Vous ferez votre choix entre Dion et moi.

— Et si je choisis Dion ? demandai-je.

— Ne dites pas ça, hurla-t-il. Je suis effrayé à la pensée de ce que je pourrais faire... »

***

— Et maintenant, interrompit Robert, vous êtes persuadée que c'est Mark et non Dion qui voudrait vous tuer ?

— Mark est tout à fait capable de me tuer.

La brise qui venait de l'océan apportait des senteurs de varech. Lisa prit la main de Robert et la serra très fort. Elle était si heureuse qu'il fût revenu.

— Lisa, dit-il. Vous avez le complexe de la persécution.

— Je vous en prie, ne plaisantez pas, même si vous le faites pour me remonter le moral.

— Pardonnez-moi, dit-il vivement.

Ils rentrèrent à l'hôtel et prirent l'apéritif avant de dîner ensemble. Il y avait une cheminée à l'autre bout de la salle et après le repas ils allèrent s'asseoir devant.

— Je suppose que je pense trop à tout cela, reprit-elle. Peut-être que c'est de l'imagination. J'ai été seule ici, avec rien d'autre à faire que de penser. Tous les soirs je m'assois près du feu, et je pense... Dans la journée je me promène sur la plage, et c'est toujours la même chose, je pense...

— Avez-vous l'intention de partir ?

La lueur du feu dansait sur son visage, révélant tout l'intérêt qu'il prenait à la réponse qu'il attendait.

— Je ne peux pas rester éternellement ici, soupira-t-elle. Je ne suis pas de celles qui peuvent vivre longtemps seules.

— Vous n'êtes pas faite pour vivre seule.

Il lui prit la main à son tour. Elle le laissa faire, c'était ce qu'elle désirait qu'il fît.

— Vous repartez demain matin, je suppose ? lui demanda-t-elle.

— Je voudrais pouvoir rester, Lisa, mais je n'ai pas le choix. J'ai dû venir en week-end, je n'avais aucune affaire qui puisse m'amener par ici. Mais demain c'est lundi et le travail reprend. Serez-vous encore ici dans huit jours ?

— J'ai si peur quand vous n'êtes plus là, Robert.

— Mais, chérie, ne comprenez-vous pas que ce ne sont que des inventions morbides ? Ni Mark ni

Dion ne peuvent vouloir vous tuer. J'en suis sûr, c'est mon point de vue d'homme. Aucun ne voudrait vous supprimer, vous êtes trop belle. On peut vous haïr, ou être jaloux, mais aucun homme ne penserait à user de violence envers vous. Vous me croyez, n'est-ce pas ? Il faut me croire parce que c'est vrai.

— Aucun homme, Robert ?

— Aucun.

— Peut-être une femme, alors... Mme Cantwell, par exemple...

— Je vous en prie, chérie, ne recommencez pas !

— Robert, c'est la seconde fois que vous m'appelez chérie.

— Pardonnez-moi...

— Non, j'aime vous l'entendre dire.

Il sourit. De bonheur, pensa-t-elle.

— Promettez-moi de ne plus vous faire d'idées sur Mme Cantwell, dit-il. Je reviendrai dimanche prochain et vous pourrez me parler d'elle.

— Vous voulez que je reste ici à vous attendre, Robert ?

— C'est mon plus cher désir, affirma-t-il.

***

Le dimanche suivant fut très chaud pour la saison et ils emportèrent un panier de provisions pour pique-niquer sur la plage. Ils étaient délicieusement seuls. Lisa se mit à parler de Mme Cantwell.

***

« Je n'éprouvai aucun sentiment particulier pour Mme Cantwell quand je la vis pour la première fois, mais j'eus immédiatement l'impression qu'elle ne m'aimait pas. Comme je l'ai déjà dit, c'était une petite femme assez âgée et toujours vêtue de noir — à cause de son veuvage, je suppose.

Mais elle pensait aussi aux vivants. Bien que n'approuvant pas tout ce qu'ils faisaient, elle adorait ses deux fils. Je suis persuadée que le fait qu'ils soient encore célibataires — Mark a quarante ans — est dû pour beaucoup à cette adoration.

L'hostilité qu'elle éprouvait à mon égard était donc la chose la plus naturelle du monde. Parce que Dion, à sa façon, m'aimait beaucoup. Cependant si la situation n'avait pas évolué je ne pense pas que Mme Cantwell eût fait ou dit quoi que ce soit contre moi.

Mais Mark était son préféré et quand il tomba amoureux de moi et qu'il me proposa de m'épouser, l'antipathie de cette femme pour moi se transforma en haine. Elle n'avait jamais pu me voir en tête-à-tête ; aussi, un jour, vint-elle me rendre visite. Pour me parler, déclara-t-elle.

— Mes deux fils sont amoureux de vous, mademoiselle Troy, commença-t-elle.

Je ne pouvais nier le fait.

— Et j'ai le net sentiment que vous n'aimez ni l'un ni l'autre.

— C'est faux, répliquai-je. Je les aime tous les deux.

— C'est impossible... Ridicule !

— Mais non, lui expliquai-je. Parce que vos deux fils sont très différents. Chacun d'eux a des qualités que j'admire. C'est pourquoi...

— Oui, je connais votre point de vue sur l'amour, interrompit-elle. (Son visage délicat et noble avait perdu sa sérénité habituelle. Il reflétait maintenant la haine.) Vous aimez Dion d'une façon romantique parce que c'est un artiste, qu'il adore votre beau visage et désire sans cesse vous peindre. Vous aimez Mark parce qu'il est merveilleusement gentil... et si riche ! En fait, les deux vous attirent mais vous n'êtes éprise d'aucun.

Nous nous regardâmes pendant un long moment sans mot dire.

— Que me conseillez-vous, madame Cantwell ? demandai-je enfin.

— C'est très simple puisque vous n'aimez aucun de mes fils. Mark gère les finances de la famille, mais j'ai de l'argent personnel et je peux vous faire une proposition intéressante si vous acceptez de disparaître.

— Vous voulez m'acheter, je suppose ?

— Exactement.

— Même en admettant que j'accepte, madame Cantwell, vous ne parviendrez pas à vos fins. Si je partais, Mark et Dion essaieraient de me retrouver.

— Peut-être bien, et ils souffriraient pendant quelque temps. Mais certainement pas autant que si la situation présente s'éternisait.

— Accepter votre offre, madame Cantwell, ce serait admettre que j'allais épouser votre fils pour son argent. Ce n'est pas vrai !

Mme Cantwell se leva, les yeux flamboyant de haine.

— Si vous refusez, me prévint-elle, j'aurai recours à d'autres moyens pour me débarrasser de vous. Je suis vieille. Mes fils sont tout pour moi. Je ne reculerai devant rien, je n'ai pas peur de prendre des risques. Je n'hésiterai pas un instant à vous tuer. »

***

— Elle a vraiment dit ça ? s'exclama Robert. Elle a réellement employé ces mots ?

— Ce sont ses propres paroles, affirma Lisa. Après

tout, Dion avait peut-être raison quand il prétendait que j'attirais la destruction.

Ils étaient assis côte à côte sur une couverture étendue sur le sable. Le soleil s'éloignait lentement vers l'ouest et un petit vent frais s'éleva de l'océan. A cause peut-être de ce froid soudain, ils se jetèrent dans les bras l'un de l'autre.

Elle se pressa contre lui et l'embrassa, l'empêchant de répondre.

— J'ai peur, mon chéri, j'ai encore peur.

Au bout d'un moment, il reprit :

— Mais vous avez déjà fait ce que désirait Mme Cantwell. Supposons que tous les Cantwell aient été sérieux dans leurs menaces. Eh bien, tout a changé maintenant : vous êtes partie. Même Mme Cantwell doit être satisfaite, et ses fils ne sont plus jaloux l'un de l'autre puisque vous n'appartenez à aucun d'eux. La seule chose qui puisse les pousser à agir, maintenant, c'est une sorte de vengeance sadique. Je crois qu'ils n'en sont tout de même pas là ! Chérie, vous êtes assez belle pour qu'on puisse commettre un crime pour vous si on pouvait y gagner quelque chose. Mais que gagneraient les Cantwell à vous assassiner ? Du moment que vous ne retournez pas chez eux, il n'y a pas de danger. Vous comprenez ?

— Oui, mon amour, je comprends.

Elle posa de nouveau ses lèvres sur les siennes. Le ciel s'assombrissait et les dernières vagues de l'océan venaient se briser à leurs pieds.

— Vous ne retournerez plus jamais chez eux, n'est-ce pas ? implora-t-il un peu plus tard.

— Non, Robert. Vous auriez de la peine, n'est-ce pas ?

— Je vous veux, Lisa. Pour moi tout seul.

— Je suis à vous, Robert.

Ils s'attardèrent sur la plage solitaire jusqu'à ce

que le soleil fût couché et que la fraîcheur du crépuscule les forçât à rentrer. Ils dînèrent ensemble près du feu, tout réjouis d'en sentir la chaleur et d'être si près l'un de l'autre.

— Si nous faisions des projets ? demanda Lisa en tapotant la table.

— Oui, faisons des projets.

— Robert, je ne veux pas rester ici plus longtemps. Je conserverai un merveilleux souvenir de cet endroit puisque c'est celui où je vous ai rencontré, mais il faut que je parte.

Il fronça les sourcils :

— Mais Lisa, c'est impossible avant quelques jours.

— Pourquoi ?

— Il faut que je prenne mes dispositions, vous savez bien que je travaille...

Elle bouda un peu, puis se laissa convaincre :

— ... Je sais qu'il ne faut pas être trop exigeante. Quand reviendrez-vous, Robert ?

— Nous sommes dimanche. Disons mercredi, ou jeudi au plus tard.

— Très bien, chéri. J'attendrai jusque-là.

***

Le mardi, Lisa était surexcitée par l'attente. Elle avait passé ses journées à se promener pour être sûre d'avoir sommeil le soir. Elle avait ainsi parcouru seule les chemins empruntés avec Robert, évoquant chaque moment de leurs brèves rencontres. Le soir, elle s'asseyait près du feu, rêvant devant les flammes et essayant d'y faire revivre le visage de Robert. Elle était heureuse malgré le vide que son départ avait laissé en elle. Pour la première fois de sa vie, elle était amoureuse. Demain, se répétait-elle, demain il sera là...

Il était tard le mardi soir quand elle regagna sa chambre. Elle se dévêtit lentement, perdue dans ses rêves. Elle se contempla longuement dans la glace. Son visage ne portait plus trace d'inquiétude. Elle eut une bouffée de joie en se voyant si belle car c'était à cause de sa beauté que Robert était tombé amoureux d'elle. Elle finit par éteindre sa lampe pour essayer de s'assoupir.

Mais elle ne dormait toujours pas quand on frappa à sa porte. Un petit coup discret. Robert ! pensa-t-elle. Elle alluma la lumière et courut ouvrir la porte.

Ce n'était pas Robert. C'était une femme qu'elle n'avait jamais vue.

Elle n'eut pas le temps de la détailler, de se rendre compte de son âge, de sa façon de s'habiller ni de voir si elle était jolie ou non. La femme entra rapidement dans la chambre et referma la porte derrière elle. Puis d'un geste vif, elle fit apparaître un pistolet dans sa main.

— Je ne suis venue ici ni pour discuter ni pour supplier, déclara-t-elle. Je sais regarder les choses en face. Maintenant que je vous vois, mademoiselle Troy, je comprends pourquoi cela est arrivé. Mais peut-être ignorez-vous qui je suis ?

— Oui, reconnut Lisa.

— Je suis Madame Robert Narron, répondit la femme.

Alors, elle pressa sur la détente et une petite flamme orange jaillit du pistolet.

The pursuer.
Traduction de Marie-Louise Girard.

UN ENJEU DE CENT VINGT MILLE DOLLARS

par DONALD HONIG

Les quatre qui s'étaient associés pour cette opération dangereuse et compliquée formaient une équipe plutôt hétéroclite. Mais chacun avait une spécialité à offrir, chacun connaissait parfaitement son métier... et sa propre valeur (il y avait plus de 120 000 dollars sur la feuille de paie). Aussi, avec une parfaite discrétion professionnelle, chacun avait-il mis de côté tout mécontentement, toute animosité, et était-il décidé à exécuter avec zèle sa part du travail.

L'opération avait été conçue par Mac Knight. Il avait passé des semaines à observer et à faire son plan. Ensuite il avait passé de nouvelles semaines à choisir ses hommes ; puis encore quelque temps à leur faire répéter leur rôle, en exigeant autant de perfection qu'un véritable metteur en scène.

Le plus proche de Mac Knight, par l'aspect et le tempérament, était le Commodore. C'était un homme d'âge moyen, bien fait, distingué, dont le visage à la luxuriante moustache avait un air plaisamment érudit ; on l'appelait « Commodore », parce qu'il avait passé un certain temps dans la *Navy* durant la première guerre mondiale.

Il y avait ensuite Nobby Henderson, docker à la retraite, doté d'une force herculéenne. Le cou énorme émergeant de son chandail évoquait un tronc d'arbre. Il proférait rarement un mot, se contentant de laisser les autres (particulièrement Mac Knight) penser et parler pour lui.

Le quatrième membre du quatuor était Al Bronson, tueur professionnel, nerveux et irascible ; il participait à l'opération uniquement parce que Mac Knight éprouvait un profond respect pour ses talents ; et il avait accepté l'offre de Mac Knight, de se joindre à eux, uniquement parce qu'il éprouvait un respect envieux pour les idées de Mac Knight.

Le Commodore, à cause de son allure distinguée et de ses manières désarmantes, avait reçu pour mission de mettre à profit les quelques semaines qui précéderaient le coup pour devenir un familier du personnel du bureau où aurait lieu le vol ; il n'aurait qu'à prendre le prétexte de certaines affaires à conclure. Aussi son entrée, ce matin-là, parut-elle normale. Tandis qu'il occupait le personnel en bavardant à bâtons rompus, il surveillait du coin de l'œil le pied de l'escalier devant lequel, sous le porche, s'était rangée la voiture blindée. Il vit les convoyeurs entrer avec l'argent.

— Voici notre paie, dit l'une des employées. Nous sommes obligés de vous demander de partir.

Le Commodore sourit avec sympathie.

— Il ne faut pas tenter les gens, hé ? fit-il.

Il s'attarda encore un moment, en se dirigeant lentement vers la porte. Il entendit les convoyeurs s'avancer dans le hall ; Mac Knight et Bronson, revolvers en poche, devaient être sur leurs talons. Il fit coïncider sa propre sortie avec l'entrée des convoyeurs. Une des femmes s'avançait pour verrouiller la porte, mais le Commodore traîna encore un instant, maintenant la porte ouverte tandis que ses deux partenaires longeaient le hall. Tous furent alors dans le bureau, pistolets au poing, travaillant comme une machine rapide, bien huilée et efficace ; ils s'emparèrent de l'argent pendant que le Commodore ligotait ensemble les victimes stupéfaites. Puis ils ramassèrent les sacs contenant les fonds et se ruèrent vers l'auto dans laquelle Nobby se tenait au volant, le moteur en marche.

Ils mirent ensuite en application la seconde partie du plan de Mac Knight. Après avoir soigneusement visité la région quelques semaines auparavant, il avait choisi comme cachette l'Hôtel des Pins de Mme Wheeler, dans les collines du New Hampshire. L'hôtel fermait toujours le 15 octobre, avait déclaré la douce Mme Wheeler à l'enquêteur courtois et onctueux. Mais Mac Knight la persuada de laisser l'hôtel ouvert pendant deux semaines au-delà de la date habituelle, afin de le recevoir avec trois amis qui prenaient leur congé en même temps, et recherchaient comme lui un endroit confortable et calme.

Mme Wheeler accepta. Elle promit qu'il n'y aurait pas d'autres clients. L'hôtel serait vide, à l'exception d'elle-même et de ses trois fils : Edgar, Homer, et Blue. Mac Knight avait tenu à rencontrer lesdits fils, et les avait scrupuleusement jaugés. Ils étaient calmes, presque taciturnes ; et, selon toute apparence, pas spécialement intelligents. Satisfait, Mac Knight était revenu à la ville et l'avait dit aux autres. Seul le Commodore avait exprimé son approbation. Mais seul Bronson s'était opposé. Un vote avait eu lieu : les « oui » de Mac Knight et du Commodore, ainsi que le mouvement d'épaule de Nobby, avaient eu raison des grognements désapprobateurs de Bronson.

Présentement donc, après avoir roulé toute la

nuit, ils se trouvaient sur la longue route serpentant jusqu'à l'hôtel situé à flanc de colline ; ils ne croisèrent personne, et n'aperçurent même pas une maison pendant les trois derniers kilomètres de leur voyage.

— Parfait, dit Mac Knight en examinant le paysage qui défilait. Tout simplement parfait.

— Pour une chouette, peut-être, ou pour un écureuil, déclara Bronson, assis devant à son côté.

Le décor rendait malheureux ce parfait citadin. Bras croisés, immobile, il regardait fixement devant lui, d'un air à l'avance désenchanté. Son feutre à larges bords, sa cravate de soie blanche, sa chemise noire brodée d'initiales, étaient absolument incongrus dans le paysage bucolique.

— Ne râle pas, Bronson, dit gentiment Mac Knight. L'air de la campagne te fera du bien. Attends seulement d'avoir goûté les beignets aux pommes de Mme Wheeler.

Au fond de la voiture, le Commodore gloussa. Nobby resta silencieux. Son attitude vis-à-vis de la campagne était la même que celle de Bronson mais, *l'articulation* n'étant pas son fort, il gardait pour lui ses critiques. En fait, c'était plutôt de la méfiance, car il y avait chez les arbres et la nature quelque chose qui lui échappait.

— Puis-je vous rappeler, dit Mac Knight, que le but de tout ceci est de nous mettre au vert pendant deux semaines ? Nous sommes censés être quatre hommes d'affaires de New York, en quête de repos. Nous ne pouvons nous permettre de donner à ces fermiers le moindre soupçon à notre égard.

— Comment pourrons-nous faire passer celui-là pour un homme d'affaires de New York ? interrogea Bronson, en désignant Nobby du pouce.

— Attention à c'que tu dis, gronda Nobby en se

penchant et en posant ses énormes battoirs sur le dossier du siège avant.

— Ça me regarde, dit Mac Knight. Nobby n'est pas idiot, n'est-ce pas, Nobby ? Il *sait* se conduire. Franchement, Bronson, c'est toi qui m'inquiètes. Tu as une attitude naturellement soupçonneuse, et ça ne plaira pas à ces gens. Ils aiment la terre, ils aiment l'humanité, et le meilleur moyen de leur plaire est de les imiter. Le procédé le plus sûr pour s'assurer les bonnes grâces des gens simples est de refléter leur propre image. Ai-je raison, Commodore ?

— Magnifiquement résumé, dit le Commodore.

— Je dormirai quand même avec mon pétard sous l'oreiller, dit Bronson.

***

Mme Wheeler et ses trois fils étaient là pour les accueillir quand l'auto roula dans l'allée et se rangea devant l'hôtel. Bronson maugréa lorsqu'il vit Homer Wheeler retirer les bagages de la malle — car l'une des valises contenait les 120 000 dollars.

— Nous sommes extrêmement heureux de vous recevoir, dit Mme Wheeler, debout au bas du perron. L'Hôtel des Pins vous souhaite la bienvenue.

Le Commodore s'avança, ôta son chapeau mou d'un crâne rose presque entièrement dégarni, et fit une petite révérence.

— Tout le plaisir est pour nous, Madame.

Mme Wheeler rougit de plaisir. Pendant qu'elle s'avançait pour accueillir Nobby, le Commodore dédia à Mac Knight un clin d'œil coquin qui plissa toute sa joue. Nobby bredouilla sa joie d'être là, et Bronson marmonna quelque chose entre ses dents.

Puis l'hôtesse (une femme assez petite aux cheveux blancs ouatés, et au visage illuminé par un sourire juvénile) les mena à leurs chambres. Mac Knight logeait avec Nobby, et le Commodore avec Bronson. Dès que Mme Wheeler les eut quittés, ils se rassemblèrent à la hâte dans la chambre de Mac Knight.

— Tu as le fric ? dit Bronson.

— Évidemment, dit Mac Knight.

— Alors, tu ne vas pas le partager maintenant ?

— En quel honneur ?

— En quel honneur ? répéta Bronson. Parce qu'il est à nous.

— La première raison pour laquelle nous sommes venus ici, mon cher Bronson, fit Mac Knight, est que nous voulions assurer notre sécurité. Je pense que le meilleur moyen d'y parvenir est de laisser cet argent tel qu'il est. Le diviser maintenant serait encourager quelqu'un à s'en aller prématurément, et cela pourrait nous mettre *tous* en danger.

— Pas d'accord, dit Bronson.

— On met la question aux voix ? demanda Mac Knight, avec l'assurance et l'autorité d'un homme qui sait que toute la démocratie le soutient.

— Laisse tomber, dit aigrement Bronson. Mais pense bien à ceci, Mac Knight : n'essaie pas d'être *celui* qui sera tenté de partir prématurément.

La précieuse valise demeura donc dans la chambre de Mac Knight.

Le soir suivant, Mac Knight et le Commodore se promenaient dans les environs. Il faisait frais, le ciel était piqueté d'étoiles. Sous leurs pas, les feuilles d'automne crissaient.

— Je ne peux m'empêcher d'être inquiet au sujet de Bronson, dit le Commodore.

Le grand personnage avait une dégaine très seigneuriale, avec son pardessus de tweed et son feutre.

— Ne t'en fais pas, dit Mac Knight. Il n'y a personne avec lui.

— Oh ! ce n'est pas ça qui m'inquiète — quoiqu'un tiers pourrait rouler notre gorille d'ami s'il le voulait. Ce qui me tracasse, c'est que ses nerfs sont susceptibles de prendre le dessus — il ne peut pas supporter ce pays, tu le sais — et de le pousser à quelque geste malencontreux. Ces fermiers sont loin d'être aussi naïfs qu'ils le paraissent. La vieille dame l'est peut-être, mais je suis moins sûr de ses fils. Ils ont l'air soupçonneux, assez froids...

— Ils sont ainsi de nature.

— Ils devraient être dégelés, maintenant. Je veux dire, puisqu'ils exploitent un hôtel et tout ça... dit le Commodore.

— Je pense que c'est simplement parce qu'ils ne nous aiment pas, et non parce qu'ils nous soupçonnent. Après tout, nous ne sommes pas des clients normaux. Nous n'y pouvons rien, mais nous ne sommes guère sportifs, ni expansifs, nous ne faisons pas d'équitation, de promenades, ce genre de choses... Que penserais-tu de clients qui resteraient toute la journée dans leurs chambres en se regardant dans le blanc des yeux ?

— Dommage que nous ayons si peu de points communs, soupira le Commodore. On pourrait passer ici des moments épatants.

— Mais tu as raison en ce qui concerne Bronson, dit Mac Knight. On n'est ici que depuis deux jours et déjà il donne l'impression de vouloir tenter quelque chose de regrettable. L'enjeu est énorme, Commodore, conclut Mac Knight, espérant avoir lâché une allusion subtile.

L'instinct du Commodore, extrêmement sensible en la matière, perçut immédiatement ce que suggérait Mac Knight. Il réfléchit judicieusement à la question, désirant être certain.

— Oui, dit-il alors qu'ils émergeaient d'un massif de sapins pour trouver un sentier qui menait vers la bâtisse, ce serait un terrible coup du sort si quelqu'un faisait une gaffe maintenant, alors qu'on peut encore l'éviter. Tu ne suggères pas que nous donnions sa part à notre encombrant associé, n'est-ce pas ?

— Pas du tout, dit Mac Knight sans s'encombrer des ambiguïtés du Commodore. Je m'en tiens à mon plan initial. Si nous payons Bronson, il retournera aussitôt à New York, claquera cet argent et se fera prendre. Il parlera et... eh bien, Commodore, pour le reste, c'est une histoire que tu connais et je n'ai pas besoin d'insister...

— J'aimerais mieux crever que retourner en prison.

— Comme je te comprends !

— Quand je dis : je préférerais crever, je sais ce que je dis. J'ai en ma possession certaine capsule qui m'assure une mort nauséabonde dans les trois minutes suivant l'ingestion. Et j'ai l'intention de l'avaler plutôt que de retourner entre quatre murs.

— J'espère que tu n'auras pas à recourir à ce moyen extrême, Commodore.

— J'ai montré la capsule à Henderson. La seule façon d'impressionner une personne dotée de capacités aussi limitées, c'est de lui montrer quelque chose de positif ; je voulais le persuader de l'importance de notre affaire, et de l'importance de rester bouche cousue. Je puis dire qu'il a été impressionné.

— Nobby ne m'inquiète pas, dit Mac Knight. C'est de Bronson que je ne suis pas sûr.

***

Le matin suivant, alors qu'il se rasait, Mac Knight entendit frapper à la porte. Mme Wheeler entra. Elle resta sur le seuil, les mains jointes sur son tablier.

— Êtes-vous prêt à venir déjeuner avec M. Henderson, monsieur Mac Knight ? demanda-t-elle.

— Dans cinq minutes environ, madame Wheeler, dit Mac Knight. Vous avez réveillé M. Bronson et le Commodore ?

— Oh ! ils se sont réveillés eux-mêmes, très tôt. Ils voulaient chasser un peu.

Mac Knight cessa de boutonner sa chemise, comme s'il posait pour une photo.

— Chasser ? demanda-t-il doucement, comme un homme qui répond avec incertitude à une question difficile, tout en essayant de garder une voix neutre.

— Oui. Nous avons des tas de lapins qui batifolent au bout de notre terrain, et Homer a offert de les conduire là-bas.

— Mais ils n'ont pas de fusils, dit Mac Knight.

— Nous en fournissons, dit-elle.

Mac Knight réfléchit. Dans le lointain il entendit des coups de feu.

— Aucun d'eux ne m'en a parlé hier soir, dit-il, se demandant en lui-même si le Commodore n'avait pas voulu y faire allusion au cours de leur si subtile conversation.

— C'est le Commodore qui en a eu l'idée, dit Mme Wheeler. Ils sont descendus à cinq heures et demie.

— Eh bien, c'est une bonne chose. Un peu de distraction ne leur fera pas de mal.

Après le déjeuner, Mac Knight alla sur le perron et alluma une cigarette. Il misait sur le Commodore. Mac Knight n'était certain de rien en ce qui concernait Bronson, mais en tout cas il *savait* que le Commodore était fort habile avec un fusil. Les coups de feu, que l'on entendait de temps à autre comme de distants grondements de tonnerre, s'arrêtèrent subitement. Un silence bizarre, presque palpable, s'étendit sur les bois.

Environ une demi-heure plus tard Homer Wheeler arriva en courant devant la maison, les yeux exorbités, haletant comme un homme qui vient de rencontrer un spectre.

— Monsieur Mac Knight, dit-il en s'arrêtant aux marches du perron, il y a eu là-bas un accident, près de la mare.

— Quel genre d'accident ? demanda Mac Knight d'une voix âpre comme s'il posait cette question pour la dixième fois consécutive.

Il jeta sa cigarette en dévalant les marches.

— Ben, ce matin, M. Bronson et le Commodore sont partis pour tirer quelques lapins et...

— Je le sais, fichtre. Lequel a récolté ?

Homer fit une pause, les yeux écarquillés, respirant fortement.

— M. Bronson, dit-il.

***

Bronson gisait, le visage dans la boue, au bord de la mare. Non loin de là, le Commodore était assis sur un rocher, le fusil dressé entre les genoux, tenu d'une main comme une houlette. Il les regarda venir à travers les broussailles : Mac Knight, Nobby, et les trois frères Wheeler. Homer, Edgar et Blue entourèrent le corps en claquant de la langue. Mac Knight et Nobby allèrent vers le Commodore.

— Nous chassions, fit tranquillement le Commodore. Bronson a voulu partir de son côté. Il est allé d'un côté de la mare, et moi de l'autre. J'ai vu quelque chose qui remuait et j'ai tiré. N'obtenant pas de réponse à mes appels, je suis revenu et je l'ai trouvé. Je suis parti en direction de l'hôtel, j'ai rencontré le garçon et je l'ai envoyé là-bas.

Mac Knight regarda Bronson. La mort de l'homme posait un problème plutôt délicat. Les trois frères, le visage neutre, le contemplaient ; ils attendaient. Il marcha jusqu'à eux.

— Je suis absolument navré, les gars, fit-il.

— Oui, m'sieur, nous aussi, dit Homer, les yeux mornes à demi masqués par ses cheveux épais.

— C'est une mauvaise publicité pour l'hôtel, dit Edgar.

— Ah ! oui ? demanda Mac Knight. Oui, en effet. Certainement, ajouta-t-il d'une voix plus ferme. Très mauvaise publicité. Un truc comme ça éloignerait les clients à coup sûr. Un mauvais renom serait fatal à votre hôtel.

— Mais on peut plus y faire grand-chose, dit Homer.

— Eh bien, peut-être que si, dit Mac Knight. Je me sens un petit peu responsable. Bien sûr, le Commodore ne le savait pas, mais on n'aurait pas dû permettre à Bronson de se lancer dans ce genre d'expédition. Il était très excitable, et maladroit. Il ne connaissait rien des rudiments de la chasse. Si j'avais appris qu'il devait y aller, j'aurais empêché ça. Je ne veux absolument pas que l'hôtel ait mauvaise réputation à cause de cette histoire.

Muets, les frères attendaient en le regardant comme l'eût fait un jury. La brise fraîche caressait timidement les arbres, dans un grand soupir mélancolique, et ridait la surface de la mare qui commençait à brasiller sous le soleil du matin.

— Il me semble, continua Mac Knight, que, peut-être, personne n'a besoin d'être au courant. Personne, évidemment, à part nous et les amis new-yorkais de M. Bronson. Il n'a ni famille, ni relations susceptibles de venir ici faire des histoires. Si vous nous laissiez le ramener à New York et lui organiser un enterrement discret ? Un accident de chasse peut se produire n'importe où. Vous me suivez ?

— Oui, dit Homer.

— Pensez-vous que ce soit une idée raisonnable ?

— Je l'pense, dit Homer.

Il regarda les deux autres. Mais les deux autres n'allaient pas le contredire. Homer était le plus âgé. Venait ensuite Edgar. Quant à Blue, le benjamin, il était d'une timidité morbide — ou peut-être arriéré. En tout cas il émettait rarement un son. Homer revint à Mac Knight.

— Nous pensons que ce serait ben honnête de vot'part, monsieur Mac Knight.

— Parfait, dit Mac Knight. Maintenant, rentrons avertir votre mère.

***

Deux heures plus tard, le corps d'Al Bronson se trouvait allongé sur le siège arrière de l'auto, recouvert d'un drap gracieusement prêté par la sympathique Mme Wheeler aux trois amis éplorés. (Dans le bagage qu'ils emportaient pour le « voyage à New York », se trouvait la valise contenant l'argent. Ils laissaient derrière eux la plupart de leurs autres valises, afin de rassurer les Wheeler quant à leur retour.)

Le visage serein, les trois endeuillés se tassaient sur le siège avant.

— Pensez-vous qu'on trouvera un bon endroit par ici ? demanda Mac Knight.

— Il ne doit pas en manquer dans le coin, dit le Commodore en regardant les taillis colorés qui défilaient autour d'eux. Mais il faudra quand même faire attention. C'est ironique, n'est-ce pas ?

— Quoi ? demanda Mac Knight.

— Que Bronson repose ici, dans ce sol qu'il détestait tellement.

— Il est rare qu'on puisse choisir l'emplacement de son propre sépulcre, fit rêveusement Mac Knight. Mais je pense que ce vieux Bronson trouvera finalement plus de repos dans ces collines et ces vallons que si on l'enterrait, disons, dans Times Square.

— Magnifiquement exprimé, Mac Knight, déclara le Commodore.

Ils s'engagèrent sur un chemin de terre qu'ils suivirent pendant plusieurs kilomètres. La campagne était totalement déserte. Il n'y avait même pas de traces de pneus sur la route. Ils arrivèrent au milieu de bois particulièrement denses. Mac Knight arrêta la voiture et ils descendirent.

— Ici, ça me semble pas mal, dit-il en examinant le sous-bois calme et obscur où les troncs semblaient s'être regroupés pour affronter l'hiver proche. Jetons-le quelque part là-dedans et, quand viendra le printemps, il aura presque complètement disparu. Il y a même des chances pour qu'on ne le découvre pas avant des années. Ce n'est pas le genre d'endroit où les promeneurs fourmillent.

— Et ça convient fort bien à sa personnalité, observa le Commodore en fouillant des yeux la pénombre glauque.

Mac Knight donna un ordre à Nobby ; le grand ex-docker marcha à l'automobile, ouvrit une porte arrière, et souleva le corps inerte dans son drap. L'ayant jeté sur son épaule, il suivit les deux autres à travers les ronciers touffus dans lesquels ils s'empêtraient à chaque pas. Leur passage faisait des craquements subits qui rendaient les bois encore plus étranges, le silence encore plus palpable. Arrivant à un lieu particulièrement dense et impraticable, Mac Knight fit halte. Nobby lâcha son fardeau et le cadavre de Bronson s'affala à terre : le drap se prit dans les épines et découvrit le visage blanc, aux yeux grands ouverts.

— T'aurais pu faire ça plus doucement, dit Mac Knight.

Puis ils s'en allèrent, laissant Bronson contempler, à travers les interstices des broussailles, les hautes frondaisons sur lesquelles s'accumulerait bientôt la neige. Ils remontèrent en voiture et partirent. Pour essayer de rendre plus authentique leur « voyage à New York », ils passèrent les deux nuits suivantes dans un *motel,* à une centaine de kilomètres au nord de l'Hôtel des Pins. Se conformant au code étrange du milieu, ni Mac Knight ni le Commodore ne firent allusion à la mort d'Al Bronson. C'était une des choses que les professionnels passent sous silence. Mac Knight se tut avec beaucoup de tact pendant la plus grande partie des deux journées, pour le cas où le Commodore souhaiterait s'épancher quelque peu. Mais il semblait que tous deux attendissent que l'autre parlât. Ce furent de nouveau des manœuvres subtiles ; le flot de leur conversation — lorsqu'il se mettait à couler — s'approchait lentement, faisait prudemment le tour puis s'éloignait du sujet qui les préoccupait le plus.

Mention de la mort de Bronson fut cependant faite, et elle provint d'une source extrêmement surprenante. Ce fut pendant la seconde soirée de leur séjour au *motel.* Ils étaient assis dans une chambre, tous les trois, écoutant la bruine qui crépitait aux fenêtres, lorsque Nobby donna de la voix.

— Maintenant qu'Bronson est mort, y a un peu plus d'argent pour chacun d'nous, non ?

Ils furent moins surpris par l'arithmétique de Nobby que par le son de sa voix.

— Mais... oui, Nobby, dit Mac Knight. On ne peut

pas le nier. C'est évidemment dommage pour notre défunt ami, mais...

— Je suis sûr qu'il aurait préféré que sa part soit pour nous, plutôt que pour d'autres, dit solennellement le Commodore. Personne mieux que Bronson n'appréciait les risques.

— J'voulais seulement d'mander, c'est tout, fit Nobby, qui reprit son attitude normale — laquelle était faite de mutisme, plutôt amer et songeur que purement réticent.

Nobby se vouait au silence, non parce qu'il n'avait rien à dire, mais parce que — et ceci particulièrement lorsqu'il était en présence de Mac Knight et du Commodore — il était très conscient de son incapacité à s'exprimer intelligemment. La déclaration qu'il venait de faire au sujet de la nouvelle répartition de l'argent tournait dans son cerveau depuis le moment où il avait vu pour la première fois le cadavre de Bronson. Dans le silence qu'il s'imposait, il avait comparé sans relâche les diverses divisions par quatre, puis par trois, de l'énorme chiffre *cent vingt mille*. Il savait que *moins* de parts signifiait *plus* d'argent. Mais il en voulait confirmation. Il savait, aussi, diverses choses sur la nature humaine, spécialement la nature humaine telle qu'il la fréquentait. Il avait trop roulé sa bosse pour être incapable de voir et d'observer par lui-même. Il avait perçu l'antipathie entre ses deux camarades et leur défunt associé. Bronson pouvait avoir péri à cause d'un accident, ou à cause d'une divergence d'opinion qu'il avait fallu régler... ou parce que moins de parts signifiait plus d'argent.

***

Ils retournèrent à l'hôtel le matin suivant, en assurant aux Wheeler que le bon renom de leur établissement avait été protégé. Mme Wheeler s'en montra heureuse et reconnaissante.

— Ce que vous avez fait, messieurs, dit-elle, mes fils et moi ne l'oublierons jamais.

Les fils, muets, alignés derrière elle, hochèrent la tête avec ensemble.

Pour montrer qu'elle appréciait leur geste, Mme Wheeler fit pour ses trois clients des beignets aux pommes qu'elle leur servit en haut, sur une table installée spécialement pour eux.

— Merci infiniment, dit Mac Knight comme elle posait le plat fumant sur la table.

— J'apporte le thé dans un moment, dit Mme Wheeler.

Puis elle sortit.

— Très familial, dit le Commodore en regardant les beignets.

Nobby se pencha, se servit une pleine assiettée, et commença à manger.

— Vous savez, fit le Commodore d'une voix rêveuse, le temps venu, je prendrais volontiers ma retraite dans ce pays. Et, croyez-moi, ce temps n'est guère loin.

— Prendre ta retraite, Commodore ? le taquina Mac Knight. Un homme aux talents si subtils ?

— Ce n'est pas si déraisonnable, dit le Commodore. Je pourrais rester ici comme...

Mais il ne put jamais terminer sa phrase, car tout à coup Nobby, assis près de lui, vacilla sur sa chaise, se cogna contre la table, et se mit debout. Son visage se tordit. Il semblait fou de douleur. Il recula jusqu'au mur, griffant sa poitrine d'une main énorme, comme s'il tentait d'y pénétrer pour en arracher la souffrance. Ses yeux parurent doubler de volume et il regarda fixement le Commodore qui l'examinait.

— Tu... hoqueta Nobby, tu as foutu cette saleté

de pilule... dans mon assiette... T'as tué Bronson... maintenant c'est moi.

Continuant par des sons rauques et incompréhensibles, Nobby se rua sur le Commodore ; de ses grosses mains, il le prit à la gorge et le fit tomber de sa chaise. Les deux hommes roulèrent à terre, Nobby par-dessus ; les veines de son cou puissant se gonflaient.

Mac Knight, se levant à son tour, s'adossa au mur ; immobile, tendu, il regarda leur lutte inégale avec la même fascination écœurante qu'un quidam assistant à une décapitation. Le Commodore poussa un faible cri de détresse. Mais Mac Knight ne pouvait songer qu'à la valise pleine d'argent dans le placard... à la nouvelle répartition *en une part*. Une pensée bizarre traversa subitement l'esprit chaotique mais rationnel de Mac Knight : après tout, le Commodore venait de parler de prendre sa retraite, n'est-ce pas ? Le Commodore serait bientôt étranglé ; et Nobby, grâce au poison mortel qui circulait dans ses veines (cette fois le Commodore avait été un peu trop malin, se dit Mac Knight), Nobby ne lui survivrait guère qu'une minute ou deux.

Puis tout s'arrêta. C'était fini. Le Commodore était étalé sur le dos, le visage détourné comme s'il souhaitait ne pas voir une scène répugnante. Nobby était agenouillé, la tête en avant, mâchoire pendante, haletant, la vie s'échappant de lui aussi sûrement que par un robinet ouvert. Enfin il frissonna et, très doucement, se renversa sur un côté et s'effondra.

Mac Knight ne bougea pas. Il regardait. Cela paraissait impossible. D'abord une frayeur incrédule sembla modifier la couleur de ses yeux. Ensuite la vision des piles de billets l'étourdit et il se mit à exulter.

Il quitta la pièce et sortit sans bruit de la maison. La soirée était très fraîche ; le vent chantait dans les arbres. Il marcha un petit moment ; son cerveau tentait de classer les myriades de pensées qui grouillaient comme une armée de spectres. Que faire des corps ? Comment partir de cet endroit en sauvant la face ? Problèmes pas très ardus, mais qu'il fallait néanmoins aborder avec circonspection.

A ce moment, il entendit un bruit derrière lui. Des pas froissaient les feuilles mortes. A la lueur des étoiles il vit Mme Wheeler. La vieille dame, un châle blanc sur la tête, venait à lui.

— Monsieur Mac Knight, dit-elle d'une voix peinée. Savez-vous qu'il y a deux morts dans votre chambre ?

Il faillit éclater de rire. On eût dit qu'il avait brisé la longue vie d'innocence de Mme Wheeler, qu'il avait commis quelque infraction qu'elle serait obligée de signaler à la Commission de Santé du patelin.

— Je ne pense pas qu'ils soient morts, dit-il. Je pense qu'ils sont simplement malades. Je les emmènerai demain.

— Oh ! non, monsieur Mac Knight. Ils sont tout à fait morts.

— Bon. Vous devez avoir raison. Leur tempérament leur a joué un vilain tour, et je ne pouvais rien y faire. J'ai idée que ce pays porte la poisse.

— Vous n'avez pas mangé vos beignets aux pommes, n'est-ce pas ? s'enquit-elle.

— Les beignets ?

— Apparemment, M. Henderson et le Commodore avaient mangé les leurs.

— Je ne comprends pas, madame Wheeler, dit Mac Knight, qui commençait à éprouver un certain malaise.

— Si vous aviez mangé ces beignets, ainsi que

vous auriez dû le faire, vous seriez avec eux à l'heure qu'il est.

— Vous voulez dire que... que vous avez *mis quelque chose* dans les beignets ? demanda Mac Knight.

Il prononça les mots incroyables en même temps qu'il réalisait la vérité. *Vous avez fait ça*, pensa-t-il, pétrifié comme le promeneur qui découvre un crotale dans l'obscurité.

— Voyez-vous, monsieur Mac Knight, dit Mme Wheeler d'une voix changée, quoique toujours agréable, nous *savions* qui vous étiez. Nous *lisons* le journal, ici. Vous êtes venus, et vous avez placé une énorme tentation sous nos yeux. A nous en faire perdre la tête. Tout cet argent !

— Vous êtes au courant pour l'argent ? demanda Mac Knight.

— Nous savons tout.

— Et c'est un de vos fils qui a tué Bronson ?

— Homer. C'est le meilleur tireur du comté. On n'avait pas à se tracasser pour cacher le corps. Je suis sûre que vous vous en êtes très bien tirés. Et en ce moment même, mes gars emportent M. Henderson et le pauvre Commodore (un si charmant monsieur), et ils vont les mettre dans le vieux puits.

Mac Knight vit alors qu'elle tenait un minuscule revolver, et qu'elle souriait.

— Pas de précipitation, madame Wheeler, dit Mac Knight. Est-ce que vous vous rendez compte de ce que l'argent vous fera, à vous et à vos fils ? Ignorez-vous que l'argent est une puissance qui corrompt tout, qu'il *transforme* les gens ? continua-t-il désespérément. Voyez ce qu'il a semé parmi mes compagnons : la suspicion, la méfiance, la violence... Il me semble que, vous et vos fils, vous menez ici une vie heureuse et confortable. Voulez-vous la voir gâcher par tout cet argent, qui n'apporte que misère, jalousie, querelles et malheurs ?

Mme Wheeler continuait à sourire gentiment, comme si elle contemplait les ébats d'un imbécile.

— Alors vous allez me tuer, dit Mac Knight.

— Oui, dit Mme Wheeler.

Ce qu'elle fit.

Après quoi, rangeant le petit revolver fumant dans la poche de son tablier, elle contourna la maison, entra dans le jardin et rejoignit les garçons près du puits.

— Vous pouvez aller ramasser M. Mac Knight, il est dans le jardin, dit-elle. Je vais chercher l'argent là-haut. Vous avez balancé les deux autres ?

— Oui, M'man, dit Homer.

— Bien. A présent... tiens, où est Blue ? demanda-t-elle.

— Il a eu un accident, M'man, dit Edgar.

— Blue est tombé dans l'puits, dit Homer.

Mme Wheeler regarda tour à tour leurs deux visages impassibles, sereins. Elle songea aux dernières paroles de Mac Knight et ne put trouver à se dire que : *Mon Dieu ! Oh ! mon Dieu !*

What price $ 120 000 ?
Traduction de P.J. Izabelle.

DEUX DOUZAINES DE VILAINS OISEAUX

par CLARK HOWARD

Curson se tenait immobile au chevet du lit massif, contemplant la dépouille du vieil Haffer.

Enfin, c'est fini, pensait-il. Au bout de trente et un ans, c'est fini.

Trente et un ans, est-ce possible ? La moitié d'une vie d'homme, passée ici à Haffer Hall. La moitié d'une vie d'homme passée dans l'esclavage de ce vieux au sale caractère, aux façons brutales. Et ce vieux, enfin, à l'âge odieux de quatre-vingt-un ans, ridé, ratatiné, dormait là de son dernier sommeil.

Il suffit à Curson de tourner légèrement la tête pour apercevoir son image dans le grand miroir fixé au-dessus du bureau du vieillard. Lui, James Curson, n'avait que quinze ans quand il était descendu du nord de l'Irlande pour prendre son service chez ce méprisable vieux despote. Avait-il jamais été le jeune Jamie Curson aux joues roses, aux grands yeux vifs ? Examinant son visage d'aujourd'hui, il n'y voyait plus les grands yeux, plus l'enthousiasme, plus rien qui ressemblât à la jeunesse ; il voyait seulement une figure rougeaude, usée par les intempéries, des paupières tombantes sur un regard terne et plat.

Vous n'avez pas fait grand-chose pour moi, vieux bonhomme, pensa-t-il en se retournant à nouveau vers le lit mortuaire. Pas grand-chose vraiment. J'ai maintenant le visage aussi ingrat que le vôtre, j'ai l'esprit aussi sombre et rabâcheur. Je suis loin d'être l'homme que mon grand-père voulait que je sois quand, à son lit de mort, il m'a envoyé vers vous. Grand-père ne se souvenait de vous que comme du brillant major Haffer sous lequel il avait servi pendant la guerre en Europe. Heureusement il n'a jamais connu celui que vous êtes devenu, après la guerre, après la mort de votre femme, après que le whisky a eu pris possession de vous. Heureusement il n'a pas vécu pour voir ce que je suis devenu. Regardez-moi : quarante-six ans, pas de femme, pas d'enfant, pas d'argent. Et maintenant je ne sais même pas où je vais aller.

Les yeux de Curson se mouillèrent. Pourquoi suis-je resté là ? Ne suis-je pas un homme, libre d'aller où il veut ? Certes, je suis cet homme libre, mais je ne l'ai pas toujours été. D'abord je n'ai été que Jamie, un gamin. J'ai grandi ; mais je suis demeuré un gamin pour Haffer, à cause de son autorité inflexible. Le domaine Haffer est devenu ma prison : le patron en était le geôlier.

Curson s'essuya les yeux. Il revint jusqu'à la porte donnant sur la cour intérieure — cette porte par laquelle il était entré quelques instants auparavant. Il traversait cette cour pour aller donner à manger aux merles quand il s'entendit appeler par le vieillard.

— Cur... ! suffoquait la voix enrouée.

Cur — le seul nom que le bonhomme lui avait jamais donné depuis le jour de son arrivée au domaine Haffer alors qu'il n'était que Jamie, le gamin.

— Ainsi, tu es le petit-fils du vieux Vincent Moriarty ? avait dit alors, en arrivant près de lui, le maître du domaine, vigoureux quinquagénaire à la moustache noire. Tu m'as bien l'air d'un poilu dépenaillé, toi aussi ! Ton nom est Curson, n'est-ce pas ? Ça va ! T'as tout du chien bâtard : je vais raccourcir ton nom, je t'appellerai Cur[1]. Bon... Cur, derrière la maison tu vas trouver où sont les chevaux. Pour commencer, tu seras garçon d'écurie et tu dormiras là avec les bêtes comme il convient à ton état. Maintenant, file !

C'est ainsi que les choses avaient commencé ce jour-là : « Cur ». Et ça n'avait jamais plus changé. Même à l'article de la mort, quand le vieux étouffait avec son sang trop épais qui lui coulait de son artère éclatée dans la poitrine, c'était encore « Cur ». Il branla la tête tristement et songea. Dans les dernières secondes de sa vie, en me voyant traverser la cour, alors que j'étais le dernier mortel qu'il allait apercevoir, il aurait pu au moins pour cette fois m'appeler Jamie, ou James, ou même Curson. Autre chose que « Cur ».

Trente et un ans : un chien bâtard, songea-t-il encore amèrement, debout sur le seuil en regardant le soleil levant briller dans la rosée de la pelouse à l'est. Les vastes étendues dégagées descendaient en pente douce vers les bois qui entouraient la propriété : et Curson se souvint que les merles attendaient leur repas du matin. Cette pensée lui valut un petit réconfort dans sa tristesse. En cela au moins il avait eu l'avantage sur son patron. Depuis des années, Curson prélevait dans l'office du fro-

1. Note du traducteur : « Cur », en anglais, signifie « chien sans race ».

ment, du seigle et de la graine de pavot pour nourrir les merles. En ce moment même, il en avait dans sa poche trois poignées logées dans un sac en papier. Il appelait « la pénitence » ce prélèvement opéré sur ce vieux tyran qui tuait les oiseaux par jeu.

Avec un soupir, Curson se retourna encore vers le lit pour jeter un dernier regard vers feu Sir Malcolm Haffer. Eh bien, ça faisait plaisir à entendre. Jamais plus le surnom de « Cur » ne serait prononcé, car nul sur la propriété n'oserait l'appeler ainsi. Les autres domestiques le craignaient : ils n'avaient d'ailleurs pas affaire à lui. Ils travaillaient tous sur le domaine, tandis que lui était attaché au service de la maison, et ils n'avaient que rarement l'occasion de venir au logis du maître, si ce n'était pour chaparder quelque chose dans l'office. Il avait donc peu d'occasions d'avoir des contacts avec les autres employés. Certains d'entre eux étaient là depuis dix ans, et il ne connaissait même pas leur nom. De fait, il y songeait maintenant, il n'avait pas un seul ami, ici ou ailleurs. Du moins, pas un ami de l'espèce humaine. Comme amis, il avait seulement deux douzaines de merles.

Ça, c'est aussi de ta faute, vieux démon ! pensa-t-il en considérant la dépouille du vieillard. Une colère froide l'envahit subitement, le domina et il fut sur le point de gifler le visage immobile. Mais les yeux du vieux Haffer étaient encore ouverts et le regardaient : la rencontre de ce regard stoppa sa main à mi-course. Il y décela encore une étincelle de l'autorité qui s'était si longtemps exercée sur lui. Cette peur allait se dissoudre : si elle lui interdisait encore de gifler ce cadavre, elle commençait à permettre à Curson une grimace de haine et une malédiction.

A l'instant où il allait partir, il vit la bague. Une

bague en or, une chevalière gravée aux armes de l'ancien régiment de Haffer. Au centre, le globe figurant l'Empire britannique sur lequel le soleil ne se couche pas était représenté par un gros rubis rouge sang.

— Joli, n'est-ce pas, gamin ? lui avait demandé Haffer un jour, il y avait vingt ans de cela. C'est une pierre magnifique de trente carats. Et sans une tache. Elle vaut deux fois son poids en diamants. Je l'ai prélevée sur le turban d'un maharadja après lui avoir enfoncé mon épée dans le gosier. C'était au temps où les adorateurs d'éléphants donnaient du fil à retordre à Sa Majesté, aux Indes. Ah ! Quelle glorieuse campagne ! Mais, toi, tu ignores tout cela, gamin ! Seuls les Anglais savent ce que c'est que la gloire, et tu es irlandais, n'est-ce pas, gamin ? Oui, tu es irlandais, c'est ça ! Eh bien, va, retourne donc à l'écurie, Cur !

Curson fixait la bague. Ses yeux se rapprochèrent. Trente carats. Parfaite. Sans une tache. Mille livres par carat. Trente mille livres !

Peu de temps après qu'Haffer lui eut raconté l'origine de la pierre, Curson avait accompagné son maître à Londres où il allait faire des achats. Il attendait dans le salon d'un important joaillier, pendant qu'Haffer discutait dans le bureau personnel de celui-ci. La porte était restée entrouverte et Curson avait entendu la conversation.

— Je voudrais une copie de cette bague en pierre d'imitation, avait demandé Haffer. Je veux pouvoir la porter quand je monte ou quand je chasse. Je crains de rayer le rubis à l'occasion d'un de ces exercices un peu violents.

— Certainement, monsieur, avait répondu le joaillier. Je peux vous faire l'anneau en plaqué or et la pierre en corindon synthétique, pour le prix d'environ cent livres.

— C'est entendu, avait conclu Haffer.

A plusieurs reprises, au cours des années qui suivirent, Curson avait vu les deux bagues côte à côte dans un écrin de cuir placé dans le premier tiroir du bureau de son maître. Un jour, alors qu'il rapportait les bottes d'Haffer après les avoir cirées, il avait vu son patron, qui se préparait pour sa promenade à cheval, ôter la bague qu'il portait et la placer dans la case droite de l'écrin ; puis prendre la seconde bague dans la case gauche de l'écrin et la glisser à son doigt. Curson, se souvenant de la conversation qu'il avait surprise au sujet du risque de rayer le véritable rubis au cours d'exercices violents, en tira cette conclusion que la copie était rangée à gauche de l'écrin, et l'original à droite. Pourquoi cette particularité lui était-elle restée en mémoire ?

Pour autant qu'il pouvait le savoir, personne d'autre que lui ne connaissait l'existence de la seconde bague, à l'exception, bien sûr, du joaillier, mais celui-ci était probablement mort maintenant. Les autres domestiques n'étaient certainement pas au courant : ils n'auraient jamais eu l'audace d'entrer dans le bureau de Sir Malcolm. Tel ou tel de ses amis, peut-être ? C'était peu probable. Le vieux démon n'aurait pas été raconter qu'il portait une fausse pierre, même pour une raison de sécurité.

Curson décida donc que, selon toute probabilité, personne ne connaissait l'existence de la seconde bague. Et personne n'était encore au courant de la mort du maître, personne ne se doutait qu'il était actuellement, lui Curson, dans la chambre de Haffer. Il était encore tôt dans la matinée ; les domestiques vaquaient à leurs occupations dans les communs, par derrière. Personne ne l'avait vu prendre les grains pour les merles et longer les pelouses de l'est pour se diriger vers les bois.

« Oui, pensa-t-il rapidement, se montant de plus en plus la tête. Oui. À titre d'indemnité pour trente et une années de loyaux services comme chien bâtard : Cur ! Pas trop mauvais salaire, d'ailleurs : presque un carat de rubis sans tache pour chaque misérable, puante année ! »

Une audace soudaine, débordante, lui brûla les veines : il saisit la main droite du mort, arracha la bague du doigt déjà raide. Il la contempla sous tous ses angles, il s'étonna de sa beauté toute neuve. Elle était rouge comme le sang, avec un entrelacs de minuscules aiguilles composant une petite étoile à leur sommet. Une merveille, pensa Curson...

Mais un doute l'assaillit : si ce n'était pas la vraie pierre ? Idiot, s'injuria-t-il, tu es peut-être béat comme un idiot devant un morceau de verroterie !

Il se précipita vers le bureau de Haffer, s'empara de l'écrin de cuir, souleva le couvercle. Il sourit, constatant que l'autre bague était dans la case gauche, là où la copie devrait être... Bien sûr, bien sûr, se morigéna-t-il, c'était seulement la preuve que sa première déduction était correcte. Il n'y avait aucune raison pour que le vieux bonhomme renonce à se mettre au lit avec son vrai rubis : il ne risquait guère de le rayer pendant son sommeil.

Curson eut un sourire un peu forcé à l'intention de la bague qu'il tenait sur sa main, puis il la mit avec précaution dans sa poche. Il prit la seconde bague dans l'écrin et remit l'écrin dans le tiroir. Il revint vers le lit et, surmontant l'appréhension qui lui montait le long de la colonne vertébrale à la seule pensée du geste qu'il s'apprêtait à faire, il passa aussi rapidement que possible la fausse bague au doigt du mort.

« Ça y est ! pensa-t-il en frottant ses paumes contre le revers de sa veste comme pour se débarrasser du contact de cette main froide. Ça y est, nous sommes quittes, Sir Malcolm Haffer. Après toutes ces sacrées années, nous sommes quittes enfin ! »

Glissant une main dans sa poche, il palpa son trésor de ses doigts émus et se hâta de regagner la cour.

Il s'efforça de marcher, aussi longtemps qu'il put, le long de la façade de la maison et le plus près possible, puis s'engagea par un sentier en diagonale à travers la pelouse en direction des bois. Il ne se sentit réellement à l'aise qu'après avoir franchi la lisière des fourrés cernant les prairies du domaine. Alors il commença à respirer et le tremblement de ses doigts se mua en une douce caresse pour la fortune qu'ils pétrissaient. C'est pour moi le retour en Irlande du Nord, pensa-t-il gaiement — après avoir fait, évidemment, une petite visite à quelque discret bijoutier de Londres. Eh bien, de retour en mon bon pays, et jusqu'à la fin de mes jours, je serai connu sous le nom de Squire Curson...

Il rit tout haut et le son de sa voix donna un style théâtral à l'immuable solitude de cette forêt épaisse, moussue, qu'il avait fini, année par année, à connaître dans tous ses recoins. C'était là qu'il avait fui la dureté de la règle de vie du domaine Haffer, là qu'il avait trouvé les moments de repos nécessaires pour se reprendre, pour supporter le poids toujours plus lourd de sa lâcheté, de son incapacité à rien faire d'autre que servir le méprisable Haffer. Et c'était là qu'il avait fait la connaissance des merles.

Au début, il n'y avait qu'un seul merle, un merle au plumage brillant, au bec rose, avec des yeux parfaitement ronds, et perçants, vêtu d'un noir aussi noir qu'un ciel de nuit sans lune et sans étoiles. Curson s'était enfoncé dans le bois, puis s'était assis sur un tronc pour manger les biscuits et la conserve de bœuf qu'il avait chapardés à la cuisine. L'oiseau s'était posé à proximité et était resté à le regarder.

Curson avait fait semblant de ne pas le voir et avait continué de manger. L'oiseau n'avait pas tardé à s'approcher en sautillant. Curson avait alors émietté son biscuit et l'avait jeté en direction du merle qui avait repris le large et disparu dans les arbres avant même que l'offrande eût touché le sol. Curson, ronchonnant, avait poursuivi son repas.

Mais quelques instants après, levant les yeux, il vit que le merle était revenu et qu'il picorait les miettes. Quand il les eut toutes fait disparaître, Curson brisa un autre bout de biscuit et le lui lança. A nouveau l'oiseau s'envola, effrayé par le mouvement brusque de l'homme : mais il revint un peu plus tard et recommença à manger. Curson prit garde cette fois de ne faire aucun geste susceptible de l'inquiéter, mais continua tranquillement de déjeuner.

Quand il eut terminé, il se leva. L'oiseau s'enfuit à tire-d'aile. Curson s'avança jusqu'à l'endroit où le merle s'était posé et laissa tomber tout ce qu'il lui restait de miettes sur le sol. En repartant vers les prairies du domaine, il jeta un regard par-dessus son épaule : comme il l'avait prévu, le merle était revenu une troisième fois pour achever son festin.

A plusieurs reprises, Curson, s'installant dans le bois pour prendre son repas, avait eu la visite du même merle. Pendant quelque temps, l'oiseau persista à s'enfuir chaque fois que Curson levait son bras pour lui lancer des miettes, mais plus tard, lorsque Curson eut appris à éviter tout mouvement brusque, il se contenta de s'éloigner — et finalement il ne s'écarta même plus : son bienfaiteur ne l'effrayait plus du tout.

Un jour que Curson était dans l'office, l'idée lui vint de prendre du grain qu'il porterait à l'oiseau. Il préleva une poignée d'orge qu'il glissa dans sa poche et plus tard, quand il se trouva dans le bois, il nettoya le sol sur une certaine surface et répandit le grain sur ce petit tertre. Avant qu'il ait fait la moitié du chemin jusqu'à son tronc habituel, l'oiseau était là, se régalant. Et avant que Curson ait achevé son propre repas, deux autres merles — même plumage noir et même bec rose — s'étaient joints au festin.

Le lendemain, il en vint d'autres et encore d'autres par la suite. Il y en eut bientôt douze, quinze, puis vingt. Et maintenant, dans la mesure où Curson était capable de les compter malgré leur sautillement incessant, il y en avait vingt-quatre. Toute méfiance avait disparu entre les oiseaux et l'homme : ces merles sauvages se pressaient autour de ses pieds, comme l'auraient fait des pigeons domestiques. Curson les nourrissait chaque jour, toujours attentif à ne faire que des mouvements lents, doux, jamais brusques.

Maintenant, s'enfonçant dans les bois, il s'approchait de son tronc abattu : il s'arrêta de rire car les merles auraient pu s'effrayer de ce bruit inhabituel. Jamais les merles ne l'avaient entendu rire. D'ailleurs, pensa-t-il, personne ne l'avait jamais entendu rire depuis la date lointaine où il était arrivé au domaine Haffer. Mais ça, c'est le passé, se dit-il tout heureux. Puisque je suis Squire Curson, il n'y aura plus de mauvais jours pour moi. Il n'y aura plus que whisky irlandais, femmes irlandaises, chansons irlandaises... grâce à cette petite mignonne...

Il sortit la bague de sa poche et polit le rubis en le frottant sur le revers de sa veste. Comme elle est belle, comme elle brille, admira-t-il. Elle brille comme trente mille livres. Elle brille comme un vaste domaine en Irlande du Nord. Elle brille comme l'étoile solitaire dont un gamin nommé Jamie a si souvent rêvé. Elle brille, elle brille, elle brille !

Curson atteignit le tronc d'arbre et s'assit. Il présenta la bague à la lumière, sous différents angles, étudiant ses reflets et l'éclat magique jouant dans les facettes. Ah ! quelle merveille que cet objet pas plus gros que le bout de son pouce. Cet objet était capable de faire de Cur le bâtard, un roi !

Curson eut conscience d'un mouvement proche de lui : il lança un regard circulaire. Sur le sol, à quelques pas de lui, trois merles le surveillaient. Il sourit et posa la bague sur le tronc d'arbre à côté de lui. Il prit dans la poche de sa veste le sac en papier à moitié rempli du mélange de froment, de seigle et de graines de pavot. Il en versa dans le creux de sa main, la tendit : les oiseaux s'y posèrent et commencèrent à manger. Leurs becs lui faisaient de petits picotements agaçants qui lui remontaient jusqu'au poignet.

— Ah ! Vous avez faim ! constata Curson à mi-voix.

Plusieurs autres oiseaux se posèrent à proximité et s'approchèrent avec leurs petits mouvements sautillants, cahotants. Curson fouilla dans le sac avec son autre main et répandit sur le sol d'autres grains pour les arrivants. D'autres encore arrivèrent en planant et bientôt Curson eut à ses pieds toute une petite troupe de merles qui sautaient les uns sur les autres pour s'approcher du ravitaillement. Curson répandit une nouvelle poignée au-dessus d'eux et par habitude s'adonna au jeu quotidien qui consistait à les compter.

— Treize, quatorze, quinze... Non, je t'ai déjà pointé... Laisse-moi voir... Quinze, seize... Et quatre, ça fait vingt... vingt et un... Deux encore, ça fait vingt-trois... Humm ?

Il était certain d'en avoir compté une autre fois exactement deux douzaines. Il semblait bien qu'il lui en manquait un aujourd'hui. Il regarda tout autour de lui pour essayer de repérer l'absent puis il jeta un coup d'œil à droite et à gauche du tronc d'arbre. Ah ! voilà le manquant ! Il sautillait en s'éloignant vers l'extrémité du tronc d'arbre. Tout noir, avec son bec rose et un air fripon. Dans ce bec, la bague ornée du rubis.

Les yeux de Curson s'agrandirent. Sa bouche s'ouvrit. Un instant, ses genoux se mirent à trembler. Puis, par simple réaction instinctive, sans réfléchir le moins du monde, il eut un geste fatal. Il sauta comme un fou vers l'oiseau qui s'éloignait, buta, s'affala. Le petit voleur noir et ses vingt-trois compagnons prirent l'air dans un éclatement d'ailes frémissantes.

— Oh ! non ! dit faiblement Curson.

Il se releva et se remit sur ses pieds. Attention, se prévint-il lui-même. Doucement, maintenant. Ils vont revenir. Il faut que j'avance lentement. Il y a encore un peu de grains dans le sac : tu peux les appâter...

Curson se redressa doucement, regarda au-dessus de lui et alentour. Sur une grosse branche, à six ou sept mètres au-dessus de sa tête, il les vit tous, rangés sur une seule ligne qui le considéraient. Il leur sourit, comme s'ils pouvaient être sensibles à son amabilité, et il sortit le sac de grains. Lentement il se mit à le répandre en quantités généreuses sur le sol, sans quitter du regard les oiseaux, les examinant un par un, comptant, cherchant...

Alors il vit la bague. C'était le dernier oiseau du rang qui la tenait. Dorée, brillante, lançant des éclairs rouge sang : ce petit salopard la tenait fermement dans son bec. Et les deux douzaines d'oiseaux continuaient à le considérer d'un air calme et presque menaçant.

— Ici, mes petits oiseaux, pleurnichait doucement Curson en répandant le grain au hasard.

Gentils petits oiseaux... Venez par ici, mes petits oiseaux... Oh ! Le bon grain pour les petits oiseaux.

Le premier merle de la rangée s'envola. Le second suivit. Puis le troisième. Curson les vit monter vers la cime des arbres, vers le ciel...

— Non... Oh ! non... supplia-t-il.

Le quatrième, le cinquième, le sixième s'envolèrent, disparurent.

— Non, je vous en prie... Gentils oiseaux... Oiseaux, venez par ici...

Le septième, le huitième, le neuvième, le dixième... un par un, dans une formation quasi réglementaire, ils quittèrent la branche à la recherche de l'air libre. Un par un, jusqu'à ce qu'il ne reste plus que quelques attardés.

— Non ! hurla Curson en fureur. Salauds ! Salauds !

Il saisit par terre un grand bâton et le lança vers la branche au moment précis où l'avant-dernier merle s'envolait. Le bâton passa à proximité du dernier, le manquant d'un mètre. L'oiseau ne bougea pas, ne recula pas, ne battit pas des ailes : il demeura impavide là où il était. Une étincelle d'espoir naquit dans le cœur de Curson.

— Non, non... Excuse-moi, mon petit oiseau... S'il te plaît, viens par ici, petit oiseau.

Le dernier des merles fixa Curson froidement pendant un court instant. Puis, tenant toujours la bague dans son bec, il s'envola gracieusement à la suite des autres.

Curson demeura sans voix. Son visage était devenu gris comme la cendre. Il regardait toujours les oiseaux, portés par le vent, que la distance et l'altitude rendaient de moins en moins visibles. Et il regarda encore très longtemps le ciel après qu'ils eurent disparu.

*
* *

Quelques jours plus tard, on réunit tous les domestiques dans le grand bureau de Haffer Hall pour la lecture du testament de leur vieux maître.

« ... *A mon fidèle domestique, gardien de ma propriété, James Curson,* poursuivit le notaire, *en raison de son inaltérable fidélité à mon égard pendant de nombreuses années, en dépit de mon humeur qui a toujours été en empirant et de mes insultes, je lègue celui de mes biens terrestres qui m'est le plus cher, à savoir la bague en or gravée aux armes de mon régiment et sertie d'un rubis rouge.* »

Curson s'approcha de la table où étaient assis le notaire et l'exécuteur testamentaire et reçut l'extrait officiel du testament ainsi que le coffret de cuir contenant la fausse bague.

Quand la cérémonie fut terminée, il monta dans sa chambre et fit sa valise. Il y avait un autocar matinal pour Londres : il voulait être certain de ne pas le manquer. Son seul espoir était que la fausse bague ne valait pas moins d'une centaine de livres.

4 and 20 black birds.
Traduction de Gersaint.

A L'ANNONCE DE MA MORT...

par Evan Hunter

1

Quand la galette file, on n'a pas le choix. Tout ce qu'on peut gratter, jusqu'au moindre sou, on en a besoin pour assurer sa matérielle et on ne peut se permettre de gaspiller son fric pour un matelas. On quitte l'hôtel bon marché, on descend d'un cran, au dortoir, on part du dortoir pour expérimenter les corridors obscurs et on finit dans le parc, en cowboy new-yorkais avec un banc pour cheval. Par temps doux, ça peut aller. La nuit on se roule en chien de fusil avec les étoiles pour couverture, tandis que les pierres tombales de la ville égratignent les nuages de leurs doigts de béton et vous emmurent dans votre lopin de terre et d'herbe. Quand le temps commence à changer, on s'enveloppe la poitrine de vieux journaux, on en glisse sous son veston, on en bourre son froc et ça aide à couper le froid. Mais contre la pluie ça ne sert pas à grand-chose.

On est couché sur son banc, trempé et glacé de crachin et, à la pensée que c'est le gars Matt Cordell qui est là, on a vaguement la nausée.

Puis, un beau matin, on se réveille, et c'est l'automne, avec ses arbres rouge et or, ses feuilles qui crissent sur les allées de ciment comme autant de fantômes errants, et c'est alors qu'on s'aperçoit qu'on est mort.

Le journal était bouchonné sur le dessus d'une corbeille à papiers. Mes semelles avaient des trous de la taille d'un demi-dollar, le *Daily News* constitue une garniture excellente. J'attrapai le journal et m'assis sur le banc. J'étais en train d'ôter ma tatane droite, quand en page quatre, un titre en caractères gras me sauta aux yeux. Je ne fis qu'un bond et pensai immédiatement à une coïncidence, mais dès les premières lignes, ma surprise fit place à une rage froide.

MATT CORDELL ASSASSINÉ

Matthew J. Cordell, l'ex-détective privé qui s'était vu retirer sa licence l'an dernier à la suite de la correction brutale qu'il avait administrée à coups de crosse de revolver à l'amant présumé de sa femme, a été trouvé mort hier, en fin d'après-midi dans le corridor du Sunrise Hôtel, dans le Bowery. D'après la police, la mort a été causée par six balles de revolver calibre 45, tirées à bout portant dans la figure de Cordell. Avery Peggett, propriétaire de l'hôtel, a identifié le cadavre aux vêtements qu'il portait ; les autorités policières sont intriguées...

Ça n'était pas tout, mais je laissai tomber le reste. Cela me brûlait jusqu'aux trous de mes chaussures. Piggy Peggett avait identifié le cadavre. Tout était pour le mieux. Piggy portait des lunettes à double foyer, et quant à identifier un clochard à ses vêtements, autant reconnaître le Sahara d'après un grain de sable. Ça ne sentait pas bon. Etre sur le point de claquer est une chose, mais se voir baptiser défunt quand on est bien vivant, c'est une autre paire de manches.

Je laissai vaguement mijoter cette idée. Peut-être était-ce mieux ainsi. Laisser tomber le nom de Cordell, laisser tomber toute cette sale histoire et les souvenirs qui vous rongent l'intérieur comme de l'acide.

Correction brutale à coups de crosse, disait le journal.

Les journaux ne savaient pas ce qui s'était passé. Ils ignoraient les sentiments que j'éprouvais pour Trina ou la place qu'elle avait occupée dans mon existence, après quatre mois à peine de mariage. Ce soir-là, j'avais reçu comme un coup de massue à l'estomac. La trouver dans les bras de Garth, qui l'embrassait dans le cou, en la tripotant à pleines mains ! J'avais attrapé ce qui était le plus à ma portée, sous mon aisselle, dans un étui. C'était déjà miracle que je n'aie pas pressé la détente ; j'avais pris mon 45 par le canon et avais frappé Garth à coups redoublés pendant que Trina hurlait. Quand je m'étais arrêté, il n'avait plus qu'une moitié du visage, mais il avait quand même ma femme. Ils n'avaient pas porté plainte pour attaque à main armée, mais de toute façon la police m'avait supprimé ma licence, tandis que Trina et Garth filaient sur Mexico pour y obtenir un divorce rapide.

Correction brutale à coups de crosse.

Cet enfant de garce s'en était tiré. Maintenant encore, j'avais mal à la tête et les mains qui tremblaient rien que d'y penser. Tout ce qui restait de Matt Cordell, c'était un nom et une torche qui marchait à l'alcool et flamboyait à un kilomètre en l'air. Un autre enfant de salaud avait étiqueté un cadavre de mon nom, me réduisant à néant. Eh bien, qu'il le garde le nom ! Qu'il le garde et qu'il se le foute quelque part. Et pourtant, c'est le mien, de nom, c'est tout ce qui me reste et je n'aime pas le voir porter par un cadavre.

Je déchirai le journal en morceaux de la taille voulue. J'en garnis mes chaussures, puis me mis en route, direction le Bowery et Piggy Peggett.

2

Il fut surpris de me voir. Il pâlit et ses mains se mirent à trembler sur le comptoir. Il jeta un regard circulaire comme s'il attendait du secours puis avala péniblement sa salive et risqua un œil à travers les lentilles épaisses de ses lunettes.

— Hello, Piggy, fis-je.

— Matt... Je... Toi...

— Je suis mort, hein, Piggy ? Tu m'as identifié à mes vêtements, pas vrai, Piggy ? A quels vêtements, espèce d'enfant de...

— Matt...

Allongeant la main par-dessus le comptoir, je le crochai par le veston et la chemise. Piggy sentait mauvais, et la sueur dégoulinait de sa figure sur le col ouvert de sa chemise.

— Qu'est-ce que c'est que cette histoire, Piggy ? Explique-toi, ou je te ratatine jusqu'à te mettre les lunettes autour du foie.

— J'ai cru que c'était toi, Matt. Je te le jure sur le Christ, j'ai pensé...

— J'ai quitté ta boîte à puces depuis trois mois, Piggy.

— Je sais, Matt, mais ce type ressemblait exactement...

— Qu'aurais-je fichu dans ton couloir plein de cafards ?

— Je n'ai pas réfléchi, Matt. Les flics m'ont demandé...

Je le tirai vers moi, lui coinçant la panse contre le comptoir.

— La vérité, Piggy !

— Ma parole que c'est vrai, Matt. Il y avait un macchab dans le couloir. Les flics me demandent si je le connais. Je descends, je jette un coup d'œil sur ce qu'ils ont pêché dans son portefeuille. Il y avait aussi un mouchoir marqué M. J'ai cru que c'était toi, Matt. On peut se tromper. On peut...

Je lui lâchai le colback et je lui allongeai un revers en pleine gueule. Sa bidoche adipeuse frémit et tremblota tandis que la peur lui agrandissait les yeux.

— La vérité, enfant de salaud. La vérité toute nue ! Encore un bobard et c'est toi qu'on ramasse dans le couloir.

Piggy tremblait maintenant de tous ses membres et l'odeur de la peur se mêlait aux relents de sa transpiration.

— D'accord, Matt. D'accord.

— Alors ?

— Le mec... un mec vient me voir...

— Quel mec ?

— Je l'avais jamais vu, Matt. Un inconnu. L'air vache. En costume bleu à petites rayures. Une petite moustache. Jamais vu auparavant. C'est pas une des outres à pinard, Matt.

— J'écoute.

— Il arrive avec un matelas de faffes à étouffer un cheval. Il me le fourre sous le nez en disant : *Montre-moi Cordell et c'est à toi. Tout le paquet.* Je ne l'avais jamais vu avant ça, Matt.

— Combien de fric ?

— Plus de trois mille, Matt. Ça fait de l'oseille.
— Et alors ?
— Alors je lui demande ce qu'il lui veut à Cordell.
— Tu mens, Piggy.
Piggy se mit à trembler.
— D'accord, je lui demande pas. Je lui demande rien. Faut qu'il s'en aille qu'il dit, mais il reviendra et il veut que je lui montre... que je lui indique Cordell à ce moment-là. Il demande comment aller d'ici au coin de la Quarante-septième rue de Broadway. Alors je l'ai pris pour un bleu et je me suis dit qu'il distinguerait pas Cordell d'un trou dans le mur. Trois billets, ça fait un sacré paquet...
— Et alors, à son retour ? Que s'est-il passé ?
— Pendant ce temps, j'avais fait travailler mes méninges. Mon gommeux rapplique et je lui déclare que je vais lui montrer Cordell. Je l'emmène en bas, où un poivrot s'est installé dans mon couloir depuis Dieu sait quand. Je lui montre le gars en lui disant : *Le voilà, Cordell*, et je regrimpe vite fait.
— Tu es un sacré fumier, Piggy. Qui as-tu indiqué ? Qui est-ce que tu as fait descendre ?
— Un clochard, Matt. Qui sait ? Qu'est-ce que ça fout, une cloche de plus ou de moins ? Trois billets, c'est du...
Je cognai, lui enfonçant profondément mon poing dans la panse. Il alla s'écraser contre le mur, la face toute violette.
— Pourquoi as-tu dit aux flics que c'était mon cadavre ?
Piggy suffoquait.
— C'était pour... pour garder le fric, Matt. Le... le mec, il avait l'air d'un dur. Il fallait que j'aille jusqu'au bout.
— Sais-tu ce que je vais faire, Piggy ?
— Qu... quoi, Matt ?
— Je vais trouver le zèbre qui souhaite ma mort.

Je vais aller le trouver et lui dire que tu l'as délibérément trompé. Je vais le mettre en compote et ensuite je te l'enverrai.

— Matt...

— C'est comme ça, Piggy.

Je le laissai effondré contre le mur, les yeux comme des soucoupes, la graisse en tremblote sur ses os. Je dévalai l'escalier à toute allure et sortis de ce corridor obscur pour tomber en plein soleil. La lumière me fit cligner les paupières. Une longue Buick noire stationnait le long du trottoir, la portière avant ouverte. Un grand type, vêtu d'un veston sport vert, sauta sur le trottoir et se dirigea vers moi. Il avait sous l'aisselle une bosse qui ne me disait rien qui vaille. Je filai dans la direction opposée.

Il accéléra l'allure et arriva à ma hauteur. Je crus d'abord que c'était un poulet et comme je ne voulais plus d'ennuis avec la police, surtout après ce meurtre dans le couloir de Piggy, je continuai à marcher sans tourner la tête.

— Je ne te le dirai pas deux fois, Cordell, murmura le type. J'ai un 38 sous le bras. Je sais m'en servir. Un pas de plus et tu vas régaler les asticots.

Je m'arrêtai pour lui faire face. Il était très grand, le visage lourd, couvert de taches de rousseur. Il portait des lunettes de soleil et je le pris pour un camé, mais peut-être avait-il seulement les yeux faibles.

— Qu'est-ce que tu me veux ? fis-je.

— Demi-tour et va à la Buick. Le 38 est toujours là. On discutera plus tard.

— T'as la loi, lui dis-je.

— Et comment. Allez, marche, Cordell.

Je me dirigeai vers la Buick et le grand m'ouvrit la porte. Je m'affalai sur le siège avant, en jetant un coup d'œil au chauffeur fluet qui ne tourna même pas la tête. Le grand se tassa à ma droite et, sitôt la portière fermée, la voiture démarra.

— C'est pour maintenant ou pour tout à l'heure ? demandai-je.

— Te fatigue pas, répondit le grand.

Ce fut tout, mais quelque chose dans son intonation me dit que nous n'allions pas faire un carton.

Je me laissai aller en arrière, détendu, et la Buick se fraya un chemin vers l'ouest à travers la circulation. A Broadway, on vira à droite vers le haut de la ville, pour finir par se ranger en face d'un immeuble en pierre brune, dans la Soixante-treizième rue Ouest.

— On est arrivé, Cordell.

Le grand zigue ouvrit la porte et je le suivis sur le trottoir. Le chauffeur vint se placer à ma droite et, ensemble, nous grimpâmes les marches du perron. Le chauffeur sonna, deux coups courts et un long et la porte s'ouvrit dans un déclic.

— Grimpe, dit encore la grande perche.

Nous montâmes l'escalier. Un troisième type nous attendait sur le palier du premier étage.

— C'est le privé ? demanda-t-il.

— Ouais, fit le chauffeur.

— Charlie vous attend. Entrez.

Ils me conduisirent à la dernière porte du couloir, l'ouvrirent et me firent passer le premier.

La pièce était gentiment meublée d'une quantité de fauteuils de cuir et d'un bureau recouvert de la même façon. Des rayons renfermant un beau choix de livres poussiéreux occupaient tout un panneau. Un homme à cheveux gris était assis derrière le bureau, un cigare à la bouche. Il le faisait rouler entre ses lèvres en m'examinant attentivement. Moi, ça n'était pas lui que je regardais, c'était la blonde blottie dans un des fauteuils de cuir. Elle portait une robe de laine qui, partant de la naissance de la gorge, épousait la courbe opulente de sa poitrine et lui moulait les hanches. Ses jambes étaient repliées sous elle et la jupe s'arrêtait suffisamment haut pour laisser voir les genoux et même un peu plus. Elle s'était débarrassée de ses souliers qui traînaient sur le plancher. Elle avait la tête légèrement inclinée et sa chevelure blonde lui retombait sur la joue. Ses yeux profonds et bruns posaient sur moi un regard alangui.

— Cordell ? interrogea l'homme assis derrière le bureau.

Sa voix trahissait quelque impatience, comme si l'attention trop marquée que j'avais témoignée à la blonde l'avait froissé.

— Cordell, lui répondis-je.

— Charles Semmler.

— Je vous croyais toujours dans l'île de Riker, Semmler, dis-je.

Il fronça les sourcils et pinça les lèvres avant de laisser un sourire les détendre.

— Vous me connaissez, hein, Cordell ?

— Je vous connais. Combien de gosses avez-vous débauchés cette semaine ?

— Ne faites pas le mariolle. Je suis en train de vous rendre service.

— Le grand voyage, à l'œil ? Mille fois merci.

— Le clochard qu'on a trouvé la tête trouée, ça aurait pu être vous.

— C'est un de vos hommes, le tueur à costume rayé ?

— Non. Pas un type d'ici. Il s'appelle Buck Grafton. Ça ne vous dit rien ?

— Non.

— Et Benny Malloy, ça ne vous rappelle rien ?

— Un roman fleuve. Quel est le rapport ?

— Vous vous souvenez de Benny, hein ?

— Je m'en souviens. C'est à ma déposition qu'il

doit son envoi à Elmira. Il y a cinq ans de cela. Quel rapport ?

— Benny casse toujours des cailloux. Mais pour Buck Grafton c'est fini et Benny lui a demandé de vous rendre visite.

— Le clochard buté dans le couloir ?

— Un cadeau de Benny.

— Joli cadeau.

— D'accord. Il aurait pu être mieux encore. Il a été livré à une fausse adresse.

— Voilà qui m'ouvre des horizons. Qu'attendez-vous de moi, Semmler ?

— Un service.

— Je croyais que c'était vous qui me le rendiez.

— Disons que c'est mutuel. Ça tombe à pic.

— J'écoute.

— Bien. Voici ce dont il s'agit. Dans l'esprit de Grafton, il a descendu le bon pigeon. Il a fini de rechercher Cordell. Il va retourner à Chicago sous peu... à moins qu'il ne découvre que vous êtes encore vivant.

— Et alors ?

— Il peut le découvrir très facilement.

— Je vous écoute toujours, je ne suis pas plus avancé.

— Il y a un type dont nous voulons nous débarrasser. Il est dans le Bowery. Si j'envoie quelqu'un l'y chercher, nous ne l'aurons jamais. Si vous vous en chargez, nous ferons en sorte que vous n'ayez pas perdu votre temps. En outre nous vous garantirons le départ de Grafton pour Chicago par le prochain avion.

— Qui est le type ?

— Quelqu'un que vous ne connaissez pas.

— Pourquoi faut-il l'éliminer ?

— Ça me regarde.

— Parfait. Alors occupez-vous de tout. Je ne me soucie pas de tremper dans une affaire de meurtre.

— Vous n'avez pas le choix, Cordell.

— Non ? Qu'est-ce qui vous fait croire que j'ai peur de Grafton ? Quand vous m'avez ramassé, je me mettais à sa recherche. Il s'apercevra que je suis encore de ce monde, et c'est moi qui le lui apprendrai.

— Il n'est pas sûr qu'au moment de le lui apprendre vous soyez encore vivant.

— C'est donc ça.

— C'est ça. Matt Cordell est déjà mort. La police a eu suffisamment d'ennuis sans découvrir un second cadavre du même individu. Nous n'avons rien à perdre. En outre les flics ne s'intéressent guère aux pochards quand ils sont morts.

— Vous me prenez sans doute pour un pauvre type, Semmler. Admettons que j'accepte, admettons que je donne mon accord. Je vais descendre votre type à votre place ? Qu'est-ce qui m'empêche de sortir d'ici et de disparaître ?

— Ne dites pas de bêtises, Cordell. Le Bowery n'est pas si grand. Si j'expédiais dix hommes, je pourrais vous avoir en une demi-heure.

— Si ces dix types sont si fortiches, pourquoi ne les envoyez-vous pas après celui qui vous tient tant à cœur ?

— Il connaît tous mes hommes. Sitôt le bruit répandu, autant chercher une aiguille dans un tas de foin.

— Il y a des gars qui ne sont pas du patelin.

— Le type ne vaut pas les frais d'importation.

— Et Buck Grafton ? Il est sur place et il a précisément l'air de tuer le temps en tuant les gens.

— Il est parti.

— Pourquoi ?

— C'est mon affaire.

— Quand vous me demandez de descendre quelqu'un, cela devient aussi mon affaire. Pourquoi Grafton ne peut-il le faire pour vous ?

— Il travaille pour un syndicat de Chicago. Je ne tiens pas à voir un étranger chasser sur mes terres. Cela créerait un précédent fâcheux. En outre, il ne connaît pas le Bowery aussi bien que vous.

— Il y a quelque chose qui accroche, pas vrai ?

— Votre réponse, Cordell ?

— Je dis que je ne travaille pas pour des minables.

Il se fit un silence de mort. Le visage de Semmler vira au blanc et ses phalanges se crispèrent sur le bureau. Ses traits reflétaient sa rage et je me préparai à toute éventualité.

— Hourra ! fit une voix.

Je me retournai rapidement. La blonde s'extirpait du fauteuil de cuir. Elle se leva d'un bond et la robe remonta jusqu'à ses cuisses. Elle se propulsa en titubant à travers la pièce et je réalisai qu'elle était bourrée, et couverte de cocards. Elle chancela vers moi, s'arrêta trente centimètres plus loin et resta à osciller.

— Hourra ! répéta-t-elle. Hourra pour un type qui a quelque chose dans le ventre.

Je reçus en pleine figure son haleine d'alcoolique.

— La ferme, Sheila, dit Semmler

Elle eut vers lui un geste de la main :

— Oh ! la ferme toi-même.

En moins de trois secondes, Semmler fut debout et contourna le bureau. En deux pas rapides, il fut à côté de la fille, puis leva le bras au-dessus de sa tête. J'allais me précipiter pour intervenir mais la main s'abattit aussitôt sur la joue de la blonde. Elle tituba en arrière, tomba sur le tapis et Semmler se pencha sur elle, son bras fauchant dans les deux sens. La fille hurlait en essayant d'échapper à ce fléau. Sa chute à la renverse sur le tapis avait fait remonter complètement sa jupe, découvrant de longues jambes lisses et le haut de ses bas à jarretelles. Semmler de nouveau balançait son bras mais, m'interposant, je le lui attrapai au passage. Je tirai en arrière, lui faisant perdre l'équilibre et il tournoya brusquement, tandis que sa main libre plongeait sous son veston. A la vue du petit 32 noir qu'il tenait à la main, je lui lâchai le bras.

— Vous vous mettez du mauvais côté, Cordell, dit-il durement.

La fille pleurnichait. Allongée sur le sol, la jupe retroussée jusqu'aux hanches et découvrant la dentelle de sa culotte noire.

— Charlie... commença-t-elle.

— Boucle-la, Sheila. (Semmler me braqua son automatique sur le visage.) Votre décision, Cordell ? Et cette fois faites attention à votre réponse.

Il n'existe qu'une réponse devant un homme qui vous tient au bout de son revolver avec l'envie de tuer dans les yeux. Et cette réponse est toujours la même, parce qu'on s'accroche à l'existence, même quand elle est aussi moche que la mienne. Je regardai le canon du 32 et demandai :

— Qui est votre homme, Semmler ?

— A la bonne heure, dit-il en souriant mais en tenant fermement le 32.

Continuant à me tenir en respect, il se dirigea vers le bureau, en ouvrit un tiroir dans lequel il fouilla et posa sur le bureau une épreuve glacée.

— Le voilà. C'est lui que je veux.

— Mort ?

— Mort.

Je regardai la photo. C'était un instantané montrant la tête et les épaules du type. Un masque typique, émacié, aux paupières épaisses et à la bouche sarcastique. En étudiant la photo, je me demandai si ça n'était pas un service que j'allais rendre à la société.

— J'aurai besoin d'argent, dis-je.

Semmler fouilla de nouveau dans le tiroir.

— Voilà vingt dollars. N'allez pas les boire dans le premier bar. Vous avez un feu ?

— Non.

Il ouvrit un autre tiroir et jeta un 45 sur le bureau.

— Le chargeur est vide, dit-il. Pas de mauvaises pensées. Mettez le pétard dans votre poche droite.

Je m'exécutai et Semmler posa alors deux chargeurs pleins sur le bureau.

— Dans la poche gauche...

J'empochai les chargeurs en ajoutant :

— Parfait. J'entrerai en contact avec vous.

— C'est *moi* qui entrerai en contact avec *vous*, rectifia Semmler. Où peut-on vous trouver ?

De nouveau je reluquai la fille. Elle avait rajusté sa jupe et s'était rassise. Les gifles cinglantes de Semmler avaient laissé sur ses joues des marques rouges. Nos regards se croisèrent et le sien contenait une prière muette.

— Il est préférable que j'évite les hôtels du Bowery, fis-je. Il y a une taule dans la Quatorzième rue, l'hôtel Saint-Paul. C'est là que je serai.

Semmler acquiesça.

— Je vous conseille d'agir, Cordell.

3

Je n'avais même pas l'intention de rechercher le type. J'allai à l'hôtel Saint-Paul parce que je m'attendais à la visite de la blonde et que je voulais en savoir davantage sur toute cette sale combine. Je m'étais assuré qu'elle avait saisi le nom de l'hôtel et si tel était le sens de la réponse que j'avais lue dans ses yeux, elle se montrerait tôt ou tard. Pour quatre dollars, pris sur les vingt de Semmler, j'achetai une fiole de whisky. Je m'allongeai sur le lit et me préparai à prendre une petite cuite. On frappa à la porte plus tôt que je ne l'avais prévu.

Je posai la bouteille de Rye, me levai et entrebâillai la porte. Ça n'était pas la blonde, et j'ouvris la porte plus largement.

La fille qui était plantée là était grande. Le haut de sa tête brune m'arrivait aux yeux, et je ne suis pas un nabot. Elle portait une jupe collante et un sweater que sa poitrine tendait. Elle avait de longs cheveux et un visage qui semblait sorti d'un livre d'images. Je la jugeai comme une fille d'un quartier pauvre, jusqu'à l'instant où je vis dans ses yeux une lueur alcoolique. Je compris alors que c'était une frangine du Bowery et qu'elle serait avant peu l'une de nous. Elle entra dans la chambre d'un pas délibéré, puis ferma la porte et s'y adossa. Elle respira profondément.

— Vous vous êtes trompée de chambre, petite sœur, lui dis-je. Je n'ai rien commandé.

— Pas question de vous donner quelque chose que vous n'ayez pas commandé, répondit-elle. Vous êtes Matt Cordell, n'est-ce pas ?

— Non.

— N'essayez pas de m'avoir, Cordell. Le bruit court déjà. La moitié du Bowery sait que vous êtes terré ici.

— Vous faites erreur. Cordell est mort.

— Vous vous imaginez que les gens sont tombés dans ce panneau ? Moi en particulier ?

— Pourquoi vous en particuler ?

— Le type qui a dégusté était Johnny Mazzine. Je le sais.

— Comment ça ?

— Je le connaissais avant qu'il se laisse glisser, et je l'ai vu avant son dernier voyage. Nous étions très intimes, dirons-nous.

— Alors ?

— Je sais qui l'a descendu, Cordell. Je veux savoir qui l'a donné.

— Pourquoi ?

— Comme je vous l'ai dit, nous étions intimes.

— Qu'est-ce qui vous fait croire que je sais qui l'a donné ?

— C'est une bouteille, ça ? demanda-t-elle.

Elle se dirigea vers le lit et je voyais la tension de sa jupe à chacun de ses mouvements. C'était une grande fille, mais bien rembourrée.

Ses jambes étaient longues et arrondies et elle vous remplissait ce sweater comme s'il avait été tricoté autour d'elle.

Elle attrapa la bouteille par le goulot, s'assit sur le lit et avala une sacrée lampée.

— Mes amis ! J'en avais besoin, dit-elle.

— Servez-vous.

— Merci.

Elle en avala un nouveau gorgeon, la tête complètement en arrière, les seins dressés sous le sweater, la jupe serrée sur ses cuisses et tendue par les hanches. En reposant la bouteille, elle vit la direction de mon regard.

— Qu'est-ce que vous en dites ? interrogea-t-elle, le regard devenu sérieux.

— Rien, fis-je, quand on les aime comme ça...

— Alors, vous les aimez ?

— Je vous ai dit que je n'avais rien commandé.

— Je veux savoir, qui a tué Johnny ?

— Vous pouvez le savoir pour rien.

Elle se pencha en avant.

— Qui ?

— Une frappe de Chicago, un nommé Buck Grafton.

— Comment le savez-vous ?

— Je le sais. Et vous qui vouliez le savoir, vous êtes satisfaite.

— Où puis-je le trouver ?

— Je n'en sais rien.

Elle se leva, lissa sa jupe sur ses hanches et vint vers moi, balançant intentionnellement tout son avoir.

— Continuez, Cordell. Où puis-je le trouver ?

— Je n'en sais rien.

A dix centimètres de moi, elle s'arrêta, ses lèvres presque au niveau des miennes. Elle posa ses deux mains sur mes épaules, et avança les hanches.

— Où est-il ? questionna-t-elle.

Je ne répondis pas. Elle commença à mouvoir ses hanches et ses lèvres s'approchèrent. Elle referma sa bouche sur la mienne, sa langue ne chômait pas et ses seins se pressaient contre moi. Mes bras se refermèrent sur elle. Sa chair était ferme, et elle continuait à se frotter délibérément, jouant de la bouche, des seins et des hanches.

Elle détacha ses lèvres, les yeux chavirés.

— Où est-il, Cordell ?

Sa voix n'était plus qu'un murmure.

— Je n'en sais rien.

— Ça va, fit-elle, ça va.

Elle voulut échapper à mon étreinte mais je la tenais serrée et son regard se fit perplexe. Levant la tête elle scruta mon visage.

— Fameux, dis-je. C'est bigrement bon.

— Je...

Je fermai ses lèvres avec les miennes.

Elle eut l'air de vouloir se défendre, puis toute idée de bagarre l'abandonna, elle se laissa aller contre moi et cette fois ce fut un vrai baiser.

4

La nuit tombait quand elle partit. La moitié de la bouteille avait filé et je me sentais fatigué, vidé. Je pensais à la grande fille et à son amoureux qui avait encaissé six pruneaux dans la gueule parce qu'on l'avait pris pour moi. On en parlait maintenant. Si le Bowery me savait vivant, la ville le savait aussi. Et si la ville le savait, Buck Grafton ne tarderait pas à l'apprendre. Aussi sec, il reviendrait tout droit au Bowery où son premier arrêt serait chez Piggy Peggett. Car le Bowery connaissant ma retraite, Piggy la connaîtrait. Piggy aurait vendu son père et sa mère pour sauver sa peau, et par conséquent, dès que Buck Grafton ramènerait sa viande dans le secteur, Piggy lui dirait exactement où me trouver.

Formidable !

Je décampai du Saint-Paul.

Je pris une chambre dans un taudis à trois blocs de là et j'essayai de tirer quelques déductions des événements. J'avais accepté de descendre un type pour Charlie Semmler. Tout beau ! En ce qui me concerne un accord avec un gars du milieu n'a aucune valeur. L'ennui était que Semmler pouvait ne pas partager mon point de vue. Dès qu'il saurait que j'avais lâché le Saint-Paul, il allait envoyer quelques-uns de ses tueurs dans le coin. Et cette fois-ci l'entretien serait moins cordial.

En même temps, Buck Grafton me volerait aussi sur le poil, ce qui me laisserait assis entre deux chaises, avec l'air malin. Il se pourrait qu'il fût plus facile de trouver le type de Semmler, d'y faire un ou deux trous et de le laisser aux bons soins des boueux. J'allai à la pêche dans le fond de ma poche et en sortis la photo, cadeau de Semmler. Je scrutai les yeux enfoncés, ces yeux neutres de tueur. J'avais une autre idée, et plus j'y pensais, plus j'appréciais le 45 dont Semmler m'avait pourvu.

Parce que, brusquement, ça n'avait plus l'air d'une rigolade. Je réalisais soudain que le type que j'étais supposé chasser était un tueur et que si le bruit se répandait que j'étais sur sa piste, c'est lui que je pourrais avoir sur le paletot, en plus de Semmler et de Grafton.

Si j'avais eu une pièce de trois faces, j'aurais tiré à pile ou face.

Au lieu de cela, je sautai d'un assassin à l'autre, en revins à Buck Grafton et me mis en route pour aller voir Piggy Peggett.

***

Cette fois le bonhomme adipeux n'avait plus la frousse. Ses yeux étaient écarquillés, mais sans trace de peur. Il gisait effondré derrière son comptoir, le plastron de sa chemise imbibé de sang. Le tueur n'avait pas travaillé à l'économie. Il avait vidé sur Piggy une artillerie de gros calibre dont les pruneaux lui avaient déchiqueté la poitrine, laissant une mare de sang là où, autrefois, il y avait eu un homme.

La rumeur avait circulé.

Elle était arrivée à Buck Grafton et Piggy avait reçu en paiement plus des trois sacs pour lesquels il avait fait affaire. J'attrapai le téléphone sur le comptoir, fis le zéro et demandai la police. Je signalai le meurtre, j'évitai de donner mon nom et détalai à toute allure. En vitesse !

L'automne est la saison où l'on meurt. La nature meurt en automne, et avec elle, meurt un peu de chaque individu. Je marchai dans les rues du Bowery et je déchiffrai les visages des clochards. Il y avait sur ces faciès une résignation morne, un remords dans leur façon de traîner les pieds et dans l'apathie de leur port de tête. L'été finissait et un banc de parc, c'est froid en hiver. L'été se mourait et l'automne se servait d'un gros couteau taché de sang.

Il y avait eu d'autres automnes.

Quand Trina était encore une partie de moi-même, il y avait eu des moments où l'automne vivait. De longues marches dans les bois, avec le bruissement des feuilles sous les pieds. Des baisers venus de lèvres effleurées par le vent. Des cheveux blonds voltigeant en sauvages derrière son visage, les promesses de son corps et le sourire de ses yeux. Le Sumac, les bouleaux, les pommes sauvages, et les jours passés là-haut sur les collines avec le monde à nos pieds et le pâle ivoire de son corps dans l'herbe verte et haute.

Maintenant tout ce qui me restait était la dure sensation d'un 45 contre mon ventre, un nommé Buck Grafton, et un autre individu aux yeux de tueur.

Je marchai dans le Bowery, parce que c'est le lieu le plus sûr du monde. Rien ne ressemble à un pauvre hère comme un autre pauvre hère. Leurs loques sont une garantie d'anonymat. Leur visage porte toujours le sceau du whisky qui le rend méconnaissable. Et tout à coup j'en eus assez de marcher. On voulait ma peau. Ça n'est pas de marcher qui y changerait quelque chose de toute façon.

Quarante-septième rue de Broadway, avait dit Piggy. Grafton en lui parlant lui avait demandé comment s'y rendre. Cela pouvait naturellement n'avoir aucun sens. Un restaurant, un théâtre, n'importe quoi peut tenter quelqu'un qui n'est pas du patelin. Mais cela pouvait aussi indiquer un hôtel et la chance valait d'être courue.

Je risquai le coup. Utilisant quelques-uns des vingt dollars de Semmler, je sautai dans un taxi, car je me sentais maintenant très pressé de voir ce M. Grafton. Et aussi parce que, ce faisant, je risquais moins de rencontrer quelques-uns des sbires lancés à ma poursuite. Les métros et les bus étaient trop encombrés. Si nous devions jouer ensemble à nous trouer la peau, c'était l'instant d'un rêve.

***

Broadway.

Je ne m'occupai pas des dancings, des cinémas, des bazars, des magasins de soldes, des restaurants ni des mille et une choses susceptibles d'avoir attiré Grafton en ces lieux.

Quarante-septième Rue.

Le long de la Quarante-septième Rue Ouest, les hôtels pullulent comme des cafards. Leurs auvents vont jusqu'à la bordure des trottoirs, et le prix des chambres est annoncé à coups d'ampoules lumineuses. Ces hôtels ont tous le même aspect. L'intérieur sombre, le petit bureau, les deux ascenseurs et les divans râpés dans le vestibule.

Je commençai par l'établissement le plus proche de Broadway et continuai en descendant la rue vers l'est. Les employés à la réception n'étaient pas spécialement aimables. Ils reluquaient mes yeux injectés de sang, mon visage mal rasé, mes vêtements froissés et me déclaraient alors avec réticence qu'ils regrettaient mais qu'aucun Grafton ne figurait sur le registre.

Je fis toute la rue et n'eus bientôt plus un hôtel à prospecter. J'en vins, pendant une seconde, à souhaiter le retour des jours d'antan, l'époque de la grande agence, lorsque j'étais en mesure d'aligner une douzaine d'employés. Mais ce regret ne dura qu'une seconde. Car je me souvins alors que Garth avait été un de ces employés, un bon subordonné, un type en qui j'avais confiance.

Je stoppai au premier bar et me jetai trois doubles Rye derrière la cravate. Puis je revins à la Quatorzième rue et à l'hôtel Saint-Paul.

D'un coup d'œil, j'enveloppai le vestibule, vis qu'il était désert et m'en fus droit au bureau. L'employé ne leva pas les yeux de son registre.

— J'ai quitté l'hôtel ce matin, lui dis-je. Quelqu'un m'a-t-il demandé depuis mon départ ?

Il leva les yeux et me dévisagea :

— Votre nom ?

— Cordell.

— Cordell. Une seconde...

Il me tourna le dos et consulta un petit paquet de notes. Il en prit une dans le tas, la ramena au bureau et dit :

— Oui. Une jeune femme est venue vous voir.

Il conservait un visage impassible mais la lueur qu'il y avait dans ses yeux me disait, avant même que je le lui demande, ce que je voulais savoir.

— A-t-elle laissé son nom ?

— Sheila. C'est tout.

— A-t-elle dit où on pouvait la joindre ?

— Elle a laissé son adresse, monsieur.

Il me tendit le morceau de papier, non sans se l'être probablement remémoré cinq ou six fois au moins.

— Merci, fis-je.

L'adresse était dans la Soixante-septième rue Est. Je quittai le Saint-Paul, regardant de chaque côté avant de sortir et j'attrapai un second taxi. Les vingt dollars de Semmler fondaient rapidement, beaucoup trop rapidement. Mais il me fallait éviter la foule.

Le chauffeur s'arrêta devant l'adresse que portait le papier. Je payai et le gratifiai d'un modeste pourboire. On ne force pas sur le pourboire quand on est sur le point d'être à quelques sous près pour s'offrir un verre. La maison était une bâtisse à quatre étages, à la façade de pierre blanche. Je montai les marches, ouvris la porte et jetai un nouveau coup d'œil sur mon papier.

Appartement 42.

Le dernier étage. Je cherchai tout au long de la rangée de boîtes aux lettres et mon regard s'arrêta sur celle qui portait le numéro 42. La carte imprimée qui y figurait me permit d'apprendre le nom de famille de la fille : McKeon. Sheila McKeon. J'appuyai sur la sonnette et me dirigeai vers la porte intérieure. Celle-ci s'ouvrit et je pénétrai dans un vestibule frais, obscur et bien tenu. Immédiatement après la porte, il y avait dans un vaste pot une grande plante du genre caoutchouc. Au mur était accrochée une glace à cadre doré au-dessous de laquelle il y avait une table, dessus de marbre et pieds de fer forgé. Je montai les escaliers. La rampe venait d'en être polie. L'endroit respirait la propreté, et je me demandai si la propriétaire savait ce qui se tramait dans l'appartement 42. Ce qui était certain c'est que ce logis agréable, tranquille et respectable, Semmler le payait et y opérait.

J'atteignis le palier du quatrième et trouvai l'appartement à mi-chemin du corridor. J'allais appuyer sur le bouton d'ouverture de la porte, lorsque je vis un morceau de papier coincé entre cette dernière et son montant. Je l'en sortis et lus ces lignes écrites à la hâte :

Cordell,
Je suis en train de m'habiller. Entrez et installez-vous confortablement.

Haussant les épaules, j'empochai le papier et ouvris la porte.

— Me voilà, criai-je. Il y a quelqu'un ?

Et je fermai la porte derrière moi.

La première balle fit un trou de trois pouces dans le montant de la porte. Je vis le bois éclater, me jetai à plat ventre sur le tapis et y restai, tandis que les trois balles suivantes m'arrosaient le dos d'éclats de bois. Aucun bruit en dehors du souffle que fait un silencieux. Je filai, aplati sur le tapis tandis que le teuf-teuf continuait. Trois nouvelles balles firent voler du tapis quelques touffes de laine. Sept balles, toutes parties. Si c'était un 45, l'arme était vide. J'entendis quelque part dans la pièce le claquement d'un chargeur qu'on met en place. J'étais à ce moment derrière un gros fauteuil et j'avais moi-même mon feu au poing. Du pouce, j'en poussai le cran de sûreté, tandis que ma main commençait à transpirer sur le noyer de sa crosse.

Un silence de mort régnait dans la pièce.

— Parfait, Grafton, criai-je. Amusez-vous bien !

Et il s'amusa. Deux balles de plus fendirent le rembourrage du fauteuil, l'une se logea quelque part à l'intérieur, mais l'autre traversa et ricocha à ma droite contre le plâtre, écaillant un bon morceau du mur.

— Je suis toujours là, Grafton, hurlai-je.

Lui aussi d'ailleurs, y était toujours. Trois *pouf* cette fois. Trois *pouf* que l'on aurait dit faits par la bouche de quelqu'un. L'un dans le fauteuil, atteignant un ressort et émettant un drôle de miaulement dans le calme de la pièce. Le deuxième arriva comme un sauvage, frappant un tableau sur le mur au-dessus de ma tête. Le troisième frôla mon crâne de si près que j'entendis le sifflement de la balle et aurais pu toucher le métal de son enveloppe.

Cinq pruneaux. Encore deux et il faudrait recharger l'engin. A moins qu'il ne change d'avis. Tout dépendait du moment où les deux autres arriveraient.

— Continue, espèce de bâtard. Tu peux faire mieux que ça.

Je m'aplatis sur le tapis et attendis. Rien ne se produisait.

— Vous abandonnez, Graf...

Ma phrase resta en suspens. Les balles traversèrent la pièce telles des guêpes en colère, rapides, comme tirées du même coup. Toutes deux atteignirent le fauteuil et de nouveau j'entendis le chargeur glisser hors du 45, mais j'étais debout et me ruai à travers la pièce. Il était derrière un des bras du long divan et, tandis que je bondissais en avant, le revolver au poing, le bruit du chargeur neuf qu'on enclenche se fit entendre.

J'atterris juste quand il allait tirer, le silencieux donnant à son arme un aspect lourd et allongé. Le coup partit avec un *pouf* triomphant, puis je tombai sur mon agresseur et nous ne formâmes plus, en roulant sur le tapis, qu'un mélange de bras, de jambes et de 45. J'abattis mon poing sur sa nuque, et le sentis se raidir pendant une seconde. Il avait bloqué celle de mes mains qui tenait le revolver et, du sol, lança son genou. J'éprouvai entre les jambes une douleur qui me traversa comme du feu. Une fois de plus nous roulâmes l'un sur l'autre, et ce furent deux nouveaux coups de feu puis l'odeur âcre de la poudre.

Je continuai à cogner, mon 45 libre maintenant. J'en abattis le canon sur son épaule, mais il échappa au coup en roulant et ramena son soufflant au moment où je lui marchai sur la main.

Ses doigts s'ouvrirent, il hurla, et d'un coup de pied j'envoyai promener le revolver dans la pièce. Je l'attrapai et une fois de plus il s'échappa, m'accrochant cette fois par la partie interne de la cuisse. Il ne me causa aucun mal mais me fit perdre l'équilibre et au moment où je partais à la renverse, il se mit sur pied et courut à la porte. Je levai le 45, prêt à trouer mon Buck Grafton, quand je vis son visage.

J'en restai pantois au point de ne pas tirer et, le temps de reprendre mes esprits, il avait traversé la pièce et passé la porte. J'entendis le claquement de ses talons descendant les escaliers, qui conduisaient à la rue.

Je clignai de l'œil, remis le pistolet dans son étui et me grattai la tête.

Le mec qui avait fait de son mieux pour me transformer en fromage de gruyère n'était pas du tout Buck Grafton.

Mais je connaissais ce visage.

C'était celui de la photo que Semmler m'avait donnée.

5

Traversant la pièce, je ramassai sur le tapis l'arme à silencieux. Je la pris à la main et me dirigeai vers une porte fermée que j'ouvris d'un coup de pied. Comme je m'en étais douté, celle-ci donnait sur une chambre à coucher qui n'était qu'un débordement de draps de satin, de rideaux de brocard et de glaces aux murs. Un long sofa s'allongeait à côté du lit, et un grand S dans un losange était brodé au milieu de la courtepointe. La chambre était en ordre. La brosse à cheveux et le peigne étaient bien rangés sur la commode. Près du lit il y avait une paire de pantoufles à jolis pompons roses. J'ouvris brutalement la porte à glissières du placard. Un manteau d'agneau des Indes et un autre de vison argenté s'alignaient côte à côte. Je fis glisser l'autre porte. Des vêtements dispendieux, des tonnes. Une étole de zibeline, un flopée de robes du soir, des souliers à hauts talons. Je m'en fus à la commode et ouvris le tiroir du haut. Des culottes garnies de dentelles et des soutiens-gorge, des combinaisons pliées. Chaque chose nette et bien en place, avec de petits S en monogrammes à l'emplacement des seins sur les combinaisons et les soutiens-gorge, et au coin de chaque slip. Installé sur une pile de ces derniers, bien niché dans la soie, un 22 à crosse de nacre.

J'en fis basculer le barillet. Il était chargé. Je le replaçai sur les slips, fermai le tiroir et revins dans le living-room. J'allai à la cuisine où je trouvai deux verres sur l'évier. Au fond de l'un d'eux il y avait encore une cerise. L'autre, qui était vide, portait sur le bord une marque de rouge à lèvres. Un cendrier était posé sur le dessus en formica de la table. Deux cigarettes portaient aussi du rouge à lèvres, une troisième ne portait aucune marque. A côté du cendrier, un crayon ; celui-là même, sans doute, qui avait servi à écrire le papier que j'avais trouvé coincé dans le montant de la porte.

Innocente et douce Sheila McKeon !

Entrez, Cordell. Je suis en train de m'habiller. Entrez dans mon petit salon. Pouah !

Quel joli monde, avec un serpent sous chaque pierre et une femme derrière chaque buisson. L'ennui, c'était que, si l'on n'avait pas le programme des réjouissances, on ne pouvait distinguer les serpents des femmes.

J'ôtai le chargeur du 45 à silencieux, jetai les projectiles dans la cuvette des cabinets et mis chargeur vide et revolver sur l'appui extérieur de la fenêtre, au-dessus de la baignoire pleine. Pour faire bonne mesure, je revins dans la chambre à coucher, fis tomber les balles du 22 et trouvai un paquet de cartouches dans le tiroir. Je fourrai ces dernières dans ma poche et abandonnai l'attrape-nigaud de Sheila non sans avoir soigneusement remis le 22 sur son coussin de petites culottes.

Je pris la Troisième Avenue et dînai tardivement de pommes chips et de Rye. Je flânai et regardai un vieux western à la TV du bar, jusqu'à ce que la grosse pendule murale m'apprît qu'il était huit heures et quart. Estimant qu'à cette heure Mlle McKeon devait être de retour, je décidai de m'y attaquer à nouveau. J'espérais avoir pour un temps flanqué la frousse à mon homme sans nom et j'espérais aussi que Sheila n'était pas encore au courant de ce travail saboté. Les voisins n'avaient certainement rien entendu, étant donné le murmure de ce 45 à silencieux. Non que cela eût de l'importance, dans un cas comme dans l'autre. Si elle le savait, je ne pensai pas qu'elle imaginât mon retour aussitôt.

Cette fois-ci, je ne sonnai pas chez elle. J'appuyai sur un bouton au hasard, attendis que la porte intérieure s'ouvrît et grimpai les marches deux par deux. J'avais cette fois mon feu à la main.

En arrivant au 42, j'essayai le bouton de porte. Je ne m'attendais pas à ce que la porte fût ouverte et du diable si j'allais sonner. Reculant contre le mur d'en face, j'enfonçai la porte d'un coup d'épaule appliqué juste au-dessus de la serrure. Le bois, vieilli, éclata. J'atterris dans le living-room, me remettant sur pied pour voir Sheila sortir de la chambre à coucher.

Le bruit l'avait effrayée et elle s'était précipitée pour voir qui enfonçait les portes de son salon. Elle venait sans doute de la salle de bain, car sa chevelure blonde était humide et elle portait une robe de chambre de velours bleu, mouillée par endroits. Les endroits mouillés étaient fort intéressants. Ses seins tendaient l'étoffe rugueuse et la robe était serrée à la taille par une ceinture mettant en valeur toute sa ligne.

En me voyant, elle fit demi-tour vers la chambre à coucher. La robe s'ouvrit sur ses jambes, découvrant une longue ligne de chair blanche et ferme. Elle eut alors l'air de se rappeler que je tenais un revolver et lentement elle se retourna pour me faire face, ses joues aussi blanches que les cuisses que j'avais vues. Je fermai la porte derrière moi.

— Bonsoir, dis-je.

— Vous...

— Je suis vivant.

— Je...

— Votre petit copain m'a loupé, bébé. Deux chargeurs... et des poussières.

— Qu... que voulez-vous ?

— L'histoire. Toute l'histoire. Pourquoi M. l'anonyme veut-il ma mort ?

— Ne le savez-vous pas ?

— Non.

Quelque chose qui ressemblait à une lueur de ruse passa dans ses yeux. Elle sourit alors et fit un pas en avant. De nouveau la robe s'ouvrit, une fois de plus je vis la blancheur de la peau et mes yeux s'y attardèrent un peu plus longtemps.

— Il... il sait que vous le cherchez.

— Qui ça ?

— Mon ami.

— Qui est-ce, votre ami ?

— Celui de la photo que Semmler vous a donnée.

— Comment s'appelle-t-il ?
— Je n'en sais rien.
— Je croyais que c'était votre ami.
— Il l'est. Je veux dire...
— Il l'est, oui ou non ?
— Oui. En fait, je l'ai rencontré il y a peu de temps. Avant...
— Avant quoi ?
— Il y a peu de temps.
— Et vous ignorez son nom ?
— Oui.
— Ça, c'est la meilleure de la journée, chérie. Dites-moi vite la suite.
— Qu'y a-t-il d'autre à dire ? demanda-t-elle.

Elle se dirigea vers une petite table basse et se baissa pour prendre une cigarette. La robe humide essaya de s'accrocher à ses seins, n'y réussit pas et s'affaissa. Mais les cheveux blonds tombèrent sur l'échancrure de la robe, comme un rideau, mettant temporairement sa pudeur à l'abri.

— Où l'avez-vous rencontré ?
— Pas ici.
— Où ?
— Dans une autre ville. Je... je dansais encore.
— Vous êtes danseuse ?
— Exotique.
— Nue ?
— Si on veut.
— Et c'est alors que vous l'avez rencontré ? C'est ça ?
— Oui.

Elle alluma une cigarette et renvoya une longue bouffée de fumée.

— Pourquoi Semmler veut-il sa peau ?

Elle haussa les épaules :

— Il la veut.
— Quels sont vos rapports avec Semmler ?

— Je ne danse plus.

— Et vous risquez cette situation agréable pour un voyou que vous avez rencontré il y a des années ? Pourquoi ?

— Ça me regarde.

— Vous êtes d'accord, Semmler et vous, n'est-ce pas ? Pourquoi aidez-vous ce type à monter un piège qui m'est destiné ?

— Parce que vous le recherchiez. Vous aviez accepté l'affaire et je pensais que vous ne l'attraperiez pas.

— Changez de disque, chérie. Semmler m'a fourré là-dedans de force. Vous saviez fichtrement bien que je ne courais pas après votre petit copain.

De nouveau elle sourit.

— Vous auriez pu. (Elle frissonna.) J'ai froid. Ça ne vous dérange pas que je m'habille ?

— Allez-y.

Elle passa dans la chambre à coucher où je la suivis. Elle se mit derrière un paravent dans le coin de la pièce et la robe de chambre atterrit sur les volets du meuble.

— Est-ce que Semmler a tenu sa promesse ? demandai-je.

— Quelle promesse ?

— Il a déclaré que si je butais votre copain, Grafton prendrait le premier avion pour Chicago.

— Laissez-moi rire.

J'entendais derrière le paravent le bruissement de la soie contre sa peau.

— Qu'y a-t-il de si drôle ?

— Semmler ne tient jamais une promesse.

— C'est Grafton qui a tué Piggy Peggett ?

Elle marqua un temps d'arrêt, puis reprit :

— Je ne connais aucun Piggy Peggett.

— Pourquoi Grafton ne s'est-il pas chargé de cette affaire de meurtre ? Semmler savait qu'il était en ville. Pourquoi est-il tombé sur un pauvre bougre comme moi ?

— Vous n'êtes pas très rapide, Cordell, hein ? Retournez-vous, voulez-vous ? Je sors.

Je fis demi-tour face au mur, et elle sortit de derrière le paravent. Le mur que je regardais avait des glaces, et elle le savait, et je savais parfaitement qu'elle le savait. Elle était en soutien-gorge et slip avec des bas de soie à jarretelles et des souliers à talons hauts. Le coin du slip et le sein droit du soutien-gorge portaient le petit S. Elle se mit à marcher à travers la pièce vers la commode et eut l'air pour la première fois de s'apercevoir de la glace. Elle porta sa main à la bouche dans un geste feint de surprise. Elle tenta de couvrir ses seins, puis le slip qui ne cachait rien du tout. En désespoir de cause, elle courut au tiroir de la commode, espérant que je croirais qu'elle y cherchait du linge. Je savais ce qu'elle voulait. Je la laissai faire.

Maintenant, elle tenait son 22, la crosse bien en main...

Ses lèvres eurent un rictus qui découvrit ses dents, et sa bouche émit un petit claquement.

— Il vous a peut-être manqué, Cordell, mais moi je ne vous raterai pas.

Je me retournai lentement. Sa pudeur, maintenant, la préoccupait peu. Ses dessous étaient de l'étoffe la plus fine, et elle aurait pu se trouver sur la scène d'un music-hall. J'entrai dans le jeu parce que je savais que le 22 qu'elle avait à la main était aussi efficace qu'un cautère sur une jambe de bois.

— Vous croyez toujours que je ne l'aurai pas, hein ?

— Je le crois encore.

— Et ça vous touche beaucoup ?

— Il y a d'autres raisons, Cordell, que vous ne comprendriez pas.

— Pourquoi la grande scène chez Semmler ? Pourquoi la grande tirade : *Mon héros ?*

— Ça n'était pas une scène. J'étais bouclée et je pensais que j'avais enfin trouvé quelqu'un d'autre capable de se dresser devant ce porc. Il se trouve que je me suis trompée. Vous n'êtes que le revolver qu'on a loué.

— Vous dites *quelqu'un d'autre*. Y en a-t-il un autre qui se soit dressé contre Semmler ? Est-ce le type que je suis chargé de descendre ? L'homme sans nom ?

Elle sourit et leva le 22. Je souris de nouveau.

— Il y a une quantité de choses que vous ne découvrirez jamais, Cordell, des choses que vous ne pouvez savoir à moins de comprendre les intérêts en jeu. C'est dommage.

Je continuai à sourire.

— Qu'est-ce qui est dommage ?

— Que vous ne le sachiez jamais. Vraiment dommage.

— Vraiment...

Le coup partit. J'entendis le bruit qu'il fit et l'ahurissement s'en marqua sur mes traits, parce qu'il ne m'était jamais venu à l'idée qu'elle pouvait avoir d'autres cartouches et qu'elle avait pu recharger son revolver pendant mon absence. La surprise disparut avant la douleur qui me traversa l'épaule, et de nouveau les coups partirent. Il en partait toujours, il en partait encore et je tombai sur le tapis avec du sang qui ruisselait sur mon bras et sur ma poitrine. Je heurtai le tapis et la dernière chose que je vis fut le petit S dans le coin de la culotte de Sheila, et les jambes longues, pleines et minces qu'il y avait sous ce S. Elle passa en courant devant moi au moment où je tombai dans le cirage.

6

Il y avait un long tunnel.

Le tunnel était long et froid et des larmes suintaient des murs. A l'extrémité du tunnel, il y avait une blonde. Tantôt elle ressemblait à Trina, et tantôt on aurait dit Sheila McKeon. Je me mettais à ramper vers la blonde et les larmes qui dégoulinaient des murs étaient rouges. Je rampais et, chaque fois que j'approchais de la blonde, Garth entrait, la repoussant de plus en plus loin.

Les murs se rapprochaient et le tunnel était à nouveau très noir, très froid et très humide.

Et alors la blonde revenait, ses cheveux brillant au bout du tunnel, comme la lumière d'un phare, et une fois de plus, je me mettais à ramper jusqu'à ce que Garth revînt et rît, rît, rît, et la chevelure blonde s'éloignait, s'affaiblissait, s'obscurcissait, disparaissait.

Le noir.

« Jésus-Christ ! »

La voix s'envola dans la longue obscurité du tunnel et se répercuta d'écho en écho. J'essayai de nouveau d'atteindre la blonde et cette fois elle vint à moi.

— Trina, dis-je, Trina.

— C'est du propre !

Quelqu'un me prit sous les bras. Il avait les doigts costauds et ma tête reposait sur quelque chose de très doux. Je sentais mes talons râcler le sombre gazon du tunnel. Puis ils cognèrent, butèrent et je compris qu'on me descendait dans des escaliers. Les bruits de la rue assaillirent mes oreilles, puis ce fut l'odeur dominante de l'essence et le cri strident d'une auto qui s'arrête. Une porte battit et je me rejetai en arrière contre quelque chose de doux. Le vent vint me souffler sur la figure.

Ensuite il y eut de nombreuses mains qui me soulevèrent doucement, et il y eut aussi un matelas que l'on mit sous moi et quand j'ouvris les yeux, ce fut pour les écarquiller sur le visage du professeur.

— Ça va, Matt, dit-il.

Je fermai les yeux et une autre voix se joignit à celle du professeur. Je reconnus cette voix, et compris du même coup ce qu'était le quelque chose de doux. La fille dont l'amoureux avait écopé. Celle dont l'amoureux avait pris les pruneaux qui m'étaient destinés, il y avait de cela longtemps, longtemps, un million d'années.

— C'est grave, professeur ?

— Très. Quatre balles, c'est toujours très mauvais.

Le professeur était un autre pauvre bougre. Un pauvre bougre dans mon genre. Il avait autrefois été chimiste dans une grosse affaire de produits pharmaceutiques, jusqu'à ce qu'il prît goût à certaines drogues dont il se servait pour son travail. Il s'était mis à l'héroïne pendant près de deux ans avant qu'on ne s'en aperçût. Il fut alors balancé à coups de pied dans le derrière. Il partit à la dérive et finit là où atterrissent tôt ou tard tous les types dans cette situation.

Il se penchait maintenant sur moi, et sondait mon épaule de ses doigts longs et fins. Il scruta la blessure à travers ses épaisses lunettes, gratta sur son menton une barbe de plusieurs jours et dit :

— M'entendez-vous, Matt ?

Je fis signe que oui.

— Bien. Celui qui vous a assaisonné l'a fait proprement ; comme à la cible. Tous les coups dans un joli cercle sous l'épaule. Je ne pense pas que l'os soit atteint. Je ne suis même pas certain que tous les projectiles y soient restés. Vous m'entendez, Matt ?

— Je vous entends, murmurai-je.

— Vous voulez que je les extirpe ?

— Pour ça, il faut un docteur, dit la fille.

— Je sais, Bett, répondit le professeur. Vous voulez un docteur, Matt ?

— Pouvez-vous vous en charger ?

Le professeur haussa les épaules.

— L'épaule est à vous, Matt.

— Allez-y.

Ça n'a pas été drôle. Même avec la fiole de vin que Bett apporta, ça n'était pas rigolo. Le vin m'obscurcissait les idées et amortissait l'acuité de la douleur, mais on ne pouvait lui demander plus. La lumière crue de l'ampoule se balançait en tous sens au-dessus de ma tête, et l'ombre du professeur grimpait aux murs comme un noir fantôme que la panique aurait saisi. Je maintins contre mes lèvres le goulot de la bouteille, mordant presque à même le verre, quand le professeur se mit à creuser. J'avalai encore un peu de ce vin bon marché, qui tombait au fond de mon estomac me brûlant lentement ; les vapeurs m'en montaient à la tête, et donnaient aux ombres et à l'ampoule dansante l'air de sortir d'une peinture de Dali.

Le professeur semblait planer au-dessus de moi avec la lumière oscillante qui se reflétait dans ses grosses lunettes. Son souffle était rauque et apportait l'odeur douce et écœurante de la passion de son possesseur. Ses lèvres étaient rugueuses et je voyais trembler sur elles, au passage de cette haleine, un petit morceau de peau sèche. J'essayais de concentrer mon regard sur la barbe qui couvrait son visage. Je suivais des yeux une goutte de sueur luisante qui dégoulinait de sa tempe, passait sur sa pommette et suivait le trait lourd de sa joue. Mes mains se joignirent sur le goulot de la bouteille. Je bus une nouvelle lampée de vin et sentis le bistouri chaud fouiller dans mon épaule. Je serrai les dents et me cramponnai. La pièce se mit à tourner, puis il n'y eut plus que la douleur de mon épaule, le bruit du souffle haletant du professeur et la voix de la fille psalmodiant inlassablement :

« Ce sera bientôt fini, Matt. Ce sera bientôt fini. »

Et soudain la douleur s'apaisa et de nouveau mon épaule fut tenue par quelque chose. J'ouvris les yeux pour voir le professeur dérouler une large bande et la serrer autour du membre et sous mon aisselle.

— Ça va, Matt ?

— Ça va, grognai-je.

— Montrez-lui, Bett, dit le professeur.

Bett. Le nom de la grande fille était Bett. Elle tendit la main qu'elle ouvrit et je regardai les balles de plomb qui s'y trouvaient.

— C'est du 22, dit le professeur.

— Qui a fait ça ? demanda Bett.

— Un dur.

— Pour quel motif ?

— J'en suis encore à me le demander, dis-je.

— C'est un jeu auquel vous aurez tout le temps de vous livrer, Matt, répondit le professeur.

7

Elle restait avec moi. Elle était formidable en tout cette Bett, et elle attendait auprès de moi pendant que mon épaule se guérissait, jour après jour, à croire que j'allais devenir fou sur ce lit.

— Ils vous croient bien mort maintenant, Matt.

Le bruit court que vous en avez pris quatre en plein cœur.

— C'est ce qu'a dû croire la fille, dis-je.

— Sheila McKeon ?

— Comment m'avez-vous découvert, Bett ?

— Je suis allée au Saint-Paul. J'avais des tuyaux, Matt. J'ai demandé à l'employé où vous étiez ; il m'a dit que vous étiez parti sans laisser d'adresse. Il se souvint alors de la visite de cette dame McKeon et de l'adresse qu'il vous avait donnée. D'après lui, j'avais des chances de vous y trouver. Il extirpa l'adresse de ses méninges. Ça doit être une sacrée fille, cette garce de McKeon.

— Une sacrée fille, fis-je. Quels étaient vos tuyaux ?

— J'ai trouvé Grafton.

— Où ça ?

— Dans un bouiboui, Quarante-septième Rue Ouest.

Je commençai à secouer la tête.

— Non. J'y suis allé avec un...

— Inscrit sous un faux nom. J'ai été rencardée par un type que je connais. Et j'en ai appris bien d'autres.

— Par exemple ?

— Par exemple que Grafton n'est pas venu à New York pour le seul plaisir de faire un carton sur vous.

— Alors pourquoi ?

— Grosse affaire pour sa bande. Agrandissement, à ce que j'ai compris. On n'en savait pas grand-chose. Le tuyau était passé de bouche à oreille.

Je m'assis sur le lit.

— Quoi ?

— Je disais...

— Je vous ai entendue. (Je l'attirai vers moi, tout entière.) Mon petit, je crois que j'y suis. Je crois que j'y vois clair !

J'appliquai ma bouche sur la sienne et son corps vint, frémissant, dans mes bras.

— Matt... votre épaule. Ça n'est pas comme ça que vous vous remettrez.

— Mon petit, je suis déjà rétabli. Je vais bien, et fichtrement bien. Sortez d'ici, que j'enfile mon pantalon.

Bett sourit.

— Pourquoi ? demanda-t-elle.

***

Il fallait que je la persuade de rester chez elle. Je n'en voulais pas avec moi, parce que je m'attendais à ce qu'il y ait de la bagarre, et je ne tenais pas à l'y voir au milieu. Elle me donna le renseignement qu'il me fallait et je m'en fus à l'hôtel Green, la taule de la Quarante-septième Rue où créchait Buck Grafton. Au bureau, je demandai la chambre de Grafton. Il était inscrit sous le nom de Bob Gannon et l'employé me déclara que c'était au 313.

J'avais encore le 45 et étais cette fois-ci bien décidé à m'en servir. Je possédais maintenant tous les atouts, parce que je connaissais la combine, toute la combine. Je grimpai les escaliers quatre à quatre et frappai avec la crosse du 45 à la porte du 313.

— Qui est là ?

Le son de la voix me sembla familier, sans que j'y puisse mettre un nom, et je n'avais pas le temps d'y réfléchir.

— Le garçon, monsieur.

— Un moment.

La porte s'entrebâilla mais c'était suffisant. D'une bourrade, je la poussai à fond et entrai dans la pièce à la manière d'Hopalong Cassidy, le 45 prêt. Je stoppai net en voyant le canon d'un 32. C'était un soufflant qui m'était familier. La dernière fois que je l'avais vu, c'était dans une pièce où la bibliothèque allait du plancher au plafond. Le pistolet était à la main d'un gentleman à cheveux gris qui venait de gifler une blonde étendue sur le tapis. Le même individu tenait maintenant le 32 : c'était Charlie Semmler.

— Lâchez ça, Cordell, dit-il.

Je laissai tomber mon 45 sur le plancher. Semmler le ramassa délicatement, puis, d'un coup de pied, ferma la porte derrière lui.

— Vous me battez à ce jeu-là, hein, Semmler ? dis-je.

— Vous êtes increvable, Cordell. Le bruit court...

— Le bruit a tort. Mais tout est faux, n'est-ce pas ? (Je regardai le type ligoté sur le fauteuil, près de la fenêtre.) Comme votre ami, là. Le type de la photo, le jeune homme que vous vouliez me voir supprimer.

Semmler sourit.

— Vous êtes au courant, Cordell ?

— Sûr, que je sais. Ça m'a pris quelque temps ; j'ai l'esprit joliment lent, mais maintenant je sais, et j'aurais dû comprendre dès le début. Vous me montrez une photo sans me dire qui c'est. Parfait. Mais maintenant je le sais. Le type de la photo et Buck Grafton ne font qu'un seul et même individu.

Je regardai Grafton à l'endroit où passaient les cordes qui l'attachaient à sa chaise. Le bâillon était serré sur sa bouche et il marmonnait quelque chose qui n'est jamais sorti.

Semmler acquiesça.

— Buck Grafton.

— Pourquoi moi ? demandais-je. Pourquoi moi, Semmler ? J'ai ma théorie personnelle, mais elle peut être erronée.

— Allez-y.

— Bien sûr. Le hasard a tout fait d'un bout à l'autre. Vous saviez que Grafton était en ville et vous saviez que la bande de Chicago projetait de changer de place. Vous deveniez la cinquième roue du carrosse, aussi avez-vous décidé d'écarter Grafton de votre chemin. Vous saviez où j'avais été prétendument trouvé mort, aussi y avez-vous envoyé deux de vos sbires pour voir si vous pouviez trouver la piste de Grafton. Il est probable qu'ils étaient dehors, dans la voiture, quand j'ai débarqué pour tirer les vers du nez de Piggy. Ils m'ont reconnu et vous ont téléphoné que j'étais encore vivant. Vous leur avez dit de s'emparer de moi, parce que, soudain, vous avez eu une idée bien meilleure.

— Et quelle était cette idée bien meilleure, Cordell ?

— Me faire faire le boulot. Dire à Grafton que j'étais encore vivant, de la sorte il partait pour le Bowery où vous m'aviez déjà dit que je le trouverais. C'est moi qui le tue, et voilà qui évite à la police de vous tomber sur le poil. Voilà aussi qui prévient toutes sortes de répercussions à Chicago. Grafton est venu ici pour tuer Cordell. Parfait. Cordell l'a eu le premier. Vos mains sont propres.

— Exact, fit Semmler, d'un bout à l'autre. Mais la garce...

— La garce est venue de loin chercher Grafton. Depuis le temps où elle se mettait à poil devant les vieux beaux. Elle pensait que c'était moi qui maniait le revolver et elle a monté un piège pour tirer Grafton de là et lui permettre de tenir du même coup la promesse qu'il avait faite à Benny Malloy à Elmira. Quand le piège a tourné en eau de boudin, elle a essayé d'opérer elle-même et a failli réussir, bon dieu !

— Elle ne se livre plus à aucune occupation,

Cordell. Elle tient compagnie à un sac de ciment au fond de l'East River.

— Vous avez découvert le pot aux roses, hein ?

— Aujourd'hui seulement. Elle a échappé aux flics après vous avoir tiré dessus et nous l'avons ramassée ce matin. Il est probable que Grafton aurait filé avec elle, mais il a encore du boulot à faire pour son gang dans le coin. Je l'ai rossée jusqu'au sang, et elle m'a avoué qu'elle vous avait descendu à la place de Grafton et que lui maintenant était en sûreté. C'était le coup de grâce et j'ai décidé de régler moi-même cette sacrée affaire et au diable Chicago.

— Alors, allez-y, fis-je. Voilà Grafton, donnez-le-lui, votre coup de grâce.

— Pourquoi ? Vous paraissez en excellente santé, après tout, Cordell.

— Vous tenez à ce que j'y mette la dernière main ? (J'eus un léger sourire.) Vous auriez confiance en moi, si j'avais un feu à la main ?

Semmler sourit de nouveau et il prit mon 45 dans la paume de la main. Il ouvrit son 32, le secoua et en éjecta les balles sur le sol, en laissant une dans le canon.

— Vous vous servirez de celui-là, dit-il et je tiendrai votre revolver. Tournez-vous face à Grafton.

— Un bien brave garçon, dis-je. Vous me tenez sous la menace du 45 et vous me laissez un coup dans le 32, juste de quoi vous assurer que je n'aie pas l'idée de me livrer à des fantaisies.

— Exact, Cordell.

— Bon. Donnez-moi votre bon dieu de soufflant.

Cela me démangeait de le prendre, parce que j'allais ouvrir le feu au moment même où mon doigt toucherait la détente. Mais Semmler vit l'expression de mon regard et sourit une fois de plus.

— Il y a une chambre vide devant le percuteur,

au cas où l'envie vous prendrait de jouer au petit soldat. Ce qui veut dire que vous aurez un coup pour rien, et puis il y aura une cartouche en place. Je serai exactement derrière vous pour être certain que c'est sur Grafton que vous tirerez.

Il manipulait le revolver et se tenait derrière moi. Je transpirais, maintenant, parce que je savais qu'après Grafton ce serait mon tour. Semmler, c'était clair comme le jour, ne me laisserait pas là pour que j'aille m'épancher dans le creux de l'oreille de la police ou du premier syndicat qui voudrait bien m'écouter. Je tenais le 32 à la main, et je me demandai ce que je pourrais bien faire d'une saloperie de balle.

— J'ai un compte à régler, Semmler, dis-je. Voilà le fumier qui devait me tuer, vous vous souvenez ?

— Je m'en souviens.

— Vous permettez ?

— Je suis toujours derrière vous, Cordell.

Je marchai vers l'endroit où Grafton se trouvait attaché et bâillonné dans le fauteuil. Ses yeux pleurnichaient et il émettait un son qui ne dépassait jamais le bâillon.

— Que n'es-tu resté à Chicago, stupide bavard ? demandai-je.

Je lui balançai mon poing sur le coin de la gueule. Il tenta d'éviter le coup mais l'encaissa et Semmler se mit à rire. Je m'approchai de la chaise.

— Pourquoi n'es-tu pas resté chez toi ? demandai-je encore et je le frappai de nouveau

— Allez, Cordell, dit Semmler, finissons-en.

— Encore un. Encore un que ce fumier ne puisse pas l'oublier, où qu'il aille. Encore un en guise de baiser d'adieu. Tiens ! Attrape, Grafton.

Levant le 32 au-dessus de ma tête, je me préparai à l'abattre à la volée. Au même instant, je flanquai un coup de pied dans celui de la chaise et abaissant le canon du revolver contre la tête de Grafton, je le poussai par-derrière de tout le poids de mon épaule. La chaise bascula sur le côté, entraînant Grafton avec elle. Je fis un mouvement comme si j'essayais de l'attraper et je me retrouvai également par terre, le pistolet braqué droit sur la tête de Semmler.

Tout s'était passé si vite que son visage souriait encore. Il vit le canon du 32 et le sourire disparut l'instant d'avant que je presse la détente. Il tira une fois, puis mon coup l'atteignit entre les deux yeux. Le sang jaillit de sa face tandis qu'il tombait. Une fois de plus le 45 lui échappa de la main, et la balle passa au large. J'entendis à côté de moi un gémissement étouffé, je me retournai et vis le devant de la chemise de Grafton se teinter de rose et une tache de sang s'étala sur la blancheur du plastron. Grafton se tordit une fois de plus puis s'affaissa dans les cordes qui l'attachaient à la chaise culbutée.

Je regardai tour à tour les yeux morts qui fixaient le plafond et le 45 dans la main de Semmler.

Il est certain que les empreintes de ce dernier avaient brouillé toutes les miennes sur le revolver. Et c'était l'arme qu'il m'avait donnée, enregistrée sans aucun doute à son nom. J'y jetai un nouveau coup d'œil et souris doucement. Je nettoyai le 32 en le frottant avec mon mouchoir et détachai Grafton. Le cadavre roula sur le sol et laissa tomber le pistolet à côté de lui. Je courus du plus vite que je pus à la sortie de secours, descendis les escaliers et sortis de l'immeuble. Quand j'arrivai dans la rue, les sirènes mugissaient au loin. Je ne m'arrêtai pas pour attendre les flics. Mieux valait que les choses en restent là.

Je ne revins jamais là où Bett m'attendait. Elle lirait tout ça dans les journaux, et c'était mieux ainsi.

C'était une fille gentille, une chic fille, mais elle

avait pour rivale un fantôme, et les fantômes sont les seuls qui ne meurent jamais en automne.

The death of me.
Traduction de Henri Rocquencourt.

AMOUR PAR CORRESPONDANCE

par O.H. Leslie

Ce samedi matin, en entendant sonner à la porte d'entrée, Margaret Lowen écarta le rideau d'organdi qui voilait la fenêtre en façade et vit que la personne qui lui rendait visite était un homme. Elle avait enroulé ses rares cheveux gris sur de gros bigoudis ; elle n'était pas maquillée, et sa robe de chambre capitonnée ne prétendait qu'à être confortable. Mais Margaret était trop âgée pour se soucier de son apparence. Cinquante-trois années d'existence lui avaient enseigné la sottise de la vanité. Elle alla jusqu'à la porte et l'ouvrit d'un geste énergique.

L'homme cligna des paupières, l'air surpris.

— Mademoiselle Lowen ?

— C'est ici.

C'était un homme trapu, au regard somnolent. Il tenait à la main une enveloppe bulle qu'il agitait nerveusement.

— Mademoiselle Margaret Lowen ?

— Elle-même.

Elle lui adressa son sourire du genre : *Je-n'ai-besoin-de-rien.*

L'homme repoussa en arrière son chapeau crasseux, révélant ainsi un front dégarni.

— Je suis le lieutenant Berger, madame, du huitième commissariat.

Quand il eut tiré de sa poche-revolver un portefeuille gonflé et rapidement montré sa carte, elle le laissa entrer dans le vestibule.

— Que désirez-vous, lieutenant ? J'étais sur le point de m'habiller et...

— Ça ne nous prendra pas longtemps, mademoiselle Lowen. Euh... c'est bien *mademoiselle ?*

— Oui.

— Est-ce qu'on... je veux dire : est-ce que les gens vous appellent Margie ?

— Certainement pas ! dit-elle avec indignation.

— Pardonnez-moi. Mais le seul nom que je possède est celui de Margie Lowen, à cette adresse-ci...

— Oh !

Sa main monta vers le col de sa robe de chambre.

— Alors, c'est à ma nièce que vous avez affaire. C'est la fille de mon frère et il lui avait donné mon prénom. Mais que lui voulez-vous, à Margie ?

Le lieutenant Berger parut soulagé.

— Est-ce que votre nièce habite chez vous, mademoiselle Lowen ?

— Oui. Mais elle n'est pas là actuellement. Elle passe le week-end chez ma sœur. Pourquoi ?

— Pourrions-nous avoir un entretien ailleurs que dans ce vestibule, mademoiselle Lowen ?

A regret, elle le précéda au salon. Dès qu'ils se furent assis, il s'en prit à son enveloppe : il défit la ficelle enroulée autour de la rondelle brune et sortit une liasse de papiers. Margaret suivait ses mouvements du regard intense de ses yeux gris pâle.

— Parlez-moi un peu de votre nièce, mademoiselle Lowen. Y a-t-il longtemps qu'elle habite chez vous ?

— Six ans environ. Depuis que ses parents ont été tués. En fait, je la considère presque comme ma fille.

— Quel âge a-t-elle ?

— Elle aura vingt-deux ans en mars prochain.

— Est-elle très recherchée ? Je veux dire : a-t-elle beaucoup d'amis ?

— Suffisamment, je pense. Pourquoi ?

Le lieutenant soupira.

— Ça va peut-être vous surprendre péniblement, mademoiselle Lowen, et l'affaire ne nous regarderait pas sans ce qui vient d'arriver. Mais, étant donné les circonstances, je dois vous mettre au courant d'un fait que vous ignorez peut-être, concernant votre nièce. Il y a environ deux ans, elle a commencé à correspondre avec un certain Raoul Collins...

— Et alors ?

— Je ne dis pas qu'il y ait quoi que ce soit de mal là-dedans ; vous étiez peut-être au courant ?

— Non. Mais je ne vois toujours pas...

— Ce Raoul Collins devait avoir trouvé le nom de votre nièce par l'intermédiaire d'un de ces clubs de correspondants. Vous voyez le genre : ils font passer des annonces dans les magazines de confidences, des trucs comme ça. Le courrier des cœurs solitaires... Bref, poursuivit-il gêné, elle écrivait à ce Collins et il lui répondait régulièrement. L'ennui, c'est que Collins purge une condamnation à vie au Pénitencier d'État.

— Quoi ?

— Je vous demande pardon, mais c'est la vérité. Étant tout gosse encore, il s'était trouvé mêlé à une bande de mauvais garçons et il a tué un homme au cours du cambriolage d'un magasin de fourrures. Il aurait dû passer sur la chaise électrique, mais, étant donné son jeune âge, on a commué la sentence en détention à vie. Il n'a encore que... oh ! vingt-huit ou vingt-neuf ans. Et il s'ennuie, vous voyez ce que je veux dire ?

Margaret Lowen avait brusquement trop chaud, dans sa robe de chambre capitonnée. Elle en déboutonna le col et se raidit au creux de la bergère.

— Je n'en crois rien, jeta-t-elle. Margie ne s'intéresserait pas à ce genre d'homme.

— A votre place, je ne serais pas trop dur pour elle, mademoiselle. Vous savez ce que c'est : toute cette situation a un côté romanesque.

A ses propres paroles, il devint cramoisi et se mit à feuilleter les papiers étalés sur ses genoux.

— Nous avons trouvé tout ça dans la cellule de Collins. Des lettres de votre nièce. Et cette photo.

Il montra une épreuve glacée.

— C'est bien Margie ?

— Oui. Oui, c'est Margie...

— Je suis désolé de devoir faire ça, mademoiselle Lowen. Mais je peux vous dire, en tout cas, qu'il n'y a rien eu de vraiment mal dans toute cette histoire. Vous comprenez, à la prison, on censure toutes les lettres. Tout a été absolument régulier.

Il hésita avant de prendre sur ses genoux une feuille de papier bleu, pliée.

— Peut-être que, si vous en lisiez une ou deux...

L'écriture était délicate et menue. Margaret, les doigts crispés sur l'encolure de sa robe de chambre, regardait fixement la lettre qui disait :

Raoul chéri,

Vous dites que vous donneriez tout au monde pour être auprès de moi. Croyez-moi, je le désire autant que vous. Si seulement il existait un moyen de faire en sorte que se réalisent ces rêves douloureux et fous ! Même au prix de quelque terrible sacrifice. Il m'arrive de compter tout ce que je serais prête à abandonner pour toujours si, en retour, vous et moi pouvions passer ensemble le restant de nos vies.

Mais nous nous ressemblons sur un autre point encore. Je suis décidée, moi aussi, à me contenter de ce que nous avons jusqu'à ce que quelque chose vienne rapprocher nos vies de l'image que nous nous faisons du bonheur. En attendant, nos lettres comblent un vide. Nous pouvons rêver et vivre notre amour en paroles, même si les mots n'ont pas le pouvoir d'exprimer tous les sentiments de l'amour :

« L'âme demeure ensevelie dans l'encre qui écrit... »

Il est terriblement difficile de décrire complètement son amour. Pourtant, notre correspondance a représenté pour moi l'expérience la plus joyeuse, l'action la plus satisfaisante que j'aie jamais connue, et qu'importe s'il s'en faut de beaucoup que ces mots expriment à quel point je vous aime vraiment.

Elle abaissa les feuillets de la lettre et dit :

— Je ne comprends pas que Margie ait pu laisser les choses aller aussi loin. C'est une fille tellement équilibrée. Un peu renfermée, peut-être... mais, pleine de bon sens. (Elle plaqua la lettre sur ses genoux et sa voix se fit plus dure.) Vous disiez qu'il n'y avait rien de mal là-dedans. Alors, pourquoi êtes-vous ici ?

Le lieutenant Berger s'éclaircit la voix.

— La situation n'est plus la même. Jeudi soir, Raoul Collins a pris la direction d'une évasion collective. Deux prisonniers ont été tués, mais lui s'est échappé.

A ces mots, le peu de couleur qui teintait les joues de Margaret Lowen s'éteignit.

— C'est terrible... Mais que vient faire Margie dans cette histoire ? Qu'a-t-elle à y voir ?

— Ceci, simplement, mademoiselle Lowen. Collins va avoir besoin d'argent, d'un endroit où se cacher, de quelqu'un qui lui vienne en aide. Il n'a pas de famille. Pas d'autres amis, dit le lieutenant en désignant la lettre d'un doigt boudiné. Il apparaît logique qu'il puisse venir tout droit ici...

Elle sentit son cœur battre plus fort.

— Mais c'est horrible ! Que pouvons-nous faire ?

— Ne vous alarmez pas. Il s'attendra à trouver une alliée, non une ennemie. Il sera probablement armé mais, si vous conservez votre calme... il ne vous arrivera rien. Si toutefois il arrive jusqu'ici, ajouta-t-il avec un sourire rassurant. Il y a des chances pour que nous le rattrapions avant. Et si, par hasard, il tentait d'entrer en contact avec vous, nous aurons des hommes postés près d'ici, pour le cueillir avant qu'il ne puisse vous causer d'ennuis.

— Et s'ils ne parvenaient pas à l'arrêter ?

— Nous devons tenir compte de cette éventualité. S'il réussit à vous joindre, il vous suffira d'appeler ce numéro.

Il prit dans sa poche une carte blanche.

— En quelques secondes, nous serons là.

Elle se leva, glacée dans sa chaude robe de chambre.

— Dieu merci, Margie n'est pas là...

— C'est une chance, vous avez raison. Je vous dirais bien de partir, vous aussi, mademoiselle Lowen, mais mettez-vous à notre place : le désir qu'éprouvera Collins de voir votre nièce représente notre meilleure chance de le prendre au piège. Nous vous serons reconnaissants de votre aide.

Le lieutenant se leva, ramassa les lettres, les remit dans l'enveloppe et se dirigea vers la porte. La main sur la poignée, il s'arrêta.

— Encore un mot, mademoiselle Lowen, dit-il. A votre place, je n'appellerais pas votre nièce pour la mettre au courant. Elle pourrait agir... imprudemment.

— Oui, dit Margaret.

Elle chancelait légèrement et s'appuya d'une main sur la table du vestibule.

— Je ne voudrais pas qu'il arrive quoi que ce soit à Margie. Elle tient une trop grande place dans mon cœur...

— Parfait, approuva le lieutenant Berger. Nous vous tiendrons au courant, mademoiselle Lowen.

Après le départ du policier, Mlle Lowen monta dans sa chambre, s'habilla machinalement, se maquilla légèrement les joues et les lèvres, sans même prendre la peine de se regarder dans une glace. D'une main nerveuse, elle ôta ses bigoudis et brossa consciencieusement sa chevelure clairsemée.

A midi, elle déjeuna en hâte et sortit. Elle se rendit à pied au supermarché, quatre rues plus loin, et passa une heure à s'approvisionner pour la semaine. Cette tâche familière lui libérait l'esprit des pensées, des images inquiétantes qu'avait fait naître la visite du matin. Quand elle rentra, à deux heures et demie, se sentant fatiguée, elle monta à pas pesants dans sa chambre et dormit tout habillée jusqu'à ce que la pendule de la cheminée sonnât six heures.

Vers sept heures, la nuit tomba et, avec l'obscurité, son inquiétude s'accrût. A plusieurs reprises, au cours de la soirée, elle écarta les rideaux d'organdi pour jeter un coup d'œil dans la rue tranquille. Elle avait imaginé un cordon de policiers, tapis derrière les arbres et les buissons, mais elle ne vit personne.

Quand elle eut achevé de dîner, Margaret se sentit plus détendue.

A huit heures et demie, tandis que de ses yeux larmoyants, elle regardait sans les voir les images qui papillotaient sur son écran de télévision, la visite matinale ne lui apparaissait plus que comme un rêve.

Ce fut alors qu'elle entendit du bruit dans la cave.

Elle se leva, éteignit le poste. La lumière de la cuisine éclairait faiblement la porte qui s'ouvrait sur l'escalier du sous-sol. Terrifiée, elle la regardait fixement.

Alors — lentement, sans bruit, sur la pointe des pieds — elle se dirigea vers la cuisine. Au moment où elle penchait la tête pour écouter, le bouton de la porte de la cave tourna, la porte s'entrebâilla et elle se trouva en face des yeux les plus sombres qu'elle eût jamais vus. C'était un jeune homme, presque un enfant encore par la minceur de sa silhouette, la ligne arrondie de la mâchoire, les cheveux blonds, courts et drus. Mais tout, dans son visage, trahissait l'homme capable de tout : la barbe épaisse, le nez aigu, la bouche petite, aux lèvres minces et carrées. Ils se dévisageaient sans mot dire, sous le coup de la surprise et d'une méfiance réciproque.

— Je n'ai pas l'intention de vous faire du mal, m'dame, dit-il. Vous comprenez ? Je n'ai pas l'intention de vous faire du mal. Alors, détendez-vous. Si vous ne criez pas, vous ne risquez rien.

— Que... que voulez-vous ?

Ses propres paroles l'étranglaient.

— Vous savez bien ce que je veux. Vous êtes la tante de Margie, hein ? Vous devez être au courant...

— Margie n'est pas là, dit-elle d'une voix faible.

Il s'approcha d'elle et lui toucha le coude.

— Allons dans l'autre pièce.

Il la guida jusqu'à la salle de séjour et la fit asseoir. Puis il s'aplatit contre le mur, près de la fenêtre, et inspecta la rue. Tranquillisé, il revint près d'elle et lui fit face, les bras croisés.

— Où est Margie ?

— Qu'est-ce que ça peut faire...

— Ça fait beaucoup !

— Laissez ma nièce tranquille ! Vous ne la connaissez même pas...

— C'est ce qui vous trompe. Je la connais mieux que...

Il s'interrompit, se mit à faire les cent pas sur le tapis.

— Écoutez-moi, m'dame. Je suis très pressé. Il faut que je joigne Margie rapidement.

— Margie n'est pas là. (Elle s'efforçait de ne pas laisser sa voix grimper vers l'aigu.) Je vous l'ai déjà dit. Elle est... elle est chez des amis.

— Quels amis ? Où ça ?

— Je n'en sais rien !

Il se planta devant elle, dans une attitude menaçante. Elle avait peur de rencontrer son regard, d'examiner son visage. Alors, comme vaincu par sa propre peur, sa propre incertitude, il reprit d'une voix douce :

— Écoutez-moi, il faut que vous compreniez ce qu'il y a entre Margie et moi. J'aime vraiment votre nièce, parole. Pour rien au monde, je ne voudrais lui faire du mal. Je veux seulement la voir, lui parler. Il faut que vous m'aidiez, m'dame.

— Je vous l'ai dit, je ne sais pas où elle est !

Il renâcla de colère et se remit à faire les cent pas ; il semblait incapable de décider comment traiter la tante de la fille qu'il aimait. Son regard tomba sur la photo placée sur la table basse.

— Elle est si belle...

Margaret ravala un sanglot.

— Laissez-la tranquille ! Vous ne la connaissez pas vraiment... Ce n'est qu'une enfant...

— Je sais tout ce que j'ai besoin de savoir.

Il revint vers elle, avec une expression brutale.

— Écoutez-moi. Vous savez quel âge j'avais quand on m'a fichu en taule ? Dix-sept ans ! Vous savez depuis combien d'années j'y suis ? Onze !

Elle détourna la tête mais il lui agrippa l'épaule et la força à soutenir son regard.

— Vous savez à quel point on peut se sentir bougrement seul, en prison ? Avec un millier d'autres types... mais seul. Vous savez l'effet que ça fait ?

— Je sais ! dit-elle désespérément. Je sais !

— Vous croyez le savoir. Mais en réalité, vous n'en savez rien. Margie m'a donné quelque chose qui...

Avec une exclamation de découragement, il la lâcha. Il se dirigea vers la fenêtre et regarda dehors, tristement.

Margaret, les yeux embués de larmes, contemplait sa mince silhouette humiliée.

— Très bien, dit-elle d'une voix sans timbre.

— Quoi ?

— Très bien. Je... je vais appeler Margie. Si c'est ce que vous voulez vraiment.

Son visage s'éclaira. Il regarda Margaret se lever et passer d'une démarche de somnambule dans l'entrée. Elle se répétait sans cesse le numéro inscrit sur la carte blanche. Elle le composa sans une hésitation.

— Lieutenant Berger, dit la voix.

— Allô, ici la tante de Margie. Je... j'ai ici quelqu'un qui voudrait voir Margie. Tout de suite...

— Collins est chez vous ? Si c'est ça, répondez simplement oui, mademoiselle Lowen.

— Oui. Oui, c'est vrai.

— Retenez-le. Nous serons chez vous dans une minute.

— Très bien. Oui, je comprends.

Elle laissa retomber le combiné sur le support et faillit hurler en sentant la main sur son bras. Se retournant, elle vit, tout près du sien, le visage, barbu, de Raoul Collins, les yeux élargis par la colère.

— Vous avez appelé les flics !

— Non...

— Menteuse ! Oui, je comprends, fit-il méchamment. C'est un piège, un traquenard !

Il se frappa la cuisse avec colère.

— Je me doutais qu'ils viendraient vous trouver et...

— Je vous en prie, dit Margaret d'une voix sanglotante, en reculant sous la férocité de son regard et de sa voix. Je vous en prie, allez-vous-en. Nous ne pouvons rien faire pour vous, ici... personne ne peut rien pour vous...

— Et vous croyez que je vais vous laisser faire ? dit-il en marchant sur elle. Vous croyez que je vais me laisser avoir ?

— Ils vont être ici d'un instant à l'autre...

— Vous reconnaissez donc que vous avez appelé les flics !

Il se jeta sur elle dans une explosion de rage et Margaret, la gorge sèche, poussa un cri et se précipita vers la salle de séjour. Il se lança à sa poursuite en vociférant qu'elle l'avait trahi ; il n'avait plus rien du soupirant courtois. Mais, quand Raoul Collins la rattrapa, Margaret Lowen venait de se trouver une arme défensive, un chandelier d'argent terni qui avait depuis longtemps perdu son pendant. Elle le brandit d'un geste menaçant au-dessus de sa tête au moment où l'homme, grondant de haine, se précipitait sur elle. Elle poussa un hurlement en sentant la main du fuyard se refermer sur son poignet libre et abattit de toutes ses forces le pesant objet de métal. Il tomba en plein sur la tignasse blonde et elle ressentit le contrecoup douloureux du choc dans son bras et son dos. Raoul Collins s'effondra sur le tapis.

Elle le regarda avec horreur et vit le sang visqueux qui maculait ses cheveux. Un moment, elle le crut mort, mais son souffle court montrait qu'il avait seulement perdu connaissance.

Pendant près d'une minute, elle demeura comme suspendue au-dessus de lui, luttant contre la crise de nerfs. Puis elle ne put résister davantage. Elle se laissa tomber à genoux et prit la tête blonde entre ses bras maigres, sans prendre garde aux larmes qui ruisselaient de ses yeux.

— Mon amour, gémit-elle. Mon pauvre amour...

Il était plus de minuit quand la police s'en alla. Les événements avaient épuisé Margaret Lowen mais son besoin d'écrire la lettre était plus fort que sa fatigue.

Elle ramassa la photo de sa nièce, celle qu'elle avait envoyée à Raoul Collins deux ans plus tôt, et la déchira en menus morceaux. Puis elle s'assit à son bureau, choisit une feuille de papier à lettres bleu et écrivit :

Raoul chéri,

Je viens d'apprendre par ma tante ce qui s'est passé et je ne saurais vous dire combien je suis désolée que vous ayez dû subir cette terrible épreuve. Mais me trouverez-vous affreusement sans cœur si je vous avoue quelque chose ? Je suis heureuse, Raoul. Heureuse que cette folle tentative d'évasion n'ait pas réussi et que vous retourniez en prison. Heureuse que nous puissions avoir encore ces lettres à écrire, à échanger, ces messagères d'amour et de tendresse qui ont fini par prendre une telle importance dans nos deux vies....

Pen pal.
Traduction de Renée Tesnière.

LE CŒUR DE L'HOMME MORT

par Steve O'Connell

Le docteur Mac Lane posa la main sur le combiné. Mes yeux se rétrécirent.

— Quelle damnée bêtise allez-vous faire ?

— J'appelle la police. Je n'ai pas l'intention de céder au chantage !

— Vous perdez la raison, docteur, dis-je aussitôt. Ce n'est pas très intelligent de la part de l'un de nos plus éminents spécialistes du cœur, que de ruiner sa carrière pour ne pas payer la somme bien minime de cinq mille dollars.

Le docteur Mac Lane était un homme grand et sec aux cheveux grisonnants.

— Je ne suis pas assez stupide pour croire que vous remettre cet argent mettrait fin au chantage. Vous reviendriez constamment à l'assaut.

C'était parfaitement exact, mais je n'étais pas disposé à le reconnaître.

— Je ne suis pas un homme cupide, dis-je. Cinq mille dollars me suffiront amplement.

Il m'observa quelques minutes.

— Comment êtes-vous parvenu à obtenir des renseignements sur moi ?

Je souris.

— Nous sommes l'un et l'autre des spécialistes dans notre branche, docteur. Vous avez certainement entendu battre des milliers de cœurs et ils vous ont sans doute appris beaucoup de choses. J'ai écouté, moi aussi, étudié, et retenu. Un bon avocat écoute, étudie et retient. Pour sauver les apparences, j'ai un cabinet en ville. Dans ce cabinet, sachez-le, il y a des dossiers...

Je me permis de me relaxer un peu — pas trop. Puis je lui demandai :

— Vous avez été incarcéré trois ans, n'est-ce pas ? A Larceny, je crois ?

Son visage s'empourpra.

— Il y a plus de trente ans de cela et j'étais innocent.

— Qui ne l'est ! dis-je, faisant claquer ma langue. Revenons à nos moutons. L'important est que vous ayez été incarcéré. Je ne crois pas que votre clientèle aimerait l'apprendre.

Il posa son regard sur moi et, quand enfin il parla, ce fut d'une voix brisée.

— Ce que vous dites est vrai. Mon innocence et tout le reste, à quoi cela sert-il aujourd'hui... Je suis un collectionneur de battements de cœur. Comme vous l'avez dit, j'en ai écouté une centaine de milliers... J'ai même écouté le mien, ajouta-t-il avec un sourire. Ce que les gens pensent aujourd'hui de moi m'importe peu. Même en étant extrêmement prudent, il ne me reste pas deux mois à vivre...

Il souleva le combiné de son socle de bakélite.

— Je crois que je vais sauver les autres infortunés qui risquent de devenir vos victimes, dit-il.

Mes tempes battirent. Ce vieil homme stupide pouvait tout gâcher — des années d'un travail patient ! Mes mains se refermèrent sur un lourd cendrier... Quand je frappai Mac Lane, il composait un numéro sur le cadran. Il lâcha le combiné. Et je le frappai encore et encore, jusqu'à ce qu'il s'effondre sur le sol.

Puis, je me plantai au-dessus de lui, jambes écartées, observant le sang qui coulait sur le tapis. Quand je me rendis compte de ce que j'avais fait, ma fureur s'en alla et la peur prit sa place. Je m'agenouillai à côté du docteur et tâtai son pouls : aucun battement. Le docteur Mac Lane était mort.

Le combiné pendait au bout de son fils et, me redressant, je l'empoignai fébrilement et le reposai sur son socle.

Je me dirigeai ensuite vers la porte, mais m'arrêtai brusquement juste avant de l'ouvrir. S'enfuir n'était pas une bonne solution. Il y avait Collins, le secrétaire du docteur Mac Lane... Lorsque j'avais sonné à la porte pour être reçu par le docteur, Collins allait partir, son travail terminé.

Je pris mon mouchoir et essuyai mon front. Je ne pouvais m'enfuir précipitamment. J'avais à réfléchir à beaucoup de choses... Je n'avais pas l'habitude d'assassiner les gens et ce qu'il convenait de faire en pareil cas ne me venait pas automatiquement à l'esprit.

Je traversais fébrilement le grand living-room en désordre. L'une des portes ouvrait sur un cabinet de travail. C'était une pièce de dimensions moyennes, dont les murs et le plafond étaient revêtus de panneaux insonorisants. Un vaste bureau et deux classeurs à disques occupaient l'un des côtés. L'un des murs était couvert d'étagères. Un électrophone au couvercle rabattu trônait sur le bureau.

Je regardai attentivement les murs et une idée me traversa l'esprit. La mettre en application serait difficile, mais je ne voyais aucun autre moyen de m'en tirer.

Je décrochai le combiné et composai le numéro personnel de Walt Matson. Quand il répondit je lui donnai l'adresse du docteur Mac Lane.

— Il faut que vous veniez me retrouver ici immédiatement. Alors n'invoquez pas de mauvaises excuses...

— Je ne puis vous retrouver immédiatement. J'ai une réunion, ce soir..., protesta-t-il d'une voix plaintive.

J'aggripai fermement le combiné.

— Je ne vous *demande* pas de venir, Walt : je vous *l'ordonne* !

— Mais cette réunion est importante et...

— En ce cas, dis-je sèchement, je parie que tout un tas de gens seront heureux d'apprendre que Walt Matson, Président du Conseil municipal, touche sa petite commission chaque fois que la Ville passe un marché quelconque.

Il y eut un assez long silence puis Matson dit :

— J'arrive !

Je raccrochai et composai immédiatement le numéro de Mona Saunders. Elle aussi se montra réfractaire au plaisir de me venir en aide, mais je possédais les éléments susceptibles de changer sa façon de voir.

Les vingt minutes qui suivirent me parurent interminables. Je consultai sans cesse ma montre. Finalement, à huit heures trente, j'entendis tinter la sonnette de la porte d'entrée.

Avant même d'ouvrir la porte, j'étais certain qu'il s'agissait de Mona Saunders.

Son regard était hostile, son agitation trahissait son énervement et sa colère.

— A propos de quoi m'avez-vous dérangée ?

demanda-t-elle. Je vous préviens que je ne peux plus obtenir d'argent de mon mari. Plus un centime.

Au moment où je refermai la porte, j'aperçus la voiture de Walt Matson qui se garait juste devant celle de Mona Saunders. Sans répondre à Mona, je laissai la porte ouverte et j'attendis.

Walt était un grand type qui s'empâtait et son énorme visage poupin était rouge et contrarié.

— Par tous les diables, fallait-il vraiment que j'arrive tout de suite ? Je vous ai dit de ne pas me pousser à bout et...

— Entrez, coupai-je.

Ils pénétrèrent dans le living-room et s'arrêtèrent net quand ils virent le cadavre du docteur Mac Lane.

Si Walt devint blême, Mona ne parut pas autrement surprise. Ce n'était pas la première fois qu'elle voyait un homme assassiné... Elle me regarda droit dans les yeux :

— Qu'est-ce que tout cela signifie ?

— Vous allez l'un et l'autre me fournir un alibi.

Les yeux de Walt s'agrandirent d'horreur.

— Je ne peux rien pour vous. Je suis désolé... Je ne peux pas vous couvrir pour un meurtre...

— Est-ce que vous avez le choix ? demandai-je, faisant preuve du plus grand calme. Réfléchissez : vous avez l'habitude de ne goûter qu'aux bonnes choses de la vie. Aussi je ne pense pas que vous aimeriez tâter de la prison. Si je sombre, je vous entraînerai l'un et l'autre dans ma chute.

Les yeux de Mona demeurèrent posés sur le cadavre un bon moment. Elle approchait de la trentaine et elle était encore très belle — ce qui me rassura quant à son pouvoir sur son mari, le vieux Wayne.

— Que devons-nous faire ? demanda-t-elle.

Je me dirigeai vers le fond du living et ouvris la porte du cabinet de travail du docteur.

— Nous nous trouvions tous les trois dans cette pièce lorsque le docteur a été tué.

Mona sourit avec effort.

— Pourquoi nous trouvions-nous dans cette pièce ? J'imagine que la police voudra le savoir.

Je me frictionnai le cou et m'assurai que ma tête y était encore bien attachée. Je n'aimais pas du tout que l'on prononçât devant moi le mot « police ».

— D'après les journaux, Mac Lane menait campagne pour que l'on construisît un nouvel hôpital au nord de la ville. Mais il manquait de fonds, ce bon docteur... Conclusion : Mona est venue avec moi assurer le docteur qu'elle contribuerait financièrement à cette construction.

Le sourire de Mona fut amer et contraint.

— C'est une mauvaise plaisanterie, dit-elle. Wayne refusera de les lâcher même pour une œuvre aussi honorable.

— Je me moque bien qu'il les lâche ou non. L'important est de dire que vous l'aviez persuadé de les lâcher, parce que c'est un chic type toujours prêt à aider les autres avec son fric !

Je les regardai l'un après l'autre. Puis mes yeux se fixèrent de nouveau sur Mona.

— Je suis avocat, c'est pourquoi vous m'avez demandé de m'occuper des détails. Je me suis mis en rapport avec le docteur Mac Lane et j'ai arrangé un rendez-vous. Parce que vous désiriez le rencontrer personnellement.

Mes yeux se posèrent sur Walt.

— Quant à vous, je vous ai demandé de venir, parce que vous êtes un personnage officiel. J'ai suggéré au docteur qu'il serait sage de vous consulter au sujet du meilleur emplacement possible pour l'hôpital...

Cherchant dans ma tête si j'avais autre chose à leur dire, je me souvins brusquement de Collins —

le secrétaire du docteur — qui, certainement, tenait à jour son carnet de rendez-vous.

— Aucun de vous deux n'avait de rendez-vous ferme, dis-je. Je vous ai téléphoné après avoir parlé avec le docteur Mac Lane.

Walt acquiesça, ce qui fit trembloter ses bajoues. L'œil de Mona étincelait.

— Il me semble que les atouts sont dans notre jeu, dit-elle d'un ton satisfait. C'est à votre tour de ramper pour obtenir notre complaisance !

Je souris.

— Je ne rampe jamais, Mona. Qu'est-ce qui vous laisse penser que je rampe ? Je peux toujours dire à la police qu'elle aurait intérêt à déterrer le corps de votre premier mari... Celui, rappelez-vous, qui n'avait pas d'argent et a refusé de divorcer quand vous avez rencontré Wayne...

Elle dut retourner cela dans sa tête car elle finit par acquiescer.

— Nous suivrons vos instructions, dit-elle.

— Très bien ! dis-je. Maintenant écoutez-moi bien. Nous étions tous les trois sur le point d'être introduits dans le cabinet de travail, quand la sonnerie a retenti à la porte d'entrée. Le docteur s'est excusé : il devait aller ouvrir, en l'absence de son secrétaire. Il nous a priés d'entrer dans son cabinet et de l'y attendre. Nous sommes entrés et nous avons fermé la porte. Souvenez-vous de ce détail : nous avons fermé la porte...

J'inspirai profondément. Les choses ne se présentaient pas trop mal.

— Évidemment, poursuivis-je, nous ignorons qui a sonné à la porte d'entrée. Et nous n'avons rien vu. Nous avons bavardé entre nous environ vingt-cinq minutes, et alors nous avons commencé à nous demander ce que le docteur pouvait bien faire. C'est vous, Walt, qui, finalement, avez ouvert la porte donnant sur le living... Et tous les trois nous avons vu le corps en même temps. Aucun d'entre nous n'a été seul avec le docteur. Voilà notre histoire. Tenez-vous-y et pas un mot de plus. Moins nous en dirons, moins nous serons susceptibles de dire des bêtises.

Le visage flasque de Walt était baigné de sueur.

— Ne pensez-vous pas que nous devrions avoir entendu quelque chose ? La chute du corps, par exemple ?

Je réfléchis rapidement.

— Non. Nous étions dans le cabinet et la porte en était fermée. Cette pièce est presque totalement insonorisée. Si nous avions entendu le moindre bruit, la police voudrait savoir pourquoi nous ne nous sommes pas précipités et pourquoi nous n'avons pas essayé d'identifier le meurtrier.

Ils n'avaient plus de questions à poser ni de suggestions à faire. Alors je décrochai le combiné et demandai à la standardiste de me mettre en communication avec la police.

— C'est très urgent, dis-je, d'une voix très excitée.

***

Le sergent Harrison regarda le cadavre que l'on emportait dans un panier d'osier.

— Il est surprenant, dit-il, qu'aucun d'entre vous n'ait entendu quoi que ce soit... L'un de vous aurait pu entendre un cri, ou le bruit de la chute du corps.

Mona hocha la tête.

— Non, nous n'avons rien entendu.

Harrison se tourna vers Collins, le secrétaire du docteur.

— Vous êtes certain que le docteur n'avait pas d'ennemis ?

Collins était un petit jeune homme timide. Les

policiers étaient allés le chercher chez lui tout de suite après la constatation du meurtre. Il secoua négativement la tête.

— Le docteur Mac Lane était aimé de tous ceux qui le connaissaient.

Harrison acquiesça.

— Il faut beaucoup de sang-froid pour assassiner un homme alors que trois personnes attendent dans la pièce à côté.

J'essayai de ne laisser aucune impatience altérer le son de ma voix.

— Si nous n'avons rien entendu, dis-je, il est probable que le meurtrier lui non plus ne pouvait nous entendre. Il a dû penser que le docteur se trouvait seul chez lui.

Harrison avait des cheveux gris et ses yeux d'un bleu éteint paraissaient errer dans le vague. Il se dirigea vers le cabinet de travail et en ouvrit la porte.

— J'aimerais que vous y entriez tous... (Et il se tourna vers l'un des agents en uniforme qui l'accompagnaient.) Quand la porte sera fermée, faites tomber plusieurs de ces livres qui se trouvent dans les rayons...

Nous pénétrâmes dans le cabinet et Harrison ferma la porte. Après quelques instants, nous entendîmes un bruit sourd qui provenait du living-room.

— Cette pièce n'est pas aussi totalement insonorisée que vous le pensiez, dit Harrison en me regardant.

Je me forçai à sourire.

— Vous oubliez, sergent, que nous étions en train de bavarder. C'est certainement pourquoi nous n'avons rien entendu.

Le bruit sourd recommença et, cette fois, nous l'entendîmes encore plus distinctement.

— Sergent, dis-je, vous supposez que le docteur

a crié et qu'il est tombé lourdement sur le sol. Mais peut-être les choses se sont-elles passées différemment.

Cela, pensai-je, devait mettre un terme aux soupçons ridicules du sergent mais Walt était trop nerveux pour continuer à se taire.

— Le... le phonographe jouait..., dit-il. Voilà pourquoi nous n'avons rien entendu...

J'eus beaucoup de mal à me contenir. L'imbécile ! Plus on en disait, plus il y avait de faits à contrôler et plus... Mais ce que Walt avait dit nous engageait tous et je dus approuver ses dires.

— Oh ! mais oui ! m'exclamai-je, j'avais oublié cela... Le phonographe jouait ! D'ailleurs il jouait déjà quand nous sommes entrés dans le cabinet.

Harrison sourit dubitativement, les yeux levés vers le plafond.

— Cela ne devait pas être agréable de bavarder avec le phonographe qui marchait... murmura-t-il.

J'étouffai mon irritation.

— Il jouait très doucement, sergent. Un arrière-fond musical...

Un éclair passa dans les yeux de Collins. Il ouvrit la bouche comme s'il allait dire quelque chose, mais il se tut.

— Sans doute vous souvenez-vous de ce que jouait le phonographe ? dit Harrison en me regardant.

Je hochai négativement la tête. Et Mona vint à mon secours.

— Moi non plus, sergent. Il jouait si doucement... Vous savez, je n'écoute la musique que d'une oreille...

Quand je repris la parole, mon irritation se manifesta.

— Quelle importance cela a-t-il ? lançai-je.

Harrison sourit.

— Je pense que cela n'en a aucune... J'essaie

seulement de réunir et de contrôler autant de faits qu'il est possible.

Walt arrondit ses lèvres épaisses et, alors qu'on ne lui demandait rien :

— Je crois... Je crois qu'il s'agissait de musique classique...

Dieu ! qu'il me fut difficile de ne pas lui écraser mon poing sur la figure ! Collins s'éclaircit la voix.

— Le docteur Mac Lane avait une importante collection de disques de musique classique... C'était le genre de musique qu'il préférait.

Harrison se dirigea vers le phonographe et en leva délicatement le couvercle. Il n'y avait aucun disque sur le plateau et il en fit la remarque à mi-voix.

Je respirai lentement.

— J'ai dû mettre les disques dans les rayons après le passage du dernier. Mais j'ai peut-être agi différemment. Je tiens à le préciser, parce que vous semblez y attacher de l'importance... Sans doute ai-je procédé ainsi... Est-ce un délit ?

— Non, dit Harrison.

Collins sourit timidement.

— Certes, le docteur Mac Lane avait une importante collection de disques de musique classique, mais il ne la gardait pas dans cette pièce...

— Et comment appelez-vous ces disques-là, alors ? lançai-je, désignant les classeurs d'un grand geste de la main.

Collins se dirigea vers les classeurs à disques. Ses yeux parcoururent les rayons et il fit une sélection.

— Celui-ci serait particulièrement approprié... Le docteur était collectionneur, mais sa collection était unique en son genre. Elle était plus qu'une manie : une nécessité pour son travail... Écoutez plutôt...

Il posa le disque sur le plateau et mit l'appareil en marche.

— Ce disque est intitulé : *Docteur James MacLane...*

J'écoutai pendant quelques secondes un étrange battement et soudain je ressentis comme un coup de poignard au cœur. J'avais compris ce que j'entendais... Collins indiquait de la main les rayons au sergent.

— Le docteur était un éminent spécialiste du cœur et il collectionnait les enregistrements des battements de cœur de ses malades. Ainsi que ceux de certains hommes célèbres, d'animaux, de lui-même...

Je lançai un long regard à Mona puis à Walt. Celui-ci était complètement effondré. Quant à Mona, je pouvais lire dans ses yeux qu'elle ne pensait plus ni à moi ni à mes ennuis. Elle pensait à son premier mari et à ce qu'elle raconterait à la police au sujet de sa mort...

Harrison souriait tout en m'observant.

Il n'y avait dans la pièce aucun autre bruit que l'enregistrement des battements du cœur d'un homme qui était mort.

Sound alibi.
Traduction de Pierre Caillet.

UNE MAISON TRANQUILLE

par WILLIAM O'FARRELL

A l'époque où elle le tua, George et Audrey Wallace habitaient la *Casa Tranquila*. Ce groupe d'habitations comprenait six maisons, divisées en appartements de quatre pièces. Les bâtiments étaient construits en stuc couleur brique et groupés autour d'un patio qui contenait une fontaine, quelques massifs de poinsettias et deux palmiers, ce qui rappelait les groupes de bungalows bien connus de la Californie du Sud. Mais ces maisons séparées et meublées avec beaucoup de goût n'avaient rien de bungalows, et la propriétaire-gérante, Mme Cassidy, interdisait les bébés, les animaux et toutes les sources de nuisance. L'ensemble était enclos d'un mur couleur brique et situé très en retrait d'une large avenue, dans un élégant quartier résidentiel. Mme Cassidy exigeait des loyers élevés. Elle était très sourde. La nuit du meurtre, elle n'entendit même pas le coup de feu.

Par contre, Fern Price l'entendit. George Wallace venait de la quitter trois minutes plus tôt — par la porte de service de son appartement, avec l'intention de faire le tour et de rentrer innocemment chez lui par le patio — elle eut tout de suite une horrible intuition de ce qui était arrivé. Elle sortit en courant par sa porte d'entrée, longea la fontaine et atteignit la porte-fenêtre qui donnait sur la salle à manger des Wallace. Elle y trouva George, allongé sur le petit perron sur lequel ouvrait la fenêtre. Il était mort.

Les genoux de Fern se dérobèrent sous elle. Billie Middleton traversa le patio en courant juste à temps pour la soutenir. Billie, l'amie et l'admiratrice de Fern, était une femme plus jeune qu'elle, qui habitait une des maisons de derrière.

— Oh ! mon Dieu, Fern ! C'était Audrey ? C'est Audrey qui a fait cela ?

Son chuchotement contenait moins d'horreur que d'excitation.

Fern hocha faiblement la tête.

— Elle m'avait prévenue. Je ne l'ai pas crue. Ni lui ni moi ne l'avons crue.

— Allons, viens, dit Billie. Il faut que nous appelions quelqu'un... la police...

Ce ne fut pas nécessaire. A ce moment, elles entendirent toutes deux la voix d'Audrey Wallace. Elle était au téléphone et paraissait hors d'elle.

— Venez vite ! Il y avait un voleur et... je l'ai tué d'une balle ! Je ne l'ai pas fait exprès. (Elle réussit à bafouiller son nom et son adresse.) J'ai peur d'aller voir mais... il est tombé. Il ne bouge plus. Amenez un docteur, vite !

Les jambes de Fern l'abandonnèrent de nouveau, mais Billie réussit à lui faire traverser le patio et à la ramener dans son appartement où elle s'affala sur une chaise. Ses dents claquaient comme sous l'effet du froid. Elle tremblait tellement qu'elle ne pouvait parler qu'avec peine.

— Elle mentait, Billie ! Je te dis qu'elle mentait !

Elle n'a pas pris George pour un voleur. Il a passé toute la soirée ici avec moi, et elle le savait. Elle l'attendait. Elle savait quand il rentrerait.

Fern avait essayé de se lever, et Billie l'avait doucement renfoncée dans son siège.

— Calme-toi, chérie. Tu as raison. Bien sûr, elle l'a assassiné.

— Eh bien, elle ne va pas s'en sortir à si bon compte. J'y veillerai.

— Je l'espère bien, dit Billie. Je déteste cette Audrey Wallace. J'aimerais la voir punie comme elle le mérite.

Elle se tenait le dos à la cheminée. Sur la tablette, dans un cadre argenté, il y avait le portrait d'un homme. C'était Jimmy Price, le mari de Fern, et il avait une figure grasse, ronde et porcine. En se retournant vers Billie, Fern jeta un coup d'œil distrait vers la photo. Elle frissonna. Jimmy était à Seattle, mais il devait rentrer la semaine suivante.

— Ça va nous faire beaucoup de mauvaise publicité et Jimmy sera furieux — mais c'est impossible à éviter. Pauvre George ! Je lui dois bien ça. Avec la publicité, on ne peut jamais savoir, continua Fern dans les yeux de laquelle s'alluma une pensée agréable. Qui sait si ça ne me redonnera pas une chance de tourner des films ou de jouer à la télévision. (Elle se leva, soudain remise de son choc.) Mais je ne donnerai aucun renseignement spontanément. J'aurais trop l'air d'y avoir intérêt. La police sera plus disposée à me croire si ça lui prend un peu de travail pour me tirer quelque chose.

***

C'était le genre d'affaire qui déplaisait au lieutenant Grant. Il ne savait pas si Audrey Wallace disait ou non la vérité, et il n'avait aucun moyen de le découvrir. Son chagrin paraissait sincère, et sa réaction de stupeur en apprenant qu'elle avait tué son propre mari et non un voleur avait été exactement celle d'une femme innocente. Il était sûr d'une chose : il y avait peu de chances qu'elle fût jamais condamnée. Elle avait conté son histoire de façon un peu exaltée, mais très objectivement. Aucun jury ne lui refuserait complètement créance. Personne — particulièrement aucun homme — ne la jugerait coupable, à la perspective de ce gracieux cou se reculant en un geste instinctif de refus horrifié, de ces narines délicates essayant désespérément de se fermer à la pénétration des vapeurs de cyanure — ce qui serait l'aboutissement d'un verdict de culpabilité. Qu'importe ! Grant avait un travail à faire.

— D'où M. Wallace venait-il ?

Elle secoua la tête, s'évitant la fatigue de parler.

— Vous ne savez pas où il a passé la soirée ?

— Il ne me l'a pas dit. Il... est sorti.

Elle était assise sur le divan et Grant lui parlait d'un fauteuil placé de l'autre côté d'une table basse. Il se leva, le sourcil froncé.

— Je sais que c'est dur pour vous, madame Wallace, mais je voudrais que vous me racontiez encore une fois tout ce qui est arrivé. La raison pour laquelle vous avez cru qu'il s'agissait d'un cambrioleur n'est pas très claire.

— Il y en avait un dans le quartier. Tout le monde le savait. Il a cambriolé au moins trois maisons. Il y a quelques soirs, il a ligoté et bâillonné une femme. Vous devez en avoir entendu parler...

— En effet. Calmez-vous, madame Wallace. (La voix de la jeune femme, grave au début, avait vite grimpé au point qu'on la sentait prête à se briser.) Prenez votre temps.

Elle acquiesça d'un hochement de tête et reprit :

— Le revolver appartenait à George. Il l'a mis à portée de main dès qu'il a entendu parler du cambrioleur. L'arme était posée sur la commode de la chambre à coucher. Le bruit m'a réveillée — c'était une sorte de grattement tout proche. J'ai eu peur. J'ai pris le revolver et suis allée dans la salle à manger. Un homme — je ne voyais qu'une ombre — était en train de pousser la porte-fenêtre pour l'ouvrir. Je lui ai demandé ce qu'il voulait, mais il n'a pas répondu. Je lui ai dit que j'étais armée, mais la fenêtre a continué à s'ouvrir. Alors le coup est parti et il est tombé, et je suis venue ici pour appeler la police. (Elle s'arrêta, momentanément incapable de poursuivre.) C'est tout, lieutenant. Le coup est parti, bien que je ne me rappelle pas avoir pressé la détente ni avoir visé. J'ai tué mon mari — et je ne le savais même pas jusqu'à ce que vous me le disiez.

Ces derniers mots furent dits à voix si basse que Grant les entendit à peine. La femme était épuisée. Il lui répugnait de continuer.

— Encore quelques petites questions, madame Wallace. La porte-fenêtre était-elle fermée ?

— Je le croyais. George la ferme toujours avant dîner. Je sais qu'elle était au moins poussée.

— Vous lui avez parlé. Est-il possible qu'il ne vous ait pas entendue ?

— Je... je n'en suis pas sûre. Il n'a pas répondu, mais j'ai eu l'impression qu'il avait entendu.

— M. Wallace avait une bonne affaire et, si je ne me trompe, il possédait beaucoup de biens immobiliers. Vous avez vendu votre maison récemment et vous n'habitez ici que provisoirement, jusqu'à ce que vous ayez fini la construction d'une maison plus grande. Y a-t-il quelque autre héritier en dehors de vous-même ?

Audrey Wallace lui jeta un rapide coup d'œil inquiet. Elle porta sa main à sa gorge.

— Vous pensez... commença-t-elle.

Puis elle s'arrêta. Il y eut un moment de silence avant qu'elle poursuivît.

— Je préfère ne pas répondre à cette question, lieutenant. Je ne dirai plus un mot jusqu'à ce que j'aie vu mon avocat.

Ben Tracy entra. Grant l'avait envoyé poser quelques questions préliminaires aux autres locataires. Ben et lui-même étaient les seuls policiers à se trouver encore sur les lieux. On avait emporté le corps. Le médecin légiste, le photographe et tous les autres spécialistes étaient rentrés chez eux.

— Six maisons, lieutenant, dont deux inoccupées, dit Ben. La propriétaire habite une de celles de derrière. Elle est sourde et ne savait même pas qu'il y avait eu un meurtre. Il y a aussi un ménage du nom de Benson. Leur tourne-disque marchait très fort et ils n'ont rien entendu. Il nous reste une fille nommée Whilhelmina Middleton, célibataire, et une certaine Mme Price. Vous rappelez-vous Fern Costello ? Elle porte maintenant le nom de Mme Price. Mlle Middleton est actuellement chez les Price — le mari est en voyage d'affaires — elle et Mme Price disent toutes les deux qu'elles ont entendu le coup de feu. Elles sont accourues, ont vu le cadavre et Mme Price a manqué s'évanouir. La petite Middleton l'a ramenée dans son appartement et l'a mise au lit. C'est là qu'elle est en ce moment.

— Que dit Mme Price ?

— Rien encore. D'après Mlle Middleton, ça lui a porté un coup. Il semble qu'elle ait été la première à voir le corps. Elle connaissait George Wallace assez bien...

Les mots résonnèrent dans la tête d'Audrey comme s'ils avaient été pincés sur la corde tendue d'un violon. Certes, Fern connaissait *assez bien* George Wallace. Elle le connaissait même très bien. C'était à cause de Fern que George avait humilié Audrey si cruellement. Un homme qui demande le divorce à sa femme parce qu'il en veut une autre, joue avec sa vie.

Audrey n'avait pas assassiné George. Pas vraiment. Une étrangère avait fait cela, une femme folle de honte et de rage dont Audrey ignorait l'existence jusqu'à ce qu'elle se fût substituée à elle le temps nécessaire pour viser et appuyer sur la détente du revolver. Maintenant cette femme était retournée au néant d'où elle était venue. Elle avait emmené George avec elle et Audrey devait les suivre. Elle savait qu'elle les suivrait, et bientôt.

Il n'y avait rien à gagner à se leurrer. Fern parlerait. Rien n'empêcherait Fern de parler au lieutenant Grant de l'appel téléphonique qu'Audray avait passé ce soir-là. Le lieutenant lui mettrait les menottes et l'emmènerait.

Mais pas cette nuit ! Il lui fallait encore une nuit. Il fallait qu'elle aille à la pharmacie au matin, à l'ouverture. Elle avait une ordonnance à faire exécuter d'urgence.

Si seulement elle n'avait pas perdu la tête et n'avait pas donné ce coup de téléphone...

....

— Fern ? C'est Audrey Wallace. Voulez-vous me passer mon mari ?

— George n'est pas ici, Audrey.

— Je vous prie de ne pas mentir ! Les rideaux de votre fenêtre ne sont pas complètement tirés. J'ai jeté un coup d'œil chez vous il y a une minute. Maintenant, passez-moi George.

— Audrey, je me fiche de ce que vous avez cru voir. George n'est pas ici, et s'il était ici, il ne voudrait pas vous parler. Ne pouvez-vous donc pas vous mettre dans la tête que c'est *moi* qu'il aime ?

— Alors transmettez-lui un message. Dites-lui de ne pas prendre la peine de rentrer à la maison. Dites-lui que s'il rentre, je le tuerai ! Je...

Clic. La communication était coupée. Comme un autre lien qui serait rompu très prochainement.

Mais pas selon *leur désir*... A *ma* manière !

....

Le lieutenant Grant dit :

— Madame Wallace, nous allons maintenant parler à Mme Price. Il faudra que vous veniez au commissariat pour signer votre déclaration — mais je pense que cela peut attendre jusqu'au matin.

Il parlait lentement, comme s'il n'était pas tout à fait sûr d'agir comme il le fallait.

L'autre détective paraissait encore plus hésitant. Il fronçait le sourcil.

— Lieutenant, ne pensez-vous pas... ?

— Ça ira comme ça, Ben. Viens, dit le lieutenant.

Ils sortirent. Audrey se précipita vers sa penderie, prit un manteau léger et l'enfila. Elle prit son sac dans sa chambre, retourna au salon et éteignit les lumières. Puis elle alla à la fenêtre et regarda au-dehors.

Les deux détectives étaient à la porte d'entrée de l'appartement de Fern. Cette porte était ouverte. Ils parlaient à Billie Middleton qui était sur le seuil, et d'un instant à l'autre ils entreraient. La porte se refermerait. Mais au bout de quelques minutes, elle se rouvrirait, les détectives traverseraient le patio et viendraient à son appartement, ils frapperaient lourdement à sa porte...

Mais elle ne serait plus là. Elle connaissait un endroit où elle pouvait se cacher jusqu'au matin. C'est là qu'elle irait aussitôt qu'ils seraient entrés.

Cependant, ils n'entrèrent pas. Ils parlèrent deux ou trois minutes, puis le lieutenant Grant souleva son chapeau et les deux hommes s'éloignèrent. Billie Middleton ferma la porte. Audrey chercha son chemin à tâtons dans l'obscurité jusqu'au sofa. De toute évidence, Fern était encore trop malade pour parler, aussi était-elle en sécurité pendant les quelques heures précieuses qu'elle avait devant elle. Sa main tendue trouva l'angle du sofa. Elle fut encore capable de faire les deux pas indispensables avant de s'affaler.

Elle ne dormit pas, mais le temps passa tout de même. A l'aube elle se fit une tasse de café. A sept heures et demie elle sortit par la porte de derrière et alla à la pharmacie. Il faisait une matinée superbe. Elle attendit devant la pharmacie l'ouverture du magasin. Elle fit exécuter son ordonnance et, à huit heures vingt, elle était rentrée dans son appartement. Elle écrivit une note brève et plaça une chaise de telle sorte qu'en s'y asseyant, elle pût voir par sa fenêtre la porte de l'appartement de Fern. Et elle s'assit là, tout près de la fenêtre.

C'était une matinée radieuse. Audrey se dit qu'elle n'avait jamais vu une matinée aussi belle. Ou qu'elle n'y avait pas prêté attention si elle en avait déjà vue une, ce qui était une nuance. Elle regarda le patio se remplir lentement de soleil jusqu'au moment où, un peu avant dix heures, le lieutenant Grant et l'autre détective apparurent. Ils sonnèrent chez Fern et ce fut de nouveau Billie Middleton qui ouvrit. Cette fois-ci, ils entrèrent.

***

Fern portait une robe de chambre de soie jaune. Les deux hommes la trouvèrent charmante, bien qu'aux cernes sombres sous ses paupières et à un certain manque de précision dans ses gestes on pût deviner qu'elle n'avait pas dormi. Grant, qui reconnaissait dans sa manière d'être quelque chose de déjà vu, se rappela une scène qu'elle avait jouée dans un film, des années auparavant. Il ne s'en souvenait pas très bien — seulement que c'était le rôle d'une femme qui avait menti pour protéger une amie d'une chose ou d'une autre. Bien entendu, cela n'était pas nécessairement le cas maintenant.

— Je suis désolée, lieutenant, dit-elle. Je ne peux imaginer ce que Mlle Middleton avait en tête. Évidemment ce fut pour moi un choc de trouver Mme Wallace dans cet état. Mais je n'ai aucune raison de croire que Mme Wallace ne l'a pas vraiment pris pour un cambrioleur. Quelle raison aurais-je ?

— C'est ce que nous cherchons à découvrir.

Grant était perplexe, Billie Middleton l'avait induit à croire que Mme Price avait des renseignements à lui communiquer au sujet du meurtre.

— Mlle Middleton m'a donné à entendre...

— Quelle histoire de brigands as-tu donc racontée au lieutenant, Billie ? coupa Fern.

Billie Middleton, elle aussi, était perplexe.

— Mais, Fern... ! Hier soir tu as dit...

— Dit quoi ?

— Oh... Je ne sais pas. J'ai dû mal te comprendre.

Et Billie Middleton se tut.

— Qu'avez-vous entendu que vous ayez mal compris ? demanda Grant.

— Je ne sais pas, dit Billie. Je ne me le rappelle pas. Peut-être n'ai-je rien entendu du tout.

Grant se tourna vers la femme plus âgée.

— Connaissiez-vous bien George Wallace ?

— Assez bien. Audrey et lui sont venus ici plusieurs fois et je leur ai rendu leur visite.

— Pouvez-vous dire que Mme Wallace et vous êtes de bonnes amies ?

— J'essaie de conserver des rapports amicaux avec tous mes voisins.

— Et vous n'avez rien à ajouter à ce que vous m'avez dit ?

— Rien du tout, lieutenant. J'ai entendu une détonation, je suis sortie en courant et j'ai trouvé M. Wallace. J'ai failli m'évanouir. Billie est arrivée et m'a mise au lit. Je regrette de n'avoir pas été en état de vous recevoir quand vous êtes venu hier soir.

Grant haussa les épaules.

— Il me semble que ça n'aurait pas changé grand-chose. Merci, madame Price... Mademoiselle Middleton. Je ne pense pas que nous ayons à vous déranger de nouveau. Tu viens, Ben ?

Comme ils passaient devant la fontaine, Ben se mit à grommeler.

— Je n'aime pas ça. Mon pifomètre me dit que cette souris de Wallace savait parfaitement qui elle visait quand elle a appuyé sur la détente. Et je parierais dix contre un que la femme que nous venons de quitter dissimule la vérité pour la couvrir.

— Tu as peut-être raison, dit Grant. Mais qu'y pouvons-nous ? Elle n'avait pas de mobile — en tout cas pas de mobile que nous connaissions ou que nous puissions démontrer — de sorte que nous ne pouvons pas l'arrêter pour meurtre. Tu crois que tu pourrais faire tenir une accusation de meurtre contre une femme aussi jolie qu'elle et avec un air aussi innocent ? Pas la moindre chance, ajouta-t-il comme pour lui-même.

***

— Es-tu folle ? demanda Billie. Je croyais que tu allais te dérober un moment et ensuite flancher et dire la vérité. Ces détectives te croient. Il va falloir que tu les rappelles.

Fern traversa lentement la chambre et s'assit sur la chaise en face de la cheminée.

— J'ai l'intention de ne rien faire.

— Tu vas laisser cette Audrey Wallace s'en sortir ?

— Se sortir de quoi ? Peut-être qu'elle a effectivement pris son mari pour un cambrioleur. Comment puis-je savoir ce qui s'est passé dans la tête d'Audrey ? (Fern haussa les épaules. Quand elle reprit la parole, sa voix était lasse.) Toute cette nuit, j'ai veillé et j'ai réfléchi, Billie. George est mort. Je ne peux pas le ressusciter. Audrey a déjà beaucoup d'ennuis. Pourquoi lui en causerais-je davantage ?

Billie plissa le front :

— Parce que tu la hais, dit-elle avant de répondre sur un ton plus calme, car tu la hais, n'est-ce pas ?

— Pas spécialement. *Toi*, je sais que tu la hais. Je me demande pourquoi.

— Je ne la hais pas. Mais je ne l'aime certainement pas. Elle se prend pour je ne sais quel être supérieur ! Elle porte des gants même pour aller au marché. On la croise dans le patio et une fois sur deux elle ne vous dit même pas un mot.

— Je sais, dit Fern. Cette attitude supérieure me portait sur les nerfs, à moi aussi. Mais plus maintenant, pas après la nuit que j'ai passée. En fait, je lui suis presque reconnaissante, maintenant.

Billie n'en revenait pas.

— Reconnaissante ! De quoi ?

— Je viens de découvrir qu'elle m'a rendu un service. Naturellement elle ne l'a pas fait exprès, mais le fait est là.

— Ma foi, je ne sais pas à quoi tu fais allusion, et

je continue à penser que tu es folle. Et toute cette publicité, alors ? Tu disais que ça te donnerait une nouvelle chance au cinéma. Tu te souviens ?

— Je me souviens. Mais depuis je me suis aussi souvenue d'un certain nombre de choses. Je n'étais pas une bonne actrice. Je me faisais des illusions en croyant en être une. Aussi longtemps que j'étais jeune et jolie ça passait. Mais maintenant, toute la publicité du monde ne me procurerait rien de mieux qu'une panne de temps à autre. (Fern se leva, alla à la cheminée et prit la photo de son mari.) Et il faut que je pense à Jimmy. Il n'aimerait pas du tout ce que les journaux publieraient sur George Wallace et moi.

Elle sourit affectueusement à la figure ronde et grasse, avec son nez retroussé et ses petites oreilles pointues.

— Je ne te comprends pas, dit Billie. Tu méprises Jimmy et tu le sais. Tu ne l'as épousé que pour son argent. George a été assassiné à cause de toi, et tu ne lèveras pas le petit doigt pour punir la femme qui l'a tué. Ça vaut bien pourtant un peu de l'argent de Jimmy !

— Voyons, ma chère, qui désire être pauvre ?

— Il y a des lois contre le meurtre. Que fais-tu de ton devoir civique ?

— J'ai réfléchi à l'aspect légal de la question, dit tranquillement Fern. Et j'ai réfléchi aussi à ce qui arriverait si quelque citoyenne vertueuse dans ton genre en disait trop à la police. Je persuaderais Audrey de l'attaquer en diffamation. Si je n'y réussissais pas, c'est moi qui attaquerais. Mais cela ne serait pas nécessaire, ajouta-t-elle en souriant. Je crois que je pourrais persuader Audrey de faire à peu près n'importe quoi — maintenant.

— Tu es révoltante, Fern. Je le pense vraiment. Adieu.

— Adieu, ma chère, dit Fern à la porte claquée.

Elle reposa la photo sur la cheminée et retourna s'asseoir. Jimmy pouvait avoir l'air d'un porc et se comporter parfois comme tel, mais c'était un porc bien nourri et le genre de mari porcin qui voulait que quiconque dépendant de lui fût aussi bien nourri que lui-même. Les vêtements de Fern étaient nombreux et de première qualité. Sa voiture blanche décapotable était une Cadillac. C'étaient là des choses tangibles ; on pouvait les voir et les toucher. Cela signifiait manger de la bonne nourriture et porter de jolis vêtements, et avoir une Cadillac qui vous transportait dans le plus grand confort partout où l'on voulait aller. Tout était parfait, sauf Jimmy, et même cet aspect désagréable de sa vie pouvait s'arranger. Ce n'était qu'une simple mise au point, maintenant que Fern savait de visu la façon de faire ce genre de choses. Il ne restait qu'à imaginer une méthode sans faille, comme celle d'Audrey.

Bien entendu il n'était pas question d'utiliser la même méthode qu'Audrey. Deux épouses, deux voisines, abattant leurs maris l'une après l'autre ? Même le lieutenant Grant n'était pas assez jobard pour avaler cela ! Mais il y avait moyen de trouver un autre système, moins voyant. Audrey pourrait même l'aider d'une certaine manière. Après tout, Fern rendait un grand service à Audrey. Et si celle-ci tenait à ce qu'elle continue, il valait mieux qu'elle y mît du sien. Il fallait qu'elles fissent la paix, c'était la première chose à faire. Fern devait témoigner un peu de sympathie à Audrey, l'assurer qu'elle était son amie compréhensive, quoique un peu trop bien informée.

Fern composa le numéro de l'appartement des Wallace. Le téléphone sonna — elle l'entendait sonner —, mais Audrey ne répondit pas. Fern raccrocha, sortit, traversa le patio jusqu'à la porte d'entrée des Wallace et sonna. Elle sonna une douzaine de fois, puis frappa à la porte. La porte ne s'ouvrit pas. Elle tourna la poignée et poussa. La porte était fermée à clef. Alors elle alla à la fenêtre et regarda à l'intérieur.

A quelques pas seulement, séparée d'elle par une simple vitre, Audrey était là, assise sur une chaise. Fern comprit pourquoi Audrey n'avait pas répondu au téléphone ni ouvert la porte, et ne le ferait plus jamais. A côté de la chaise, sur le plancher, étaient posés un verre vide et un flacon de pharmacie. Une main pendait sans vie, l'autre, posée sur son giron, tenait une lettre. Celle-ci était si près que Fern put lire ce qui était écrit sur l'enveloppe. *Confidentiel. Prière de remettre à M. Jimmy Price.*

Pendant quelques secondes, Fern délibéra sur l'opportunité de casser la vitre — et décida de ne pas le faire. Cela ferait trop de bruit, attirerait l'attention. Il fallait qu'elle prenne cette lettre, absolument — si elle ne le faisait pas, elle perdrait toutes ces choses agréables qui lui avaient coûté tant de sacrifices — mais elle préférait s'en emparer discrètement, si possible. Elle se hâta vers le derrière de l'appartement, pour entrer par la porte de la cuisine qu'elle trouva ouverte. Le souffle rapide, elle courut au salon.

Elle se penchait sur Audrey et était sur le point de lui prendre la lettre de la main quand une voix d'homme se fit entendre juste derrière elle.

— Je ne vous conseille pas de voler cette lettre, madame Price. Je l'ai déjà lue. Je vous attendais. J'avais dans l'idée que vous viendriez. Dois-je vous rappeler qu'il est illégal de cacher à la police des renseignements essentiels ?

Fern n'eut pas besoin de se retourner. Elle savait que c'était le lieutenant Grant. Toutefois elle tourna la tête et contempla Audrey. Sa propre expression était curieuse, tandis qu'elle examinait le visage de la morte. Elle était faite d'un désespoir mêlé à un soupçon d'étonnement, et même d'admiration.

Audrey avait dû mourir pour en arriver là, mais — Fern devait lui tirer son chapeau — elle avait gagné.

In a tranquil house.
Traduction de François Valorbe.

MESSAGE POSTHUME

par TALMAGE POWELL

— Le nom technique de la maladie est un de ces noms impossibles à prononcer, dit le Dr Mallory Ames. Mais, pour parler comme tout le monde, Nicky Colgreen est mort d'un mauvais fonctionnement du foie. On peut dire d'une panne du foie.

En donnant ces nouvelles à Ronald Clary et à Hadley Lawrence, Ames soupira profondément. Lawrence, qui était notaire, avait convoqué ses deux amis à son bureau. On était au début de la soirée et le grand immeuble commercial présentait un air d'abandon, de désolation.

Clary, rédacteur en chef du principal journal de la ville, alluma un cigare avec des mouvements paisibles. Il était bâti en force, avec une calvitie naissante ; il était difficile de le scandaliser ou de l'étonner et ses yeux largement ouverts avaient la dureté du diamant.

— Je suppose, dit-il songeur, que je dois bien à

ce bon vieux Nicky un article nécrologique écrit de ma propre main.

— Il est difficile de réaliser qu'il est mort, dit Lawrence.

— Je ne pouvais pas faire grand-chose, dit le Dr Ames. Nous pouvons réparer le cœur, remplacer le rein. Mais quand l'humble foie nous lâche, il ne nous reste qu'à fermer boutique.

— Tu es resté près de lui jusqu'à la fin ? demanda Lawrence.

— Bien sûr, acquiesça Ames. Du premier symptôme jusqu'au moment où j'ai dû apposer ma signature sur le certificat de décès, je ne l'ai pas quitté. C'était le moins que je puisse faire pour Nicky.

Lawrence alla calmement à son bureau et s'y assit. C'était un homme brun, mince, et les traits fins de son visage révélaient un certain caractère. Le bureau, lui, était massif, en noyer sculpté à la main, en harmonie avec le reste de l'imposante pièce.

— Pauvre vieux Nicky, murmura-t-il. C'en est fini de ses vantardises, de ses tentatives pour démontrer sa supériorité, de ses coups maladroits au golf.

— Sa vie n'a pas été malheureuse, dit Clary. Il avait déjà plus de cinquante ans. Il n'était pas utile à grand-chose, c'est vrai, et il se montrait parfois un peu ridicule. Mais la fortune dont il avait hérité lui constituait un bouclier bien solide.

— A la fin, il n'était plus le même, dit Ames. Une fois son sourire et son air enfantin disparus, il n'était plus qu'un vieillard fatigué, avec une moustache grisonnante et des poches sous les yeux.

— L'alcool et les femmes, dit Clary. Et toutes ces réceptions auxquelles il était toujours prêt à se rendre.

— C'est tout ce qui l'intéressait, renchérit Lawrence. Vous savez, en y réfléchissant bien, il n'avait rien de commun avec nous trois. Je me demande pourquoi il se cramponnait à notre amitié.

— Nous étions ses points de contact avec un monde qui avait plus de sérieux que le sien, dit Clary. Et je suppose que cela flattait notre « moi » de l'avoir dans notre entourage.

Ames approuva d'un signe le raisonnement de Clary ; puis le docteur se tourna vers le notaire.

— Hadley, pourquoi nous as-tu fait venir ici ?

Lawrence ouvrit un tiroir de son bureau.

— J'ai une lettre de Nicky. Elle a été écrite l'avant-dernière nuit et m'a été remise par messager spécial. Des instructions y étaient jointes pour que, si Nicky mourait, nous la lisions tous trois ensemble.

Clary et Ames se regardèrent et, involontairement, se rapprochèrent du bureau. Lawrence resta assis, gardant un moment en main l'enveloppe blanche cachetée. Puis il prit un mince coupe-papier doré. L'ouverture de l'enveloppe, dans le profond silence qui était tombé sur la pièce, produisit un bruit extraordinairement bruyant, irritant.

En parcourant la lettre, Lawrence pâlit.

Clary claqua des doigts.

— Allons, Hadley, elle nous est adressée à tous les trois.

— Je ne suis pas sûr que vous désiriez entendre ça.

— Je suis sûr que nous le désirons, dit Ames.

Robuste, plutôt haut en couleur, collet monté, le docteur jeta un bref coup d'œil à son ami.

— Bien sûr, dit Clary. Lis-la à haute voix, Hadley.

Après un instant d'hésitation, le notaire prit une profonde inspiration et commença à lire, d'une voix qui tremblait par moments :

« Chers copains,

D'après le comportement de Mel je soupçonne que cette mystérieuse maladie de foie va finir par m'avoir. J'aurais au moins aimé mourir d'une cause un peu plus virile. Au lieu de cela, au cas où vous ne le sauriez pas, le propre-à-rien vantard va expirer d'un engorgement du foie.

Ne protestez pas, mes amis. Je n'ai pas employé l'expression « propre-à-rien » à la légère. Je sais, depuis le temps où j'étais un petit garçon élevé dans l'ambiance étouffante des gouvernantes et des nurses, que cette expression me convient parfaitement. De plus, je sais que, secrètement, c'est dans ces termes que vous avez toujours pensé à moi.

Pourtant, le clown incapable doit dire ce qu'il a envie de dire. Si, durant ma vie, je n'ai jamais réussi à vous impressionner le moins du monde, je vais le faire par-delà la mort.

Vous croyez être mariés à des femmes respectables, de haute moralité et de réputation irréprochable. Mais le fait est que j'ai été aimé par la femme de l'un de vous. J'ai découvert en elle une passion d'une nature et d'une force telles que vous n'avez même jamais rêvé qu'il puisse en exister une semblable. Bien des fois — répondant à mon caprice et à mon désir — elle est venue à moi.

Ainsi, mes amis, tandis que votre amitié pour moi se nuançait d'une touche de condescendance, je dois vous assurer que c'était à tort. Je ne peux pas partir pour toujours en ne laissant que le souvenir d'un bouffon, toléré au club et dans les réceptions.

Au lieu de cela, je préfère mourir en sachant que j'ai pris de l'importance dans vos vies. Vous garderez de moi une image dont je n'ai jamais eu le privilège de jouir durant une vie qui, je dois l'avouer, a été assez solitaire mais pas entièrement décevante.

Très sincèrement,
Nicky. »

Hadley Lawrence jeta la lettre sur son bureau. Un silence complet enveloppa les trois hommes tandis qu'ils contemplaient la lettre.

Le visage de Clary devenait plus rouge de seconde en seconde. Ses dents du haut et celles du bas se touchaient en écrasant son cigare. Ames avait perdu son allure de messager médical de l'espoir.

Lawrence, tremblant, commença :

— Je sais une chose, ce ne peut être de Lucile qu'il parle.

Ames lança un coup d'œil furieux au notaire.

— Insinuez-vous que Doris...

— Ou Maureen ? demanda Clary.

Il se pencha par-dessus la table et attrapa Lawrence par le revers de son veston. Avec une exclamation de colère, Lawrence se libéra.

Il se tint un moment debout devant les deux hommes, comme aux abois. Une mauvaise farce de ce genre ne leur avait jamais été jouée. Ils étaient comme dressés sur leurs ergots ; le souvenir de leur amitié s'estompait déjà.

— Je n'insinue rien, dit finalement Lawrence, remettant en ordre son veston. Il désignait quelqu'un d'autre que Lucile, c'est tout.

— Je ne resterai pas ici à écouter... commença Clary.

Ames s'avança et arrêta un nouveau mouvement de Clary en direction de Lawrence.

— Je vous propose de rester aussi objectifs que possible, dit Ames.

— Tu es médecin, dit Clary. L'objectivité, c'est ton boulot. Mais moi...

— Quand on dirige un journal important, on devrait savoir se contrôler aussi bien que moi, dit Ames. La même chose pour un notaire réputé. Écoutez, ne jouons pas son jeu.

Une légère détente se produisit dans les épaules étroites de Lawrence.

— Bien sûr, Mel, tu as raison. Nicky a prévu et espéré que nous réagirions exactement de cette manière.

— Certainement. Il avait, sans aucun doute, imaginé la scène et en retirait quelque satisfaction.

— C'est une façon bien vile de mourir, si vous voulez mon avis, dit Clary.

Lawrence se rassit.

— Une façon bien vile, oui. Mais on ne peut probablement pas passer une vie entière en portant en soi tout ce qu'avait Nicholas Colgreen sans en être influencé.

— La question est de savoir ce que nous allons faire, dit Ames.

— Détruire la lettre, dit Lawrence.

— On peut brûler le papier, dit Clary, mais on ne pourra jamais en détruire le contenu. Il restera en nous pour toujours ; nous ne pouvons pas y échapper.

Lawrence se prit la tête dans les mains et gémit. Clary alluma un nouveau cigare et se laissa tomber sur une chaise. Ames resta au milieu de la pièce, son regard désolé se posant tantôt sur l'un, tantôt sur l'autre.

Il se pencha au-dessus de la table, saisit par les épaules Lawrence et le secoua.

— Hadley... reprends-toi, mon vieux ! Et toi aussi, Ronald. Debout, debout, ai-je dit !

Lorsqu'il eut retenu leur attention, Ames poursuivit :

— Nous devons regarder les choses en face et les accepter carrément. Nous n'avons pas le choix. Et ensuite... ensuite, nous ne devons plus jamais en parler. Ce qui est arrivé dans ce bureau, ce soir, ne doit jamais transpirer au-dehors.

— Tu veux dire que nous laisserions Nicky s'en tirer ? demanda Clary.

— Que suggères-tu de lui faire ? dit Ames.

La voix de Lawrence tremblait.

— Le couard ! Le salaud ! Sachant qu'il serait hors de notre atteinte, que nous ne pourrions rien...

— Mel, dit Clary, suggères-tu que je regarde ma femme pendant le reste de ma vie, sans jamais savoir la vérité ?

— Ce n'est pas ce que prévoyait Nicky, dit Ames, et c'est le seul moyen de le contrer.

Il laissa les mots pénétrer dans leur cerveau. Puis il continua :

— Nous connaissons tous les femmes en question, et nous savons que Nicky possédait un certain attrait de gamin, un charme bien personnel. Nous pouvons supposer qu'il a délibérément usé de tous les moyens en sa possession pour entretenir cette liaison. Et il a eu bien des années pour le faire. Cela a créé une situation qui, selon toute probabilité, ne réapparaîtra pas. Il est presque certain que la femme en question ne sortira plus du droit chemin, maintenant que Nicky n'est plus là.

— Il faut que je le sache, dit Clary. Je ne peux pas supporter... (Il s'interrompit, regarda les deux autres. Son visage se colora.) Ne vous y trompez pas ! Je sais fichtrement bien que ma femme n'est pas la femme en question.

— Alors accroche-toi à cette certitude, dit Ames. Nicky a donné à chacun de nous la possibilité de se détruire lui-même. Souvenez-vous de cela. C'était ce qu'il voulait.

Clary et Lawrence inspirèrent bruyamment dans le silence qui suivit.

— Tu as raison, évidemment, dit Clary à contrecœur.

— Mais ce sera dur, dit Lawrence. La regarder à la table du petit déjeuner, la voir se peigner devant son miroir...

— Considère cela comme notre punition pour avoir été de mauvais amis pour Nicky, conseilla Ames.

Ses mots semblèrent clore définitivement leur discussion. Les trois hommes devinrent raides et gênés, s'observant les uns les autres.

Brusquement, Ames se dirigea vers la porte. Il s'arrêta et regarda par-dessus son épaule.

— Je vous verrai dimanche au club, à l'heure habituelle ?

Clary s'affaira à rallumer son cigare.

— A vrai dire, il me sera impossible de jouer au golf ce week-end. Il y a une exposition d'antiquités que ma femme a envie de visiter.

Les mains de Lawrence s'agitèrent avec rapidité, sans toucher les objets sur son bureau.

— J'ai négligé mes roses, murmura-t-il. Je pense que je ferai mieux de les tailler et de les asperger d'insecticide dimanche. Et aussi d'arroser le gazon.

Ames approuva, plus pour lui-même que pour les autres. Il eut dans les yeux un bref éclair, à la fois de regret et d'embarras. Puis il sortit rapidement du bureau.

L'écho de ses pas résonna tandis qu'il quittait l'immeuble désert.

En montant en voiture, il se dit qu'il était vraiment dommage que Clary et Lawrence eussent été mêlés à cette histoire.

En réalité, elle n'avait concerné que Nicky et lui-même, et ce, depuis le soir où, revenant plus tôt que prévu d'un congrès médical, il avait secrètement suivi Doris et l'avait vue entrer dans un certain motel. Ensuite il n'avait plus eu qu'à *soigner* son vieil ami.

Aftermath of death.
Traduction de Jenny Orléans.

LA FEMME LYNCHÉE

par JACK RITCHIE

Joe Daley, l'enquêteur envoyé spécialement par les services du gouvernement, alla droit au but.

— Shérif, hier après-midi, une bande de voyous a enlevé une jeune femme de cette prison et l'a pendue par le cou jusqu'à ce que mort s'ensuive. Que faisiez-vous pendant ce temps-là ?

— Rien, répondis-je. Ma main était coincée dans la machine distributrice de Coca-Cola du magasin de Wilbur Frank. (Mes yeux glissèrent vers la fenêtre, vers le grand chêne près du garage de Charley.) Je n'arrive toujours pas à croire qu'il y ait eu lynchage. Personne n'est pendu.

Le cou de Daley devint un peu rouge.

— A la fin ils ont descendu le cadavre et l'ont emporté.

— Personne ne l'a encore retrouvé.

— Non. Probablement est-il maintenant enterré quelque part dans la montagne.

Je bourrai ma pipe.

— Vous ne possédez en somme aucune preuve de cette pendaison ? Et comme je l'ai lu quelque part, il vous faut le *corpus delicti*, sinon vous ne pouvez prouver que quelqu'un est mort.

Daley sourit pour la première fois depuis son arrivée ici.

— Vous connaissez sans doute la loi, shérif, mais pas suffisamment. Nous n'avons pas besoin de cadavre. Pas même d'un morceau. Il nous suffit de prouver que la victime existait bien et qu'elle a été assassinée. Comment s'appelait cette femme ?

Mon regard retourna à la fenêtre.

— Jamais mis une femme sous les verrous de ma vie.

Les yeux de Daley se rétrécirent.

— Voulez-vous dire qu'il ne *se trouvait* aucune femme dans votre prison hier ? Ni hier ni avant ?

— Exactement.

Il me regarda fixement pendant un moment.

— Nous sommes ici dans une ville. Mais les habitants n'ont-ils pas lynché une femme il y a soixante-quinze ans ?

— Elle avait volé un cheval, dis-je en hochant la tête. Le meilleur des chevaux attelés du pays. A ce moment-là, tout au moins.

***

Hier après-midi — après avoir retiré ma main de la machine à Coca-Cola — j'ai regardé dans la rue par la vitre du magasin de Wilbur Frank. Je n'ai rien vu à ce moment-là, pas plus que maintenant d'ailleurs. Pas une âme dans la rue, et pas de pendue au chêne.

Mais Wilbur continuait de clamer qu'il venait d'assister à un lynchage, etc., etc. J'ai voulu le calmer. Il s'est mis alors en colère et a téléphoné à la police.

Le premier des policiers est arrivé environ quinze

minutes après, et bientôt toute la ville était pleine d'uniformes et de gens qui posaient des questions.

Puis, ce matin même, Joe Daley a débarqué, envoyé par le Parlement, et accompagné d'une quantité de personnes de son bureau.

On voit souvent le nom de Daley dans les journaux depuis que le gouverneur a annoncé qu'il allait prendre sa retraite, et il semble que Daley sera probablement présenté par son parti à la prochaine réunion du Congrès en vue de le renouveler. Du moins est-il le premier en tête des candidats depuis que quelqu'un a découvert que le sénateur Homer Wright se servait des prisonniers pour faire construire des piscines à ses amis.

Daley m'observait toujours.

— Vous avez sans doute beaucoup de parents ici ?

— Oh ! fis-je, je crois que nous avons tous plus ou moins des liens de parenté. A part Wilbur Frank. Il vient de Marydale et n'est là que depuis deux ans.

La porte s'ouvrit et un sergent de la police entra. Il paraissait fatigué.

— Toujours rien. Il n'y en a pas un dans cette ville qui ait quelque chose à dire.

Daley n'admettait pas cela.

— En dehors de Wilbur Frank, *quelqu'un* doit bien avoir vu ce qui s'est passé. (Il fit quelques pas de long en large.) Et les enfants ? Avez-vous interrogé les enfants ?

Le sergent soupira.

— Ils étaient tous partis à ce moment-là. Il n'y avait pas d'école. Un car les a ramassés dans la matinée et les a emmenés au stade de Marydale. Ils ne sont pas rentrés chez eux avant cinq heures passées.

Daley écarta de nouveau l'explication.

— Mais les *vrais* enfants ? Les petits, en dessous

de sept ans. Ils ont dû voir la scène. Et les enfants de cet âge bavardent toujours. Même si leurs parents le leur défendent.

— Eux aussi étaient partis. Au pique-nique, répondit le sergent d'un air pitoyable.

Daley battit des paupières.

— Au pique-nique ? Quel pique-nique ?

Le sergent devint nettement mal à l'aise.

— Il paraît que toutes les femmes d'ici — absolument toutes — avaient décidé d'en faire un hier après-midi. Elles ont pris chacune leurs gosses et sont allées à Cotter's Creek. Elles ne sont pas rentrées avant cinq heures passées, elles non plus.

C'en était trop pour Daley.

— Toutes ? Que célébraient-elles donc ? La fête de John Wilkes Booth ?

— Oh ! non, monsieur, dis-je. Les gens d'ici étaient unionistes pendant la guerre. Je pense plutôt que la journée était belle et chacun se sentait d'humeur à aller déjeuner à la campagne. Les femmes, du moins.

Daley se tourna brusquement vers l'un de ses collaborateurs.

— Je veux que les services judiciaires envoient ici la machine à détecter le mensonge. Immédiatement.

Je tirai ma montre pour la regarder, puis la remis en place.

— Si personne n'y voit d'inconvénient, déclarai-je, je crois que je vais aller prendre une tasse de café chez Fred Jackson.

Daley hésita une seconde et finalement haussa les épaules.

— Allez. Mais je vous reverrai plus tard.

Quand je sortis de la prison, il y avait au moins une centaine de journalistes et de photographes de presse qui attendaient. Je me laissai photographier.

Certains retardataires me demandèrent si j'accepterais de poser encore, cette fois avec ma main prise dans la machine à Coca-Cola de Wilbur Frank. Je promis, mais leur dis que d'abord il fallait que je boive un café et que je mange quelque chose.

La ville entière était pleine de voitures. Cependant il ne semblait pas qu'elles appartinssent toutes à la police ou aux reporters. Des touristes, pensai-je.

La salle de café de Fred était bondée aussi. D'habitude, il pouvait très bien faire son travail tout seul et ça lui laissait encore le temps de lire les journaux. Mais je remarquai qu'il avait dû engager les filles Jenkins et Susie Dibbler, et qu'ils paraissaient tous très occupés.

Je m'avançai à travers les clients et gagnai la pièce qui servait de chambre à Fred.

Il quitta alors aussitôt le comptoir, vint me rejoindre et ferma la porte derrière lui.

— Comment vont les choses ?

J'examinai l'œil au beurre noir qu'il arborait.

— Pas trop mal, jusqu'à maintenant. (Il y avait une cafetière sur un petit réchaud électrique. Je me servis.) M. Daley va faire venir ici une de ces machines qui détectent le mensonge.

Fred parut ennuyé.

Je sucrai mon café.

— C'est un truc diablement sensible, tu sais, Fred. Aussi il faut que nous nous entendions. Quand l'homme qui la fait marcher te posera des questions, ne t'énerve pas et dis ce qui te vient à l'esprit. Ne remue pas tes orteils dans tes chaussures s'il te demande quelque chose d'important. Et ne t'avise pas de penser à quoi que ce soit d'excitant. Ne te trémousse pas sur ta chaise et fais même attention de ne pas tousser, sinon ça pourrait brouiller tous leurs graphiques.

Fred me tendit le pot de crème.

— Je passerai la consigne à tous ceux que je verrai.

A ce moment-là, il y eut au-dehors un peu plus d'animation que d'ordinaire. Fred alla à la fenêtre.

— La voiture du sénateur Homer Wright vient d'arriver en ville. Qu'est-ce qu'il veut faire, mettre son grain de sel ?

Je bus une gorgée de café.

— On ne peut pas savoir, Fred. Mais j'ai dans l'idée que si Daley dit blanc, Homer Wright dira noir. Par principe, et étant donné la politique.

Je finis ma tasse et sortis.

Certains de nos compatriotes avaient dû montrer Homer aux journalistes qui n'étaient pas du pays, car il avait un petit groupe autour de lui.

Le sénateur est un homme imposant. Il portait son habituel costume de toile blanche et son chapeau à larges bords.

— Je *connais* ces gens-là, disait-il. Ce sont *mes* concitoyens et je sais qu'ils n'auraient jamais lynché quelqu'un, surtout une femme.

Un des reporters eut un sourire.

— Ils l'ont pourtant fait il y a soixante-quinze ans.

Le sénateur fronça les sourcils.

— C'était à une autre époque, monsieur. De plus, cette femme avait volé un cheval. Mais nous sommes au XXe siècle, et les habitants de cet État le savent tout autant que ceux des cinquante autres. Je suis venu aujourd'hui pour les *défendre* contre la persécution que leur font subir les gens qui ne sont pas nés ici et ne peuvent comprendre leurs façons de faire.

Je pensai qu'il devait vouloir parler de Joe Daley qui avait vu le jour dans le Wisconsin. Évidemment, il avait deux ans quand ses parents l'avaient amené ici, mais à mon avis les deux premières années de l'existence sont très importantes et peuvent en quelque sorte former un homme.

Le sénateur leva la main pour réclamer un peu plus d'attention.

— Ces braves gens croient en la liberté et en la justice. Après tout, leurs ancêtres ont inventé la Grande Charte et le gouvernement du peuple, pour le peuple, et par le peuple.

Il continua ainsi pendant un bon moment. Je remarquai que certains journalistes s'agitaient et s'écartaient du groupe, mais le sénateur tenait les gens du pays et obtenait de temps en temps des applaudissements.

Quand il eut fini, j'allai chez Wilbur Frank. Je me laissai photographier à côté de la machine à Coca-Cola, puis je jetai un coup d'œil sur certains journaux de Washington à l'éventaire de Wilbur.

Selon le *Chronicle*, ce qui venait d'arriver ici était une honte et un déshonneur pour l'État et la Nation, d'autant plus qu'il s'agissait d'une femme. L'éditorial promettait que le Parlement ferait très certainement quelque chose à ce sujet et le ministre de la Justice des États-Unis.

Le *Chronicle* mène campagne en faveur de Daley comme prochain gouverneur.

Par ailleurs, le *Journal* estimait que l'on devait se montrer prudent et ne pas s'affoler. Ne pas lyncher les lyncheurs. S'il y avait bien eu lynchage. Il faisait aussi remarquer que, jusque-là, c'était la parole d'un seul homme contre celle d'une ville entière, et que cela valait la peine qu'on s'y arrêtât.

Le *Journal* continuait en soulignant que Daley essayait seulement d'obtenir une grosse publicité et qu'il aurait mieux fait d'expliquer pourquoi sa femme touchait un salaire régulier de l'État pour être sa prétendue secrétaire, alors qu'elle ne savait ni la sténo ni la dactylo, et qu'elle passait six mois en Floride.

Je me suis laissé dire que le sénateur Homer Wright possédait une part du *Journal*.

La machine à détecter le mensonge arriva le lendemain matin, et tous les hommes y passèrent. Y compris moi.

Un nommé Parker la faisait marcher. Il me dit de cesser de mordiller ma pipe. J'arrêtai donc, mais cela me rendit mal à l'aise. Je profitai de ce que le genou me démangeait pour me mettre à le gratter au moment où il me demanda si ma main s'était trouvée réellement prise dans la machine à Coca-Cola.

Je passais une agréable soirée le samedi avec Jim Barker, notre maire, et son invité, le sénateur Homer Wright, quand un policier frappa à la porte et m'avertit que Daley voulait me voir immédiatement à la prison.

Je pris mon chapeau.

— Sénateur, dis-je, aimeriez-vous venir vous rendre compte de ce qu'est l'intérieur d'une prison ?

Peut-être employai-je les mots qu'il ne fallait pas. Toujours est-il qu'il me regarda d'un air furieux pendant une seconde, puis il se leva :

— Qu'est-ce que ça peut faire que je le sache ou non ? répondit-il.

Quand nous arrivâmes à la prison, Parker parlait à Daley.

— Je n'ai jamais vu, dans toute ma carrière, des résultats aussi désordonnés ni entendu autant de sornettes. Je ne peux rien dire de définitif sur ces gens, sauf sur un.

Daley fut toute oreille.

— Qui ?

— Wilbur Frank. Lui seul ne ment pas.

Daley sourit légèrement et se tourna vers moi.

— Shérif, nos techniciens du laboratoire ont examiné le chêne devant le garage de Charley. Ils y ont découvert des fibres provenant d'une corde sur la première branche.

Je me frottai la mâchoire.

— Il me semble me souvenir que les enfants de Charley avaient installé une balançoire sur cette branche il n'y a pas encore très longtemps.

Daley souriait toujours.

— Qui avez-vous eu dans cette prison, shérif ?

Je réfléchis.

— Je crois que ça doit être Lew Worley. Il avait un peu trop bu, il y a environ un mois, et sa femme m'a demandé de venir le chercher. Je l'ai enfermé pour la nuit. Le lendemain matin il était dégrisé et navré. Alors je l'ai laissé sortir.

Daley parut hocher la tête.

— Quand vous mettez quelqu'un en prison, shérif, vous en prenez note, n'est-ce pas ? Je veux dire, vous inscrivez le nom du prisonnier sur un livre ou autre chose ?

— Bien sûr. J'essaie de me conformer aux règles.

On eût cru que Daley sortait mon registre de l'air environnant. Il l'agitait presque comme un drapeau.

— Est-ce là que vous écrivez les noms ?

— Oui.

Il ouvrit le livre.

— Je n'y vois pas celui de Lew Worley.

Ma pipe s'était éteinte. Je me mis à chercher des allumettes.

— En réalité, continua Daley, la dernière inscription... sur la ligne du bas de cette page concerne un certain Clark Haskins.

— Clark était ivre aussi, dis-je. Je l'ai bouclé pour une nuit.

Daley me mit le registre sous le nez et me montra quelque chose.

— Voyez ce morceau de papier entre les pages ? On dirait qu'on en a arraché une, n'est-ce pas ? Regardez !

J'avais trouvé mes allumettes et j'essayais de rallumer ma pipe.

— *Il y a* une page qui manque, dit Daley. J'ai fait examiner ce registre par nos techniciens. Ils sont arrivés à faire ressortir les marques existant sur la page blanche qui suit... marques qui se sont produites quand on a écrit sur celle qui manque.

Il attendit quelques secondes, étudiant mon comportement, puis continua :

— Nous avons trouvé un certain nombre de noms, y compris celui de Lew Worley. Mais celui-ci n'était pas le *dernier*. Il y en avait un autre après.

Daley se pencha pour me regarder de plus près.

— Shérif, qui était Ellie May Linton ?

Je ne répondis pas.

Daley eut un petit sourire.

— Encore une fois, shérif, avez-vous, oui ou non, inscrit une Ellie May Linton, le 20 de ce mois ?

Le sénateur Homer Wright se leva.

— Je pense que peut-être le shérif préférerait parler en présence d'un avocat. Dans ce cas, je suis tout disposé à agir en cette qualité, comme je le suis pour défendre les droits de tous ceux qui peuvent avoir besoin d'aide. Je veux qu'ils sachent que je ne reculerai pas devant la folie collective d'étrangers hostiles.

On vit Daley avoir du mal à se contenir. Il respira profondément, puis s'adressant à l'un des policiers :

— Allez chercher Wilbur Frank. Je veux que le bon et honnête sénateur entende l'histoire directement de la source.

Wilbur Frank arriva dix minutes plus tard. Il s'installa confortablement dans un fauteuil et commença sans plus tarder.

— Voilà, monsieur, il était environ deux heures et demie de l'après-midi. Il n'y avait personne dans la boutique en dehors de moi et du shérif. Il n'achetait rien. Il était juste assis là, pour passer un petit moment. Et soudain j'entendis ces hurlements dehors. J'allai à la vitrine et regardai dehors. C'est alors que j'ai vu cette bande d'hommes près de la prison. Ils portaient tous des sacs en toile sur la tête et la plupart des fusils.

— A quelle distance la prison est-elle de votre magasin ?

— Environ deux cents mètres. Et j'ai vu aussi certains de ces hommes tirer la femme hors de la prison. Elle se débattait pourtant furieusement. Elle en a même jeté un par terre.

— Quand vous avez compris ce qui se passait, qu'avez-vous fait ?

— J'ai tout de suite prévenu le shérif.

— Et que faisait-il, *lui ?*

— Il était dans le fond du magasin et il essayait de sortir sa main de la machine à Coca-Cola.

Je m'éclaircis la gorge.

— J'avais mis une pièce de cinq *cents* et rien ne venait. J'ai pensé que quelque chose s'était coincé. J'ai enfoncé ma main dans le trou. Je n'ai pas pu la ressortir.

— Peu importe, jeta Daley d'un ton sec. Continuez, monsieur Frank, je vous prie.

— J'ai voulu aider le shérif à sortir sa main, dit Wilbur, mais il m'a dit de le laisser, qu'il y arriverait bien tout seul.

— Et alors ?

— J'allai de nouveau à la vitrine. C'était plus fort que moi, vous savez. La bande a entraîné la femme vers le chêne et l'a pendue.

— Et pendant tout ce temps, le shérif avait toujours la main coincée dans la machine ?

— Oui.

Daley eut à mon adresse un sourire de mauvais augure avant de retourner à Wilbur.

— Continuez.

— Eh bien, les hommes l'ont laissée pendue là... jusqu'à ce qu'elle soit morte, je suppose... Ensuite, ils ont coupé la corde et ils ont emporté le cadavre. Je les ai perdus de vue quand ils ont passé la maison de Mike Mosely.

— Vous n'avez reconnu personne ?

— Non. Comme je vous ai dit, ils avaient des sacs sur la tête, c'était impossible.

— Et le shérif, a-t-il enfin pu retirer sa main ?

— Oui. Tout de suite après que je lui ai dit qu'ils avaient disparu. Il est alors allé regarder à son tour à la vitrine et a prétendu qu'il ne voyait absolument rien. Il m'a même demandé à sentir mon haleine.

— Et ça vous a mis en colère ?

— Diable, oui, répondit sèchement Wilbur. Je ne bois pas. D'ailleurs, je peux très bien tenir le coup. Aussi j'ai attrapé le téléphone et j'ai appelé la police.

— Monsieur Frank, dit Daley, que savez-vous d'Ellie May Linton ?

Wilbur parut réfléchir.

— Jamais entendu parler. Mais je ne connais pas encore tout le monde ici.

Le sénateur Homer Wright se leva de nouveau.

— Cela vous ennuierait que je pose quelques questions à M. Frank ?

Daley fit bon visage.

— Je vous en prie, sénateur.

Celui-ci, tout en parlant, se mit à faire glisser ses pouces le long de ses bretelles.

— Monsieur Frank, au moment où eut lieu ce prétendu lynchage, que fîtes-vous ? En plus d'attendre, je veux dire. Avez-vous tenté de les arrêter ?

Wilbur se hérissa.

— Les arrêter ? Que vouliez-vous que je fasse, sénateur ? J'étais seul en face d'une troupe armée de fusils. Il pouvait leur prendre l'idée de m'en faire autant, après avoir, pour ainsi dire, goûté au sang. Et justement, dans la ville, tout le monde me doit de l'argent.

Le sénateur tira de nouveau sur ses bretelles.

— Vous dites que la victime se débattit furieusement jusqu'à ce qu'elle soit pendue ?

— Heu... pas exactement. Je pense qu'elle dut se trouver mal avant qu'ils lui passent la corde au cou.

— Se trouver mal ?

Wilbur hocha la tête.

— Je l'ai vue se débattre jusqu'à ce qu'ils soient près du temple. Là, ils ont disparu de ma vue. Quand je les ai revus, ils la portaient. Arrivés à l'arbre, comme je l'ai dit, ils l'ont pendue.

Le sénateur paraissait pensif.

— A ce moment-là... donnait-elle des coups de pied... ou bien avait-elle seulement quelques mouvements nerveux ?

— Non, répondit Wilbur. Elle pendait comme une poupée de chiffons.

— Comme une poupée de chiffons ? répéta le sénateur en levant un sourcil.

— C'est vrai, dit Wilbur.

Il y eut un moment de silence et de réflexion dans la pièce. Puis le sénateur Homer se tourna vers moi.

— Shérif, la femme qui fut lynchée ici il y a soixante-quinze ans ? Comment s'appelait-elle ?

— Ellie May Linton, répondis-je.

***

Eh bien, maintenant, je vais vous dire, Wilbur ne voyait pas de fantômes.

Mais il y avait que notre petite ville était sur le déclin et que les gens s'en allaient ailleurs. Non parce qu'ils le voulaient mais parce qu'il leur fallait trouver un endroit où ils pourraient gagner leur vie.

Et un jour j'entendis parler de cette ville de Tombstone en Arizona et de ce que les habitants sont arrivés à faire avec l'histoire de la fusillade de l'O.K. Corral, datant de 1881. Chaque année, Tombstone fait revivre cet événement, ce qui lui vaut des milliers de touristes. Ces touristes dépensent de l'argent et l'économie du pays reste prospère.

Cela me fit penser à cette femme qu'on a lynchée ici en 1888. A l'heure qu'il est bon nombre de villes des États-Unis pourraient se targuer d'avoir lynché un homme, mais combien peuvent en dire autant d'une femme ? Vous admettrez que c'est à peu près unique. Autant que je sache, il n'y a qu'une petite ville du Texas qui nous concurrence. Et je me suis dit qu'il valait mieux mettre les choses en train avant que le Texas ne commence.

Mais en annonçant seulement qu'on allait procéder chaque année à une représentation rappelant cet ancien lynchage, tout ce que nous pouvions espérer c'était avoir quelques curieux de Marydale, de Black Creek Falls, ou autres endroits comme ceux-là. Nous voulions attirer l'attention de l'État entier. Et de tout ce fichu pays aussi, si possible.

Il nous fallut, pour ça, prendre certaines dispositions. Toutes les grandes personnes furent mises au courant. Sauf Wilbur Frank. Nous avions besoin d'un témoin qui jurerait ses grands dieux qu'il avait vraiment vu lyncher une femme, et ne pourrait pas être convaincu du contraire. Pas même avec une machine à détecter le mensonge.

Susie Dibbler tint le rôle d'Ellie May Linton et fit

du bon travail, même si étant un peu trop excitée elle mit l'œil de Fred au beurre noir. Elle fut sortie de la prison, hurlant et se débattant, puis les garçons l'entraînèrent derrière le temple. Là, ils prirent le mannequin préparé et le pendirent.

D'après ce que je sais, Joe Daley se serait retiré de la compétition gouvernementale. Peut-être aura-t-il plus de chance dans dix ou quinze ans, quand on aura fini de rire de la plaisanterie qu'une petite ville s'est amusée à lui faire.

Et il semble que nous devions, nous, y gagner une grande piscine. Du moins c'est ce que notre futur gouverneur, Homer Wright, m'a promis quand je l'ai mis dans notre petit secret, *avant le lynchage*.

Everybody except Wilbur.
Traduction de Simone Millot-Jacquin.

LE SIXIÈME DOIGT

par Holly Roth

Il y avait quelque chose qui clochait dans cette histoire... quelque chose qui ne collait pas. Je sortis à demi le dernier tiroir de mon bureau et y calai confortablement mes pieds. J'avais sous les yeux les épreuves tachées d'encre, mais ce n'était pas l'article lui-même qui n'allait pas, j'avais fait du bon travail. Le titre s'étalait sur huit colonnes : « *Que sont devenus les enfants prodiges ?* » Il y avait un *encadré* signé par *un célèbre psychiatre*, et les photos d'Alphonso Léonard que j'avais prises deux jours auparavant. Il paraissait quelque peu efflanqué, mais sympathique. Un bon reportage qui ferait de l'effet dans l'édition du dimanche et dont notre million de lecteurs feraient leurs choux gras. Et pourtant je n'étais pas content... Il y avait là comme un défaut. Était-ce Alphonso Léonard qui était en cause, ou son appartement ?

La salle de rédaction était à peu près vide — c'était le samedi après-midi — et ce calme insolite me portait sur les nerfs. Les salles de rédaction ne sont jamais vraiment bruyantes. Les plafonds en sont généralement trop hauts, mais, bien que chacun se concentre — sur son travail ou autre chose — il y règne une sorte de rumeur syncopée — dont le tempo change d'instant en instant — ponctuée par le cri d'un rédacteur qui interpelle un collègue, le bruit de ferraille d'une machine à écrire mal réglée dont les touches rebondissent en gémissant, ou la voix discordante d'un reporter au téléphone... On apprend à s'isoler de ces bruits, mais en leur absence, j'avais bien du mal à me concentrer.

Autre élément perturbateur : l'insuffisance de lumière. Dieu sait que j'ai l'habitude de travailler dans les pires conditions. Et pourtant en examinant mes épreuves à la lueur de ma lampe de bureau, je me laissais gagner par mon habituelle irritation. Pourquoi étais-je condamné à cette place, au beau milieu de la vaste salle, à six mètres au moins des fenêtres qui s'ouvraient sur trois côtés ? Je n'étais pas le dernier entré au journal. Trois collègues avaient été engagés après moi. Mais lorsque je lui parlais de changer de place, le patron prenait toujours un air accablé, plus démoralisant qu'un refus brutal.

Je relisais mes épreuves en essayant de localiser la fausse note, lorsque le patron entra et se dirigea vers sa cage vitrée.

Le bruit de ses pas se répercutait dans une salle quasi déserte, mais je vis tout de suite qu'il feignait de ne pas me voir.

Je le hélai :

— Hé ! Bill !

Il s'arrêta et se retourna lentement vers moi, et j'eus droit une fois de plus à son expression de profond accablement.

— Comment trouvez-vous le premier article de la série des enfants prodiges ? lui demandai-je.

L'accablement se mua aussitôt en irritation.

— Me suis-je plaint ? Est-ce moi qui dirige la publication, oui ou non ?

— Sans doute, mais j'aurais voulu savoir si cela vous plaisait.

— Écoutez-moi, cria-t-il, vous vous débrouillez pour obtenir un maximum d'argent contre un minimum de travail. Lorsque vous êtes occupé, vous cassez les pieds de tout le monde. Et à présent vous voudriez des compliments, *en plus* ?

Toute la rangée de frêles cloisons fut secouée comme par un tremblement de terre lorsqu'il claqua la porte derrière lui.

Je n'avais plus qu'une pensée : un jour viendrait où je pourrais lui tirer ma révérence et le plaquer, lui et son fichu journal. Je finirai bien par trouver un travail qui rapporte, une affaire profitable, de l'argent...

C'est alors que me vint l'inspiration lumineuse. C'était cela qui clochait dans l'histoire de Léonard. Trop d'opulence. Il avait trop d'argent. Et d'où venait-il, tout cet argent ?

On m'avait confié le reportage trois semaines auparavant. Une série d'articles sous le titre général : *« Que sont devenus les enfants prodiges ? »* Chaque semaine nous raconterions l'histoire d'un enfant qui avait passé comme un météore dans le firmament des étoiles, pour retourner à l'obscurité, avec en sous-titre quelque chose comme : « du violon à l'épicerie ». Nous ferions ainsi, en termes pseudo-scientifiques, le récit de sa gloire passagère et de sa déconfiture finale.

C'était une formule propre à favoriser le tirage. Les enfants prodiges intriguent les foules. Elles ont pour eux un triple attrait. Il y a tout d'abord l'intérêt naturel que suscitent les enfants. En second lieu, les jeunes prodiges exercent sur l'imagination une sorte de fascination morbide, telle la curiosité malsaine qui rassemble les badauds autour d'un monstre de foire ; en troisième lieu, ils inspirent une jalousie inavouée que ne suscitent pas les phénomènes exhibés sur les places publiques. Nul n'éprouve le désir de peser deux cent cinquante ou trois cents kilos, mais lorsqu'un bambin de cinq ans multiplie, de tête, des nombres à dix chiffres ou dirige un orchestre, l'homme de la rue ne peut s'empêcher de l'envier. A ces trois facteurs de séduction, nous allions en ajouter un quatrième, irrésistible. Nous allions satisfaire les instincts naturels de nos lecteurs en leur montrant que les prodiges, après avoir cessé d'être de mignons bambins, avaient repris le cours d'un destin normal.

Nul n'était mieux désigné pour inaugurer la série qu'Alphonso Léonard. Aucun autre prodige n'avait brillé de façon aussi éclatante dans un nombre aussi extraordinaire de disciplines.

Je m'étais documenté dans nos archives.

A sept ans, Alphonso Léonard avait fait ses débuts de pianiste au Carnegie Hall. Les critiques ne tarissaient pas d'éloges sur son génie. A huit ans, Alphonso obtint une bourse pour l'étude du calcul différentiel à l'Institut de Technologie du Massachussetts. Lorsqu'il eut dix ans il resta dans l'ombre pendant deux mois et c'est par le plus grand des hasards que son retour sur la scène publique fut remarqué en même temps que la publication de sa célèbre *Histoire du monde*, cet ouvrage magistral qui est demeuré pendant dix ans le texte de base de bien des universités et collèges.

Les coupures de presse se rapportant à Alphonso continuèrent ainsi jusqu'en 1941, époque à laquelle il atteignit ses quatorze ans. Il avait fait suivre son *Histoire du monde* de *L'analyse définitive de la politique des États-Unis*, et d'une demi-douzaine d'autres œuvres plus ou moins importantes, toutes exécutées de main de maître — à l'exception d'une seule. Cette exception unique, c'était la sculpture. Alphonso était un sculpteur amateur. S'il s'était agi de quelqu'un d'autre que lui, on aurait pu lui trouver un certain talent. Pour un individu aussi doué par ailleurs, ses dispositions dans ce domaine paraissaient tout à fait quelconques.

Après la publication de *Relations humaines* à l'âge de quatorze ans, sa production s'arrêta et les journaux ne s'occupèrent plus de lui.

Donc Alphonso était l'homme de tête par excellence. Malgré mes qualités de fin limier, il me fallut une bonne semaine pour le trouver. Apparemment, il n'avait rien fait pour disparaître dans l'anonymat ; il avait simplement glissé dans la médiocrité, catégorie qui englobe l'immense majorité des humains, ce qui rend les recherches d'autant plus ardues. Il s'était aussi mis à se faire appeler *Alf*, que le populaire traduisait automatiquement en *Alfred*.

Lorsque enfin je le découvris — ou du moins lorsque je trouvai l'adresse d'un certain Alfonso Léonard qui avait des chances d'être mon homme — il n'était jamais à son domicile. Allais-je passer ma vie à interroger le gardien taciturne et à guetter les fenêtres du quatrième étage de l'immeuble de pierres brunes du 472 de la 73e Rue Ouest ?

Mais lorsque je pressai le bouton de sonnette de l'appartement 4 A, à huit heures précises du matin, le quatrième jour de ma surveillance, la porte s'ouvrit.

Un homme était debout sur le seuil. Il était jeune, moins de trente ans ; très grand ; quelque chose dans son apparence — des traits rudes mais réguliers, une certaine timidité dans le maintien — me faisait penser qu'il aurait plu à mon patron.

— Alphonso Léonard ?

Une seconde d'embarras. Une ébauche de sourire. Puis le sourire s'effaça et les yeux parurent s'agrandir légèrement. J'eus la nette impression que mes trente-sept ans avaient été correctement évalués et que le trou qui déshonorait ma chaussette gauche à la hauteur de l'orteil avait, bien qu'invisible, été envisagé comme partie intégrante de ma personnalité. Mais comme je vous l'ai déjà dit, ce moment ne dura qu'une seconde. Il y eut comme un déclic dans ses paupières, et ses yeux reprirent une ouverture normale tandis que son sourire reparaissait.

— Rares sont les gens qui m'appellent ainsi, mais c'est bien mon nom. Entrez, dit-il, ouvrant la porte en grand.

C'était un bel appartement — fort bien meublé, beaucoup de livres et de tableaux, et quelques intéressantes pièces de sculpture. Quelle différence avec le taudis où je vivais... J'aurais bien changé avec lui, je vous assure.

Léonard me conduisit à une petite salle à manger, me mit une tasse de café dans la main, et tandis qu'il s'activait autour d'une poêle à frire, il me dit :

— J'ignorais que les journalistes se levaient d'aussi bonne heure !

Futé, le gaillard.

— Je n'avais pas mentionné ma qualité de journaliste, dis-je.

Une pause pendant laquelle Léonard me servit une assiette garnie d'œufs et de jambon et s'assit devant son propre déjeuner.

— Nul autre qu'un journaliste ne m'aurait appelé Alphonso. Ce n'est pas plus difficile que cela.

— Je vois, mais suis-je tombé sur le type d'homme que je cherche ?

— Disons que vous avez devant vous les restes

normaux et sains de ce qui fut autrefois un odieux enfant prodige. C'est bien ce que vous cherchez ?

Il semblait enfin que ma série d'articles avait pris un bon départ. Il m'avait pratiquement trouvé un sous-titre.

— Écoutez-moi, dit-il. Je crois vous connaître, vous autres journalistes, rien ne vous arrête si ce n'est la mention « ultra-secret ». Et encore, pas toujours. Je vous dirai donc tout ce que vous voulez savoir... bien que je n'arrive pas à comprendre ce qui peut vous intéresser en moi — seulement, il y a un *mais*.

Il me regardait avec des yeux ardents et persuasifs. Je lui demandai de quoi il s'agissait.

— Si vous avez l'intention de publier un article sur moi, dit-il, ne mentionnez pas mon adresse, ni le fait qu'on m'appelle « Alf » ; ces deux choses ont pour moi presque la valeur d'une seconde identité. Lorsque j'étais gosse, les journalistes m'en ont fait voir de dures. Je me livrais à des activités qui me semblaient normales et agréables, et l'on m'a donné l'impression que j'étais un phénomène de cirque. Auriez-vous aimé qu'on vous considère comme un anormal à chaque fois que vous jouiez au base-ball ?

Cette question me faisait l'effet d'une plaisanterie, sans doute parce que j'avais passé la plus grande partie de mon enfance à jouer au base-ball dans la rue. Mais une promesse ne coûte pas cher.

— Entendu, dis-je, d'ailleurs je n'ai pas besoin de savoir grand-chose. Simplement votre mode de vie et vos opinions sur différents sujets.

Je lui exposai la formule des articles en projet.

Alf Léonard s'empara de ma seconde tasse de café et de la sienne et me précéda jusqu'à sa salle de séjour pleine de livres. La pièce avait des fenêtres de trois côtés et le soleil avait tiédi l'atmosphère. Je m'assis dans un fauteuil profond tandis que Léonard me tendait une cigarette.

— Mon enfance a eu pour moi une grande importance, dit-il, j'ai toujours pensé que ce qui me différenciait des autres, c'était une surabondance d'énergie. N'importe qui peut apprendre ou faire n'importe quoi s'il possède suffisamment d'énergie.

Je ne relevai pas le propos. Ce n'était peut-être qu'une manifestation de modestie. Peut-être était-il sincère. Il semblait croire ce qu'il disait, mais quoi qu'il en soit, son opinion sur l'origine du génie ne cadrait pas avec mon sujet.

J'ai eu l'impression depuis cette époque que si mes aptitudes avaient été limitées à un champ d'action unique, on se serait beaucoup moins occupé de moi. J'aurais donné tout au monde pour qu'on me laissât tranquille.

Il passa quelques instants à s'apitoyer rétrospectivement sur lui-même — parce qu'il avait connu les honneurs de la première page des journaux — puis il poursuivit :

— A présent cela n'a plus d'importance. J'ai dépassé ce stade. J'ai maintenant vingt-huit ans. Depuis l'âge de vingt-deux ans, je gagne ma vie grâce à la sculpture. Je ne suis pas d'une très grande force, mais ce travail me plaît et me permet de me débrouiller. Là-dedans (d'un geste de la main, pardessus son épaule, il indiquait une ouverture voûtée derrière lui) je sculpte les originaux des *nouveautés* comme on les nomme dans le métier. Je les vends à des faïenceries qui les reproduisent en série. Je gagne entre soixante-dix et cent dix dollars par semaine, et ça me suffit. Je ne suis pas marié, et vous vous en souvenez peut-être, je n'ai pas de famille.

Je hochai la tête. En me tordant le cou, je pouvais jeter un coup d'œil dans le petit studio attenant à la salle de séjour. J'apercevais des statuettes, des outils de sculpteur, quelques piédestaux de bois.

De toutes les facettes de son génie, la seule qui fût venue à maturité était précisément celle où ses dons étaient les plus modestes. Comme c'est le cas pour tant d'amateurs fort doués, il était devenu un professionnel médiocre.

La petite panthère noire qui se trouvait sur la table près de moi m'avait intéressé dès mon entrée dans la pièce. Elle était taillée dans l'ébène, je suppose ; une petite merveille de souplesse et de grâce félines d'une telle beauté de lignes qu'elle attirait sans cesse mon regard depuis la naissance de ses oreilles en éveil, jusqu'à la courbe menaçante de sa queue.

Je l'indiquai d'un geste du pouce.

— C'est de vous ? demandai-je.

Léonard eut un rire en crescendo, qui me parut entièrement spontané.

— Grands dieux, non ! C'est un original d'Ericcson. Si j'étais capable de réussir un petit chef-d'œuvre de ce genre, je ne serais pas le besogneux que je suis.

Je posai à Léonard quelques questions supplémentaires : entre autres, si ses livres lui rapportaient des droits d'auteur. Il me fit remarquer qu'ils n'étaient pas du genre dont on fait des succès de vente, et que les quelques dollars qu'ils lui avaient rapporté étaient depuis longtemps dépensés. Pour en avoir le cœur net, je lui demandai s'il n'avait pas fait d'héritage.

— Non, non, dit-il, je vis de mon travail. Voulez-vous voir ?

Nous pénétrâmes dans son atelier, et j'examinai les travaux en cours. Ce n'était pas mal — de petites figurines et des animaux en plâtre de Paris — mais il avait raison, rien qui pût se comparer à la pièce d'Ericcson, dans la salle de séjour.

***

Et voilà. J'écrivis mon article et je passai à la victime suivante. J'aurais dû oublier Léonard. Mais sa situation m'intriguait, et voilà que trois semaines plus tard je fus illuminé par un éclair de « génie ». Il prétendait gagner entre soixante-dix et cent dix dollars par semaine, ce qui paraissait assez vraisemblable. Il ne possédait aucune autre source de revenus, il n'avait pas fait d'héritage. Ma foi, je gagnai moi-même quatre-vingt-dix dollars par semaine, j'empruntais de l'argent à l'occasion et je vivais dans deux pièces et pas cinq. Mes meubles ne pouvaient supporter la comparaison avec ceux de Léonard ; le quartier où j'habitais était nettement inférieur ; et je ne m'habillais certainement pas des tweeds d'importation qu'il portait journellement.

Je ne possédais pas non plus d'originaux d'Ericcson.

L'argent provenait bien d'une source quelconque. Mais de laquelle ? Lui tombait-il du ciel ? Je ne le croyais pas, et j'avais ma petite idée.

J'appelai Alph Léonard au téléphone. Pour une fois, il était chez lui. Lorsqu'il dit : « Allô ? », je raccrochai le récepteur et je me précipitai à bride abattue jusqu'à sa rue. Je me glissai vivement dans l'entrée de la maison qui faisait face à la sienne et j'attendis.

Ce fut un long, long après-midi. Il n'y avait rien pour s'asseoir et au bout de deux heures j'avais des faiblesses dans les jambes. Finalement, à la tombée de la nuit, Léonard, une serviette à la main, sortit de sa maison. Ses longues jambes le menèrent rapidement jusqu'au coin de la rue, où il prit un taxi.

Je n'eus aucune peine à en trouver un autre immédiatement derrière lui.

Nous défilâmes à travers la ville et vingt minutes plus tard, Léonard sortit de son taxi et pénétra dans une maison privée magnifiquement entretenue. Je donnai l'ordre à mon chauffeur de continuer, débarquai dans la première rue suivante, et pénétrai dans une pharmacie d'où j'appelai le journal au téléphone. Je donnai l'adresse de la maison et leur demandai de me dire le nom de la personne qui habitait là. Puis, à travers la devanture, je surveillai la maison où Léonard était entré. Le journal me rappela dix minutes après. La maison appartenait au professeur A.J. Rimson.

Je sortis lentement de la pharmacie, pris l'autobus avec l'intention de rentrer chez moi. Mais je ne pouvais tenir en place. A quelque distance de là, je descendis de voiture et poursuivis ma route à pied.

Au premier abord, il semblait assez logique qu'Alphonso Léonard rendît visite à A.J. Rimson. Au premier abord. Puis je commençai à me poser des questions.

Rimson était un mathématicien de génie que des firmes de mécanique appelaient en consultation et auquel elles versaient, disait-on, des honoraires astronomiques lorsqu'il s'agissait de la mise au point d'appareils expérimentaux. Ses connaissances générales et son ingéniosité faisaient de lui un collaborateur sans égal.

Des relations entre Rimson et Léonard semblaient logiques de prime abord. Léonard n'était-il pas lui aussi un mathématicien génial ?

Était-ce vrai ? N'avait-il pas dit : « J'ai dépassé tout cela ! » ? Qu'avait-il dépassé ? La science, la capacité de l'appliquer, l'intérêt ou l'énergie ? J'étais prodigieusement intrigué. Je n'aurais pas pu dire si j'étais fasciné par l'explication de ce qui s'était produit dans un cerveau comme celui de Léonard, s'il s'agissait de mon instinct de journaliste, ou du désir de connaître la vérité. Mais le fait est que j'étais fasciné.

***

A dix heures trente le lendemain matin, je sonnai à la porte de la petite maison du professeur Rimson. Une femme d'âge mûr, l'air maternel, ouvrit la porte.

Je lui demandai si le professeur était chez lui.

— Certainement. Avez-vous un rendez-vous ?

— Non, mais j'ai une lettre d'introduction.

— Dans ce cas, je crains...

— Je viens de San Francisco. Quelques-uns de ses amis de Berkeley — près de l'université... (je levai un sourcil interrogateur et elle hocha la tête) m'ont demandé de venir le voir.

— Mais je ne puis...

Je ne lui laissai pas le temps de finir.

— J'ai la lettre sur moi.

Je me mis à fouiller mes poches sans conviction — et pour cause.

— Très bien. Laissez-moi la lettre et le professeur vous donnera rendez-vous par téléphone.

Je renonçai à trouver la lettre.

— Mais je ne suis ici que pour douze heures. Si vous vouliez bien lui demander...

— C'est impossible.

— Je crois que dans le cas présent, il ne vous en voudrait pas.

Elle paraissait mal à l'aise.

— Vous ne comprenez pas. Je ne peux pas joindre le professeur.

— Vous m'avez pourtant bien dit qu'il était chez lui ?

Elle soupira.

— Il est si difficile de... Si le professeur avait attendu votre visite, il serait descendu et vous aurait introduit ou m'aurait laissé un message. Mais je n'ai aucun moyen de le contacter.

Je la fixai avec deux yeux ronds.

— Mais il vit bien ici, n'est-ce pas ?

— Oui. Je suis Mme Schwartz, sa femme de ménage. (Je hochai la tête. Je ne me sentais pas d'humeur à faire des cérémonies.) Lorsque le professeur verrouille cette porte... (elle indiqua d'un mouvement de tête une ouverture d'aspect inoffensif, sur ma gauche) je ne puis pas l'atteindre. Il est absent le plus souvent, vous savez, et alors il laisse la porte ouverte. Mais je la trouve parfois fermée sans avoir été avertie de son retour. Ce n'est pas un original, ajouta-t-elle, sur la défensive. C'est un homme très gentil et très bon. Il n'a même rien de l'ermite. Il confie parfois ses clefs à ses amis. Mais je ne peux pas... s'excusa-t-elle faiblement, c'est sa maison...

— De quelle façon mange-t-il ?

— Il descend, il ouvre la porte. D'ailleurs, elle n'est pas toujours fermée. Je suis navrée...

— Bon, bon, au revoir. Elle marmonnait toujours de sottes excuses au moment où je pris la porte.

Je me rendis à la pharmacie, commandai une tasse de café, et demeurai assis à contempler la plaisante petite maison à travers la devanture.

Je me souvenais de la photographie de Rimson que j'avais trouvée dans les archives, le matin même tandis que j'inventais un prétexte pour aller le trouver. Rimson se trouvait au dernier rang d'un groupe de savants qui avaient posé à l'issue d'un dîner. C'était un homme de quarante-cinq ans environ, au visage agréable, avec une moustache à la Van Dyck. Mais je venais d'apprendre que c'était un excentrique. Et après ? Les génies le sont généralement. Et si l'on en croit les autorités en la matière, un peu timbrés. Est-ce que l'excentricité de Rimson avait quelque...

A ce moment un autre génie apparut sur le seuil de la porte que je surveillais. Alphonso Léonard, vêtu de tweed, comme à l'accoutumée, aussi peu excentrique que possible — un peu dégingandé, beau garçon et normal. Il se dirigea à grands pas vers la pharmacie, passa devant la devanture, et tourna au premier coin de rue.

Il n'était pas encore onze heures. Léonard avait dû voir le professeur de nouveau ce matin. Mais j'inclinais à croire que ces deux gentlemen avaient passé ensemble les seize dernières heures et qu'ils n'avaient pas joué à la belote. Ils avaient travaillé... et gagné beaucoup d'argent.

Je quittai en hâte la pharmacie et me précipitai sur les pas de Léonard qui était toujours en vue, à une centaine de mètres. Il continua de marcher droit devant lui, sans se presser, puis il tourna à l'est et pénétra dans une autre maison. C'était un joli petit hôtel particulier avec une porte peinte. Il était agrémenté d'une grille en fer forgé terminée par des boules de cuivre brillant. Sur une petite plaque de cuivre, près de l'entrée de la rue on lisait : « James P. Glasser ».

Je passai le reste de la semaine à terminer deux articles pour prendre de l'avance sur mon programme. Les trois derniers jours de la semaine, j'appelais Léonard toutes les deux heures. Je ne reçus aucune réponse. Je compris qu'il devait être « en visite ».

Le nom de Glasser m'avait confirmé dans mon intuition. C'est Glasser qui avait écrit cet opéra populaire : *Demain le retour.* Si le terme « opéra populaire » est formé de deux mots qui se contredisent, il en était de même de Glasser. C'était le phénomène de Broadway. Ce garçon écrivait de la bonne musique qui séduisait la foule à l'égal de *Noël blanc* de Bing Crosby. Il n'avait composé que trois œuvres : deux opéras et une opérette — mais toutes trois avaient fait un triomphe et lui avaient rapporté une fortune et une réputation comparable à celle de Beethoven.

Je ne connais pas grand-chose à la musique, mais je sais parfaitement qu'il avait amassé une énorme quantité d'argent.

Léonard finit par répondre au téléphone et je répétai la manœuvre — je raccrochai sans rien dire et me hâtai vers la 73e Rue.

Cette fois, il ne me fit pas attendre. Il sortait juste au moment où mon taxi s'approchait de sa porte. Il héla lui-même un taxi et nous partîmes, l'un suivant l'autre.

Nous descendîmes à la ville basse, du côté ouest de Greenwich Village. Tandis que nous nous faufilions à travers les rues étroites et encombrées, j'aperçus Léonard, assis sur le bord de son siège, donnant des instructions au chauffeur. Je pensais qu'il avait fait plus d'un voyage dans ce quartier ; qu'il se dirigeait vers la maison d'un bon ami, d'un associé.

Son taxi finit par s'arrêter devant un grand immeuble de rapport assez délabré et le temps de dépasser, de revenir sur mes pas et de pénétrer à mon tour dans la maison, l'ascenseur était déjà redescendu. Lorsqu'il s'arrêta, je m'adressai au garçon qui le manœuvrait.

— Le grand monsieur brun qui vient de monter... Où est-il allé ?

Il tourna vers moi un visage de bois. Il m'en

coûta deux dollars. La mémoire rafraîchie par cette gratification, il me confia que l'homme qui venait de monter s'était rendu à l'appartement de Jules Williamson.

***

En retournant au bureau, je m'inquiétai de mes frais de déplacement. Il fallait que je récupère les dépenses supplémentaires que m'occasionnait Léonard, mais j'avais tellement pris l'habitude de gonfler mes débours professionnels, qu'il me serait bien difficile de traire davantage la vache à lait.

Je crois que ce sont ces notes de frais et les saignées que Léonard opérait dans mon budget qui cristallisèrent l'idée qui mûrissait lentement dans mon esprit. Une idée extrêmement ingénieuse mais qui pourrait s'avérer dangereuse.

J'ajoutai le nom de Jules Williamson à la petite liste qui s'allongeait dans mon calepin sous la mention *Alphonso Léonard*. Je connaissais suffisamment Williamson pour ne pas avoir besoin de me référer aux archives. Le grand public ne savait rien de lui, mais les journalistes étaient au courant de quelques petites choses.

Je suppose qu'il n'y avait aucun autre terme pour le désigner si ce n'est celui de nègre d'écrivain et encore était-il trop faible. Sa production courante concernait les politiciens. Il écrivait des discours qui faisaient trembler le monde — lorsqu'ils étaient prononcés par la voix tonitruante de ministres et de candidats présidents. Il ne se limitait d'ailleurs pas aux discours. Le bruit courait que deux livres à succès étaient dus à sa plume fantôme.

La liste se composait maintenant du professeur A.J. Rimson, de James A. Glasser et de Jules Williamson. Ce trio représentait beaucoup d'argent.

Justement ce qui me manquait le plus. C'était, semblait-il, une question de cause à effet. Léonard me servirait de billet d'entrée. Il possédait toujours l'énergie comme il disait. Il devait en être plein à éclater, incapable de dominer son impétuosité, de thésauriser ses connaissances, de refréner l'activité de son cerveau. Mais il avait été blessé par les inconvénients du génie et il avait trouvé une voie détournée. Il était sans doute vrai qu'il gagnait une centaine de dollars par semaine avec sa sculpture et qu'il aimait son travail. Mais il devait effectuer en deux heures, la production hebdomadaire d'un homme normal et employait le reste de son temps à des consultations sérieuses sur la musique, les mathématiques et la politique.

Plus j'y pensais et plus les perspectives me semblaient favorables et dépourvues d'aléas. Logiquement c'était comme si l'argent se trouvait déjà à la banque ; mais cette affaire allait prendre une tournure que je n'avais pas envisagée.

La nuit suivante, il faisait un temps de chien, je décidai de jouer mon va-tout.

Léonard répondit à mon appel téléphonique et je lui demandai si je pouvais passer le voir.

Il me répondit :

— Passez !

Passez ne constitue pas ce que l'on pourrait appeler un long discours, et il semble difficile de donner à ce seul mot un sens très étendu. J'eus cependant le sentiment que le ton était moins cordial que lors de notre première entrevue — presque sinistre. Mais c'était peut-être chercher midi à quatorze heures et je chassai cette préoccupation de mon esprit.

Parvenu à la 73e Rue, je pris la direction de l'Ouest. L'Hudson s'étendait devant moi. Il pleuvait à verse, des éclairs zébraient un ciel bas et le fleuve habituellement si calme moutonnait comme l'Atlantique par gros temps. Une sale nuit.

Cette fois encore, Léonard attendait sur le seuil de sa porte et de nouveau je me laissai impressionner par des impondérables. Il me semblait pourtant que cet homme debout devant moi était plus grand, plus musclé, plus sûr que celui qui m'avait ouvert sa porte en souriant, quelques semaines auparavant. Pour l'instant il ne souriait pas.

Il m'introduisit dans la même salle de séjour et me convia à m'asseoir dans le même fauteuil. Le soleil n'inondait plus la pièce par la fenêtre orientée à l'est et de lourds rideaux masquaient la vue de Jersey du côté ouest. Léonard ne prit pas un siège en face de moi ; il ne me mit pas non plus une tasse de café dans les mains. Au lieu de cela, il s'adossa à la bibliothèque.

Au-dessus de sa tête, un petit projecteur, partiellement masqué par une moulure, projetait une flaque de lumière sur un tableau suspendu au-dessus de moi. Je n'étais pas exposé à la lumière aveuglante ; il ne se trouvait pas dans l'obscurité — c'était probablement ce qu'il avait voulu.

Tout était complètement différent de ce que j'avais prévu, et j'avais de la difficulté à me mettre dans la peau de mon personnage.

Léonard vint à mon secours.

— Pour un reporter, dit-il, vous ne me semblez pas très observateur. Vous n'avez pas remarqué, par exemple, que lorsque le passager d'un taxi se penche en avant, il peut, comme le chauffeur, observer tout ce qui se passe derrière lui.

Il fit une pause. Dieu qu'il était grand ! Sans doute étaient-ce les amples vêtements de tweed et son maintien habituel qui l'avaient fait paraître plus frêle et plus court. Peut-être aussi l'éclairage de la pièce accentuait-il la largeur de ses épaules ?

Réflexion faite, je n'en crus rien. Sa voix semblait également plus profonde.

— Vous m'avez suivi, dit-il.

C'était une ouverture dans laquelle je me précipitai tête baissée

— Mon Dieu oui, en effet. Vous comprenez, cela fait parfois partie de mon travail.

Léonard semblait grandir à vue d'œil. Je décidai de condenser le scénario compliqué que j'avais mis au point.

— J'ai trouvé un excellent sujet de reportage, monsieur Léonard. Démasquer M. Glasser et le professeur Rimson... et accessoirement M. Williamson, cela peut faire déjà l'objet d'un excellent article. Mais nos lecteurs seraient beaucoup plus intéressés par le côté humain de la situation : vos capacités sont demeurées telles qu'il vous est possible de conseiller des hommes aussi éminents, et de collaborer avec eux dans des disciplines aussi diverses.

— Vos lecteurs seraient intéressés... ?

— C'est-à-dire...

— Vous avez l'intention de publier cet article, n'est-ce pas ?

— J'ai pensé...

Je demeurai coi.

— Vous pensiez ?

— J'ai pensé que vous aviez l'air d'un gentil garçon et...

Les mots ne voulaient plus sortir. Nous nous dévisageâmes pendant quelques secondes puis je détournai mon regard. Je venais de découvrir qu'il possédait un autre don : celui de comédien. Je ne savais pas à ce moment, et je ne le sais pas davantage maintenant, lequel était le véritable Léonard : le jeune homme affable, dégingandé et charmant, flottant dans un costume de tweed trop ample ; ou le géant menaçant, presque sinistre, qui sans faire un mouvement semblait prêt à m'écraser de sa masse. Jouait-il d'autres rôles ? Je ne voulais pas le savoir ; je n'avais qu'une idée, ne plus revoir le personnage.

Léonard fit un mouvement, et ma respiration devint plus libre. Mais le soulagement ne dura pas.

— Je vais vous dire ce que vous avez pensé, dit-il. Vous avez cru que vous alliez devenir un homme riche. Vous êtes un imbécile. Vous avez décidé d'embrasser une nouvelle profession : celle de maître chanteur. (C'était un mot que je n'avais jamais eu l'intention d'employer.) Et vous n'avez même pas observé les règles de base de votre art. Le chantage ne peut réussir que si l'on joue sur l'une des trois craintes suivantes : un, la peur de la loi... (il replia un doigt et mes yeux suivirent le mouvement de sa main puis revinrent à son visage), deux, la crainte du déshonneur, et trois, la crainte de lourdes pertes financières. Il y a deux autres faits dont vous n'avez pas tenu compte. Lorsque vous avez décidé que mon goût pour l'anonymat ferait de moi une victime toute désignée, vous avez oublié que je pouvais prendre mes cliques et mes claques à tout moment, et que je n'aurais pas de peine à gagner confortablement ma vie en quelque endroit que ce soit. Rien ne m'obligerait à demeurer cloué ici comme une cible sur un mur pour attendre que vous vouliez bien exercer sur moi vos talents de tireur et gagner le coquetier.

Telle était la quatrième raison. Mes yeux — ahuris, stupéfaits, fascinés — se fixèrent sur sa main et la virent replier le quatrième doigt.

— Par-dessus tout, vous avez oublié que je ne *veux pas* voir cette histoire publiée, que je ne *veux pas* qu'on y fasse la moindre allusion. N'est-ce pas ?

Le cinquième doigt s'était à son tour replié. J'étais obsédé par la crainte déraisonnable de le voir poursuivre son énumération et de le voir replier un sixième doigt. Je levai les yeux vers lui, et je fus encore plus terrifié en m'apercevant qu'il savait, qu'il avait prévu cette peur et qu'il me l'avait délibérément insufflée. Il avait deviné mes pensées, mes intentions, mes espoirs. Il savait tout...

— Vous l'aviez oublié, n'est-ce pas ?

Sa voix grave n'était plus qu'un murmure.

— Oui, je l'avais oublié. Je regrette.

— Vous pouvez partir maintenant.

***

Je reçus mon congé avec un soulagement ridicule qui ne se dissipa qu'en arrivant chez moi. C'est seulement lorsque je me sentis en sécurité dans mon minable deux-pièces que la colère m'envahit. Je n'avais pas été hypnotisé ; c'eût été une excuse infantile. Non, j'avais été joué jusqu'au bout et mon plan s'était écroulé comme un château de cartes. On ne peut pas dire que je sois un pleutre, ou, en tout cas, un imbécile. Il était beaucoup, beaucoup plus fort que moi, et il avait raison sur plus d'un point. Je n'avais pas suffisamment étudié mon affaire ; je n'avais pas envisagé tous les aspects de la situation. Mais si je m'effondrais comme une vieille masure, si je me laissais intimider, c'en était fait de mon argent : je retrouverais mes quatre-vingt-dix dollars par semaine, mon petit deux-pièces, et l'expression de dégoût accablé sur le visage de mon patron. Mes plans étaient morts. Ma vie était finie.

Pourtant, je ne me sentais pas le courage d'affronter de nouveau Léonard. Non, mais il avait eu beau me traiter d'imbécile, je n'étais pas un sot. Il y avait un autre moyen.

Cette fois j'étudiai le problème à fond. Léonard ne m'avait-il pas enseigné *les règles de mon nouvel art* ? Devrais-je fait fi des leçons d'un génie ? La crainte du déshonneur ; la crainte d'une perte financière. Le souvenir des deux doigts repliés me faisait passer un frisson dans le dos. Cependant, le professeur Rimson et M. Glasser ne devaient pas être indifférents au déshonneur ni aux revers de fortune. Moralement, sinon légalement, ils étaient malhonnêtes puisqu'ils exploitaient le cerveau d'un tiers. Ce dernier, bien sûr, était consentant, il était payé pour cela, mais malgré cela ils commettaient une sorte d'escroquerie. Lorsqu'on s'abaisse à de pareils procédés, on court le risque de se voir mettre au pilori. C'est là-dessus que je jouerais. Bien mieux, je n'aurais rien à craindre de la part de Léonard. Nul plus que ses associés n'était à même de connaître sa crainte de la publicité. Leur existence même reposait sur cette peur. La publication de la vérité leur ferait perdre, non seulement leur honneur et une grande partie de leurs revenus — mais encore Léonard lui-même.

Quant à Williamson, il ne valait pas qu'on s'occupât de lui. Il était entièrement inconnu du public. Il n'avait apparemment aucun orgueil d'auteur. Et si ses clients avaient besoin d'un « nègre » pour fabriquer leurs chefs-d'œuvre, son identité leur importait peu.

Rimson était difficile à atteindre.

J'allais donc commencer par M. James P. Glasser.

***

Glasser répondit lui-même au téléphone. Sitôt que j'eus nommé mon journal, il se déclara enchanté de m'accorder une interview. Après tout, pensais-je, lorsqu'on fait partie du monde du théâtre, même si on occupe une place éminente, la publicité ne fait jamais de mal.

Nous prîmes rendez-vous pour le lendemain après-midi à cinq heures. Nous boirions un cocktail ensemble, avait-il dit, et je ne pus m'empêcher de penser qu'il aurait besoin d'une large dose de remontant.

Je passai le reste de la journée à rédiger un article sur lui. Léonard m'avait donné une bonne leçon. Cette fois, j'étais bien décidé à ne rien laisser au hasard. Je me présenterais comme un journaliste désireux de lui offrir le moyen de se défendre avant de soumettre le récit de sa duplicité à mon rédacteur en chef. Ce serait à lui d'offrir une somme d'argent en échange de mon silence. Tout homme en possession de son bon sens ne pouvait évidemment agir autrement. Le plan devait donner un bon résultat.

Lorsque, dans la grisaille du jour finissant, j'ouvris la grille de fer forgé, j'étais prêt à toute éventualité. Je me sentais plein d'ardeur, de ressources, j'étais heureux.

Glasser — un homme voûté, grisonnant, le nez chaussé de lunettes — ouvrit la porte lui-même, et après quelques aimables paroles de bienvenue, me conduisit à travers une suite de pièces contiguës, vers l'arrière de la maison.

J'avais grand-peine à garder mes yeux fixés sur sa silhouette voûtée tant était incroyable, unique, la richesse de son mobilier. Tout était ancien, tout était de la plus haute qualité. Les tapisseries de Russie, les tableaux qui recouvraient les murs, représentaient une fortune. J'augmentai mentalement mon prix, mais je perdis quelque peu de mon aplomb.

Nous parvînmes à un cabinet de travail et Glasser m'indiqua une chaise de tapisserie. Je ne suis qu'un profane, et pourtant j'estimais que c'était un crime de s'asseoir sur une pareille pièce de musée. La salle était basse de plafond, parcimonieusement éclairée par une seule fenêtre garnie de barreaux. Cette fenêtre donnait sur une triste cour cimentée. Le cabinet de travail était bourré de bibelots, mais non pas encombré car chacun d'eux était rare, étrange, coûteux. Mais bourrée ou encombrée, cette pièce me donnait une impression d'étouffement, de suffocation. Glasser s'était approché d'un plateau d'argent sur lequel attendaient des verres de cristal.

— Ma maison vous plaît-elle ? demanda-t-il.

Il me tournait le dos, mais il émanait de lui quelque chose — puissance ? personnalité ? — que je ne parvenais pas à analyser.

— Certainement, répondis-je. Jamais je n'ai vu pareille collection d'œuvres de qualité. Évidemment, je ne suis pas qualifié pour en juger, ni pour estimer leur... importance.

Il se retourna. Il tenait deux verres à la main.

— Vous voulez sans doute parler de leur valeur, n'est-ce pas ?

Il n'avait pas encore allumé les lampes, et l'obscurité se faisait plus dense dans la pièce. Il s'approchait très lentement, et se redressait tout en marchant, déployant progressivement toute sa taille. La sensation d'étouffement devenait de plus en plus pénible. Chaque aspiration devenait plus laborieuse. Il faisait sombre et l'air était raréfié comme dans un caveau.

Bientôt il fut tout près de moi et posa les verres sur la petite table. Une de ses mains remonta à son visage et il retira ses lunettes.

Sa silhouette se découpait en contre-jour sur la fenêtre garnie de barreaux. Il ressemblait à la photo du professeur Rimson. Avec une moustache, il eût été Rimson. Mais il avait la taille de...

Sa main s'abaissa et vint heurter la table, faisant

tinter les verres ; et il allongea le pouce de l'autre main.

— Imbécile... (Sa voix n'était plus qu'un murmure.) Je vous avais prévenu de ne pas commettre la sixième erreur.

Et sa main fit plier son doigt.

The fourth man.
Traduction de Pierre Billon.

L'EAU DE LA FOI

par JAY STREET

Au printemps, un mois avant son séjour annuel au Cap, Mme Mallory aimait venir s'asseoir sur un certain banc de Central Park. Son mari déplorait cette forme plébéienne de distraction ; leur appartement de Park Avenue comprenait une petite galerie où l'on pouvait se mettre au soleil. Mme Mallory, elle, préférait la terre ferme ; elle préférait assister à la parade des êtres humains, dans la bonne odeur du gazon et des arbres. Sereine, mais toujours attentive, elle ressemblait à une idole orientale en fourrures, avec son visage grave, impassible, et ses bras paralysés qu'elle tenait, rigides sur ses genoux.

Il y avait six ans que la vie les avait quittés, six ans que ses mains, dont la mobilité lui paraissait autrefois si naturelle, étaient devenues des planches raides et inutiles. C'était arrivé l'année où sa fille unique s'était mariée avec un membre du corps diplomatique, et avait disparu en même temps du pays et de l'horizon de sa mère. Une année de visites inutiles chez des spécialistes, d'anxiété, d'exaspération, et de mots amers avec son mari. Et puis, à mesure que le temps passait, elle avait appris à supporter son mal ; elle n'en parlait plus jamais. Et M. Mallory non plus... mais de toute façon M. Mallory ouvrait rarement la bouche.

Arrivée de bonne heure un vendredi après-midi, elle s'assit sur son banc, sans trop espérer qu'elle aurait une journée agréable. Ces derniers temps, le caractère de ce coin de parc qu'elle avait élu avait commencé à changer ; les enfants avaient grandi, beaucoup étaient devenus des adolescents avec quelque chose de sinistre dans la démarche et la manière de jouer. Ils roulaient les épaules comme des truands de cinéma ; ils parlaient trop fort et juraient parfois de façon choquante. Peu après trois heures, le parc en sembla envahi. Venant d'échapper à la discipline scolaire, les gamins poussaient des cris bruyants, échangeaient des bourrades et marchaient exprès sur le gazon. Mme Mallory, la bouche tordue de dégoût par leurs singeries, frissonna sous sa cape de vison et envisagea de rentrer chez elle.

Trois jeunes en blouson de cuir passèrent devant son banc et s'arrêtèrent sur le bord de l'allée. Ils ne pouvaient avoir plus de quinze ans, mais elle vit pourquoi ils formaient un groupe serré : ils étaient en train d'allumer des cigarettes. Elle émit de façon audible un bruit désapprobateur et l'un des garçons se retourna. Ses cheveux étaient comme du cuir verni, et ses yeux d'une vieillesse amère.

Elle se détourna, mais trop tard. Il eut un mauvais sourire et, à son grand dam, se dirigea vers elle.

— Alors, la petite dame, qu'est-ce qui ne va pas ?

Il mit les pouces dans la taille étroite de son pantalon sans ceinture. Sa cigarette se projetait au bout de ses lèvres comme un affront :

— Voulez un mégot, la petite dame ?

Derrière lui, ses copains ricanaient.

— Allez-vous-en, je vous prie, dit Mme Mallory.

— C'est que voilà, la mère, je suis fatigué, quelque chose de terrible, fit le garçon d'un ton moqueur. Vous occupez tout un banc, vous savez ça ? Est-ce que vous pensez qu'il est à vous ? Vous pourriez tout de même laisser un gars s'asseoir !

— Allez-vous-en !

Il s'assit à côté d'elle, lui soufflant sa fumée au visage. Puis il la regarda de haut en bas et ricana :

— Qu'est-ce qu'ils ont, vos bras ?

Il étendit la main comme pour la toucher et Mme Mallory pensa qu'elle allait se mettre à crier. Mais elle fut soudain sauvée de cette indignité ; quelque chose obligeait le garçon à détourner d'elle son regard ; quelqu'un le mettait debout sans ménagements.

— Ça va, petit voyou, va-t-en, disait l'homme. Laisse cette dame tranquille.

— Hé, dites donc, qu'est-ce que vous... ?

— Je t'ai dit de ficher le camp !

L'homme était jeune, grand, avec un visage agréable ; en même temps qu'elle lui jetait un regard reconnaissant, Mme Mallory eut conscience qu'elle l'avait déjà vu. Pendant que le gamin, l'air rageur, allait rejoindre ses copains gouailleurs, elle vit une jeune femme qui faisait rouler vers le banc, la petite voiture d'infirme dans laquelle elle était assise. Elle était pâle et blonde, son expression montrait qu'elle savait ce qu'était la douleur ; ses jambes étaient cachées sous une couverture écossaise aux rayures vives.

— Ted, que s'est-il passé ? demanda-t-elle.

— Oh ! rien, dit le jeune homme. Seulement un petit voyou qui ennuyait quelqu'un. Excuse-moi d'être parti en courant...

— Tout va bien ? (La question de la jeune fille s'adressait directement à Mme Mallory.)

— Oui, parfaitement bien, je vous remercie. C'est affreux comme ces jeunes se conduisent maintenant, ne trouvez-vous pas ? Ne voulez-vous pas vous asseoir ? ajouta-t-elle avec un pâle sourire.

— Mais oui, je vous remercie, dit le jeune homme. (Il s'épongea le front et sourit gentiment.) Il fait terriblement chaud pour un mois de mai, ne trouvez-vous pas ?

— Bien sûr que tu as chaud, dit la jeune fille en riant. A sauver ainsi les dames en péril dans les meilleures traditions de la chevalerie. Je ne savais pas que tu étais un vrai saint Georges, Ted !

— Bien sûr que je le suis, avec des dragons adolescents, répondit-il en sortant de sa poche un sachet de cacahuètes qu'il tendit à Mme Mallory. En voulez-vous, madame ? Nous avons essayé toute la journée d'en faire cadeau aux écureuils, mais sans succès.

— Non, merci, dit Mme Mallory. (Elle vit alors le jeune homme regarder ses mains immobiles, l'expression soudain embarrassée.) Je déteste les cacahuètes, poursuivit-elle d'un ton léger. Je ne vois réellement pas ce qu'y trouvent les écureuils.

La jeune fille eut un rire argentin :

— Je m'appelle Melinda, dit-elle. Et voici mon frère Ted.

— Je suis Mme Mallory. Ne vous ai-je pas déjà vus tous les deux ?

— C'est fort probable. Nous habitons tout près du parc. Êtes-vous new-yorkaise, Mme Mallory ?

— Oui, et j'habite près du parc aussi, à deux ou trois rues d'ici.

— Nous sommes de l'Ohio, dit le jeune homme. Nous ne sommes ici que depuis un mois, mais je pense que nous allons bientôt repartir.

Le visage de la jeune fille s'assombrit :

— Ne dis pas ça, Ted. N'y pense pas...

Elle détourna la tête. Son brusque changement d'attitude était frappant. Les regards de Mme Mallory allaient de l'un à l'autre avec curiosité. Elle s'éclaircit la gorge. Quand la jeune fille releva les yeux, ils étaient tout brouillés de larmes.

— Nous sommes venus voir quelqu'un, reprit-elle, un docteur qui se spécialise dans des cas comme le mien. J'ai eu un accident d'auto il y a deux ans. Je n'ai pas remarché depuis.

Mme Mallory fit de la tête un geste de sympathie.

— Comme c'est triste, dit-elle avec gentillesse. Je sais exactement ce que vous devez ressentir. Je pense que vous avez remarqué...

— Oh ! ma pauvre dame, dit Melinda en approchant son fauteuil. Je ne sais pas laquelle de nous deux est le plus à plaindre. Comment est-ce arrivé ?

— Je ne sais pas exactement. Une sorte de dégénérescence nerveuse, pensent les docteurs. Mais il m'a fallu le supporter un peu plus longtemps que vous, ma chère enfant. Cela fait déjà six ans.

Ted remuait les pieds d'un air malheureux, tout en fourrant dans sa poche le sac de cacahuètes.

— Écoutez, madame, nous n'avions pas l'intention de commencer à vous raconter nos ennuis...

— Ce docteur, demanda Mme Mallory, a-t-il dit qu'il pouvait faire quelque chose pour vous ?

Melinda secoua négativement la tête.

— Voilà pourquoi Ted pense que nous devrions rentrer. Mais moi je ne veux pas. Pas comme ça...

— Et vos parents ?

— Ils sont morts tous les deux, dit Melinda. (Elle regarda son frère qui se levait :) Tu veux rentrer à l'hôtel ?

— Oui, je crois qu'il vaudrait mieux. Nous avons été ravis de faire votre connaissance, madame Mallory.

— Venez-vous souvent ici ? demanda Melinda.

Nous avons pris l'habitude de venir nous promener dans le parc l'après-midi. Peut-être nous reverrons-nous.

— Je viens ici tous les jours, répondit Mme Mallory.

Elle y fut le lendemain après-midi, comme promis, en dépit d'une surprenante invitation de Charles, son mari, à aller au cinéma. M. Mallory, même les samedis, s'occupait normalement des affaires qu'il avait en tant qu'avocat d'une société commerciale, mais il avait dû avoir des remords de conscience. En fait, Mme Mallory voulait plus que jamais retrouver sa place sur le banc, dans l'espoir de le partager avec le jeune couple rencontré la veille. Elle n'aurait pu expliquer rationnellement l'intérêt qu'elle leur portait : peut-être parce qu'elle n'avait pas d'enfants. A quarante-sept ans, elle n'était pas encore trop vieille pour ressentir la chaleur du sentiment maternel.

A deux heures et demie, après un regard à la petite montre en or attachée à son poignet immobile, Mme Mallory se sentit déçue. Mais quelques minutes plus tard elle vit Ted et sa sœur qui s'approchaient. Ils arboraient un large sourire, Melinda lui faisait des gestes amicaux dans son fauteuil roulant, et Mme Mallory, dans une soudaine et inexplicable poussée de sentiments, leur rendit joyeusement leurs sourires.

Ils restèrent ensemble plus d'une heure, parlant de tout et de rien. Quand ils se séparèrent, ce fut à la manière d''amis qui savent bien qu'ils se reverront.

Ils se virent encore le dimanche, et Mme Mallory apprit que le nom de famille de Ted et de Melinda était Wainer. Le lundi, ils furent encore dans le parc et ils attirèrent vers le banc de Mme Mallory deux écureuils affamés. Ils se retrouvèrent de nouveau le mardi.

Mais le mercredi les Wainer ne se montrèrent pas. S'il y avait eu quelque vie dans les doigts paralysés de Mme Mallory, ils auraient sans aucun doute montré une grande nervosité. Elle regardait un côté de l'allée, puis, l'autre, puis le ciel de plomb qu'elle accusait de leur absence. Elle se demanda s'ils s'étaient finalement résolus à retourner dans l'Ohio, et l'idée lui fit froid au cœur. Elle resta à son poste plus tard que d'habitude, pour retrouver, passé le crépuscule, un mari soucieux qui arpentait le living-room.

Il fit très beau le jeudi, et toute la journée le soleil fut éclatant. Mme Mallory se rendit au parc et s'assit à sa place habituelle. Elle ne ressemblait plus à une impassible idole orientale ; son visage n'exprimait que l'attente anxieuse de revoir les jeunes visages de ses nouveaux amis.

Elle les vit arriver et son cœur battit joyeusement, bien qu'il fût évident que quelque chose n'allait pas entre Melinda et son frère. Il poussai le fauteuil de malade à pas lourds, et son expression restait sombre. Melinda, elle, gardait les yeux baissés sur l'allée, la bouche plus boudeuse et plus obstinée que d'habitude.

— Eh bien ! dit gaiement Mme Mallory. J'ai bien cru que vous vous étiez envolés, tous les deux ! Que s'est-il donc passé ? Les quelques nuages d'hier vous ont fait peur ?

Ted arrêta le fauteuil et s'assit sur le banc, les bras croisés.

— Demandez-lui, dit-il avec amertume. Demandez à ma douce et raisonnable sœur, madame Mallory. Vas-y, Melinda, dis-lui où nous étions.

— Je ne veux pas en parler, dit Melinda. Ne crois-tu pas que nous en avons assez discuté ?

Mme Mallory se sentit toute déprimée :

— Naturellement, si vous ne voulez pas en parler...

Melinda parut comprendre l'ennui que ressentait Mme Mallory. Elle fit rouler son fauteuil vers elle et toucha tendrement ses mains inertes. Mme Mallory détestait cela d'habitude, mais cette fois ce n'était pas la même chose.

— Je m'excuse, madame Mallory, mais je veux en parler au contraire. Peut-être arriverez-vous à faire comprendre à mon frère... Je *sais* que c'est bête, mais c'est quelque chose que je veux absolument faire.

— Bien sûr, dit Ted avec aigreur. Dis-le à Mme Mallory. Tu verras si elle n'est pas d'accord avec moi. Ce type est un charlatan, un véritable escroc.

— Qui ? demanda Mme Mallory.

Melinda arracha une feuille d'un buisson et la roula lentement entre ses doigts.

— C'est un docteur. Il s'appelle Griffin. Ted pense qu'il n'est même pas un vrai docteur. C'est d'ailleurs possible ; il est peut-être docteur en philosophie ou quelque chose comme ça. Mais ce que je veux dire, c'est qu'*aucun* des autres n'a jamais exprimé le moindre espoir, alors que le docteur Griffin...

— De l'espoir ? ricana Ted. Oui, bien sûr, il a de l'espoir. L'espoir de t'escroquer tes cinq cents dollars. C'est sa seule idée.

— Continuez, dit Mme Mallory. Que dit ce docteur Griffin ?

— Il dit que je peux être guérie, dit Melinda, en dressant vers son frère un menton agressif. Il dit que je peux être guérie par l'Eau de la Foi, comme il l'appelle. Il demande cinq cents dollars pour cette Eau. Il semble que ce soit une eau d'une distillation très spéciale, très chère, et qu'il est très difficile de se procurer dans notre pays.

— Oh ! ma pauvre petite ! murmura tristement Mme Mallory.

— Tu vois ? dit Ted. Tu vois ce que je t'avais dit ? Bon. Si tu ne veux pas m'écouter, tu écouteras peut-être Mme Mallory. (Il se tourna vers cette dernière, les mains ouvertes en un geste implorant.) Raisonnez-la un peu, madame Mallory, je vous en prie. Elle est réellement décidée à donner cinq cents dollars à cet escroc !

— Mais il a donné sa garantie, dit Melinda avec colère. Tu as bien entendu ce qu'il a dit, Ted ? Il garantit le résultat. S'il n'y a pas guérison, il rendra l'argent...

— Mais il le veut d'avance, non ? En même temps qu'il te donnera cette eau. Et il ne précise pas quand la « cure » est censée réussir ! Mais, Seigneur, dit-il en se frappant le front, c'est trop évident... j'ai bien envie d'aller trouver la police...

— Ne t'avise surtout pas de faire ça ! cria Melinda en agrippant les bras de son fauteuil.

Puis la dureté de son regard se brouilla ; elle se mit la tête dans les mains et sanglota.

— Melinda, dit Mme Mallory. Melinda, je vous en prie...

Ted se dressa d'un bond pour la consoler ; il se penchait sur elle et murmurait des excuses que la jeune fille n'écoutait pas. Quand Mme Mallory se leva à son tour, Melinda poussa fortement sur les roues de son fauteuil comme si elle essayait de les fuir tous deux. Son frère rattrapa le fauteuil et le tint fortement.

— Melinda. Je t'en prie, écoute-moi. Je voulais dire...

— Elle a peut-être raison, dit Mme Mallory. Elle *doit* peut-être aller jusqu'au bout, Ted, si elle en a réellement envie. Ne vous préoccupez pas de la question d'argent. Je vous aiderai bien volontiers...

Ted lui jeta un regard reconnaissant :

— C'est très aimable à vous, madame Mallory, mais nous avons l'argent nécessaire. C'est seulement que... enfin, je serais désolé de la voir déçue...

Melinda avait repris son calme. Elle s'essuya les yeux et rencontra bien en face le tendre regard de son frère.

— Je ne serai pas déçue, dit-elle fermement. Je te le jure, Ted. Mais si je ne le fais pas, je ne saurai jamais si ça aurait pu réussir. Je penserai toujours que j'aurais *peut-être* pu être autre chose que... qu'une infirme... expliqua-t-elle en laissant couler ses larmes. Oh ! madame, comme je suis désolée...

— Pourquoi ? demanda Mme Mallory, elle aussi au bord des larmes. Faites cela si vous le désirez... Qui sait ? Des miracles sont arrivés...

Les Wainer ne se montrèrent pas dans le parc le lendemain après-midi, mais Mme Mallory, cette fois, en devinait la raison. Elle ne scrutait plus l'allée dans l'espoir de les voir apparaître. Son visage était fixe, plus grave que jamais, en pensant à l'épreuve que subissait la jeune fille. Elle savait bien entendu que Ted avait raison. Au cours de leurs recherches de guérison, ils étaient tombés sur un de ces hommes cruels et sans cœur, à la langue déliée et aux intentions malignes, qui suscitent de faux espoirs par esprit de lucre. Elle pensait à Melinda, et pendant tout l'après-midi, oublia complètement ses propres maux.

A trois heures il commença à pleuvoir et elle rentra chez elle.

Il plut sans arrêt toute la journée du lendemain. Mme Mallory ne quitta pas son appartement, se sentant plus solitaire et plus triste que jamais. Pourtant, elle s'apitoyait moins sur son propre sort.

Il faisait gris le dimanche matin, mais le soleil fit son apparition l'après-midi et elle se rendit au parc. Il était envahi d'enfants. Elle s'assit sur son banc habituel et les regarda jouer, mais avec peu de joie.

Peu après trois heures, sa petite province fut désertée. Ce calme soudain, mêlé à une sensation de fatigue, la rendirent somnolente ; elle pencha la tête sur la poitrine et fit un petit somme qui ne dura pas plus de quelques minutes : un bruit de pas qui s'approchaient la réveilla.

Quelqu'un lui touchait le bras. Ses yeux s'ouvrirent. Elle vit près d'elle le visage de Melinda et sourit toute joyeuse : « Melinda, je suis si contente de vous voir... »

Elle vit une fois de plus des larmes dans les yeux de la jeune fille, mais celles-ci étaient bien différentes. Mme Mallory en comprit tout de suite la raison. Melinda était assise sur le banc à côté d'elle, sans aucun soutien artificiel, libérée de sa prison roulante, sans couverture sur les jambes. Melinda marchait !

— Oh, madame Mallory ! s'écria la jeune fille en jetant ses bras autour du cou de sa vieille amie et en sanglotant comme une enfant.

Mme Mallory avait mal du désir de tendre les bras pour répondre aux embrassements de Melinda, mais ses mains ne lui obéissaient pas.

Puis la jeune fille se leva en riant à pleine gorge. Ses mouvements étaient quelque peu incertains, mais elle se tenait droite toute seule. Elle fit quelques pas en arrière, précautionneusement.

— C'est un miracle, Melinda, murmura Mme Mallory. Un vrai miracle...

— Je peux marcher ! s'écria Melinda, les yeux brillants. Je peux marcher. Madame Mallory ! Je peux à peine y croire. Je suis à nouveau normale. Comme avant...

— Et cet homme, ce docteur Griffin...

— Le docteur Griffin ?... Ah ! oui... C'est lui qui a fait ça pour moi, madame Mallory. Ted était tellement sûr que c'était un escroc, que je l'aurais presque cru moi-même. C'est pourtant lui qui a fait ça pour moi. Avec l'Eau de la Foi...

— Jamais je n'aurais cru. Je n'aurais jamais pensé que ce fût possible. Il y a seulement quelques jours...

Melinda s'assit tout près d'elle et caressa ses mains paralysées.

— Ce n'est pas venu d'un seul coup, expliqua-t-elle. Le premier jour, je n'ai rien senti, rien du tout. Et puis, hier matin, je me suis aperçue que je pouvais bouger les orteils. Mes orteils, madame Mallory ! Je n'aurais jamais cru que ce puisse être aussi délicieux de bouger les orteils. L'après-midi, j'avais des fourmis dans les jambes, quelque chose d'affreux ! Puis je me suis tenue debout... et ensuite j'ai marché...

— Où est Ted en ce moment ?

— Il est à l'hôtel. C'est lui qui a voulu que je vienne seule pour vous voir. Si vous n'aviez pas été là, je ne crois pas que Ted aurait jamais...

Mme Mallory regardait fixement Melinda, le souffle haletant.

— Cet homme ! arriva-t-elle à dire.

— Oui, madame Mallory ?

— Cet homme... Ce docteur Griffin. Je veux le voir, Melinda ! Il faut que je le voie !

La jeune fille, confuse, lui rendit son regard :

— Le docteur Griffin ? Mais je pense que vous pourriez le voir, madame Mallory. Je ne vois pas pourquoi vous ne... Oh ! bien sûr ! s'écria-t-elle tandis que son regard s'abaissait sur les mains de Mme Mallory. Bien sûr, madame Mallory. Vous devez le voir. Il le *faut* !

— Vous pensez qu'il peut aussi me venir en aide ? Vous le croyez réellement, Melinda ?

Pour toute réponse, la jeune fille la serra dans ses bras.

***

Le lundi matin, à dix heures trente, on sonna chez les Mallory. Betty, la femme de chambre, fit entrer deux messieurs au salon. L'un était Ted, et l'autre un homme de taille élevée, les cheveux gris, l'air las et absent. Quand ils furent seuls avec Mme Mallory, Ted le présenta, mais le docteur Virgil Griffin ne semblait pas tellement cordial en acceptant l'invitation que lui fit Mme Mallory de s'asseoir.

— C'est très aimable à vous d'avoir bien voulu venir, dit Mme Mallory. A vous aussi, Ted.

Ted eut un sourire gêné :

— A vrai dire, je suis la cinquième roue du carrosse ; je ferais peut-être mieux de m'en aller...

— Mais non, pourquoi ? dit le docteur Griffin avec un soupir. Je ne pense pas que cela prendra très longtemps, madame Mallory, je suis au regret de vous le dire.

Son cœur se serra.

— Y a-t-il quelque chose qui ne va pas ? Vous ne voulez pas examiner mes mains ?

— Il n'est nul besoin de les examiner ; M. Wainer et sa sœur m'ont décrit votre cas, madame Mallory, et j'en reconnais les symptômes. Malheureusement, j'ai un problème qui m'est propre, et je ne vois réellement pas comment je pourrais vous venir en aide.

Ted se tordait les mains avec nervosité :

— Vous devez bien pouvoir faire quelque chose

pour Mme Mallory, docteur ! Quand je pense à ce que vous avez fait pour nous...

— Un vrai miracle, dit Mme Mallory. Bien sûr, je me rends bien compte que chaque cas est différent.

— Ce n'est pas tellement cela, dit Griffin sur un ton mesuré. Je suis certain que l'Eau de la Foi serait aussi efficace pour vous, madame Mallory. Il y a une guérison, croyez-moi, qui va bien au-delà de la science médicale. J'ai eu beaucoup de difficultés dans mon travail parce que la plupart de mes confrères ne sont absolument pas d'accord. J'ai dû parcourir un chemin difficile.

— Je vous comprends fort bien, dit Mme Mallory. Mais je *crois* en vous, docteur. J'ai toutes raisons d'y croire.

Griffin se leva et s'approcha d'elle.

— Je n'en doute pas, madame Mallory, dit-il doucement. Si j'en doutais, si peu que ce soit, je ne serais pas ici aujourd'hui. Mais le problème qui se pose à moi est simplement celui de l'offre et de la demande. Étant donné la nature absolument unique de mes méthodes, et à cause de l'instabilité qui règne en Europe, je me vois dans l'impossibilité d'obtenir d'autres livraisons d'Eau de la Foi. Tout au moins à un prix raisonnable.

Ted se frappa le genou, l'air vexé.

— Comme ça tombe mal ! dit-il avec colère. Vous ne pouvez croire, madame Mallory, comme j'en suis désolé !

— Il n'y en a plus ? dit-elle d'un air absent. Vous ne pouvez plus en faire venir ?

— Si, je pense que ce serait possible en tentant le tout pour le tout. (Le docteur se frotta la nuque d'un air pensif.) Je pourrais toujours y arriver par des moyens illicites. C'est-à-dire en achetant un certain nombre de fonctionnaires, en Europe et ici à la douane. Je n'ai pas hésité à le faire auparavant, lorsque je sentais que le résultat final en dépendait. Mais à quel prix ? soupira-t-il. Je crains que le prix ne soit prohibitif, madame Mallory...

— Prohibitif ? Que voulez-vous dire par là ?

— Je ne saurais vous le dire avec certitude. Mais sûrement pas moins de dix mille dollars ; et, avec de la malchance, peut-être plus. Dix mille dollars, c'est beaucoup plus que ce qu'a payé Mlle Wainer. Il ne me viendrait même pas à l'idée d'en parler.

Ted poussa un grognement.

— Ce n'est tout de même pas juste. Si seulement...

— Écoutez-moi, docteur, dit Mme Mallory, la poitrine oppressée, il y a certaines choses qui ne peuvent se mesurer en dollars...

— Je le sais bien, madame Mallory.

— L'argent, je l'ai, dit la pauvre femme avec désespoir. Le problème ne se pose pas. Si vous pouvez vous procurer l'Eau, rien d'autre ne compte. Dix mille — quinze mille...

Le docteur Griffin regarda Ted, qui haussa les sourcils.

— Je suis sûr que cela ne monterait pas à ce prix-là. Mais demander une somme pareille, tout de même...

— Mais non, mais non ! dit-elle frénétiquement. Procurez-la-moi, docteur, je vous en supplie. Si je pouvais me servir à nouveau de mes mains — juste bouger les doigts, toucher un enfant, une fleur...

Elle se mit à pleurer et la triste figure du docteur Griffin s'allongea encore.

— Allons, madame Mallory, calmez-vous. Si vous êtes décidée à partager ma foi dans cette Eau, si vous acceptez de dépenser tellement d'argent... Je ne peux faire autrement qu'essayer de l'obtenir à tout prix.

— Oh ! docteur, soyez béni, sanglota madame Mallory. Soyez béni !

Griffin se redressa.

— Si tout va bien, il est possible que je reçoive l'Eau dans les prochains quinze jours. Alors nous verrons, madame Mallory. Nous verrons ce que nous pourrons faire pour ça, conclut-il en lui touchant doucement les mains.

***

L'été était venu, chassant rudement le printemps de son soleil violent inamical.

Mme Mallory se tenait dans le salon de son appartement de Park Avenue aux stores baissés. Elle restait immobile, le visage comme un masque. Quand elle entendit s'ouvrir la porte d'entrée, puis les pas lourds de son mari étouffés par les tapis, elle leva à peine les yeux.

Il s'approcha d'elle, tenant dans ses mains trois feuilles de papier glacé : des photographies.

— Je sors du bureau du lieutenant Hastings. On n'a rien de précis sur l'endroit où ils pourraient se trouver actuellement. Mais le lieutenant a pu me donner ces photos. Tu ne veux pas les voir ?

— Non, dit Mme Mallory.

Son mari poussa un grognement et regarda les photos une à une.

— Voilà la fille qui disait s'appeler Melinda Wainer. Son vrai nom est Myrna Doolittle, mais on l'a connue aussi sous celui de Sally Graham. Elle a vingt-quatre ans. Native du Michigan. Santé excellente. N'a jamais eu un accident d'auto...

Il regarda la photo suivante :

— ... Celui qui disait se nommer Ted Wainer s'appelle Bob Doolittle. Ce n'est pas le frère de la fille, mais son mari. Ils se sont mariés à Detroit en

1958 et n'ont cessé depuis cette époque de commettre ensemble des escroqueries. Le troisième homme, dit M. Mallory en prenant la dernière photo, s'appelle Carl Simpson, alias docteur Hugo Martin, alias docteur Saul Allen. Il joue à merveille les rôles de docteur ; c'est sa spécialité. Mais je pense que c'est inutile de te le dire, à toi.

— Charles, je ne veux pas en entendre davantage.

M. Mallory s'approcha d'elle et posa les photos sur ses genoux :

— J'aimerais que tu les regardes, dit-il calmement. Je veux que tu saches la vérité. Ce sont tous trois des voleurs, des escrocs. Ils t'ont fait boire de l'eau du robinet et ont crié au miracle. Ils t'ont pris dix mille dollars, ma chérie, et j'aime à croire que tu désires qu'on fasse quelque chose à ce sujet.

— Non, dit Mme Mallory, l'air têtu. Je ne veux pas déposer de plainte, quoi que dise la police. Je me fiche de ce que ces gens *pensaient* qu'ils faisaient, Charles. J'ai retrouvé mes mains, c'est tout ce qui compte pour moi...

Elle prit les photos sur ses genoux et se mit à les déchirer en tout petits morceaux...

Faith healing.
Traduction de Marc Flury.

VIEUX CŒUR SOLITAIRE

par Bryce Walton

Après ma prétendue « infortune conjugale », le petit village sudiste de Lakeville ne me trouva pas aussi ouvertement amusant — exception faite, bien entendu, des gosses, car les gosses sont toujours diaboliquement honnêtes. Ce matin-là, en particulier, un matin chaud et humide, les enfants criaient : « Hey, Crip ! » et ils sautillaient en imitant, ravis, ma démarche grotesque tandis que je me dirigeais vers la quincaillerie d'Honest Abe : « Ici nous vendons à crédit. »

N'ayant aucun désir de diminuer l'ardeur des petits enfants, j'exagérais ma claudication et m'efforçais de pimenter encore les choses en affichant une rage de maniaque, ce que les gosses aiment toujours. Je jurais, balançais ma canne, les menaçais des pires choses, puis je me dépêchais de suivre mon chemin pour qu'ils ne me voient pas rire, ce qui aurait gâché leur plaisir et le mien.

Depuis quelque temps j'estimais ma drôlerie autant

que les autres, peut-être davantage car il y avait longtemps que j'avais acquis la sagesse exprimée par ce vieil apophtegme : « Connais-toi toi-même. » En voyant ma silhouette dans la devanture de la pharmacie d'Art au milieu des bandages poussiéreux et des casseroles en émail blanc, je ne pouvais m'empêcher de rire, car l'âge et ce qu'il entraîne parvenaient à merveille à masquer ma vraie nature.

Et je pensais : Disney gagnerait encore plus d'argent en me faisant passer sur une musique sautillante qu'en présentant une grue qui danse, par exemple, car j'avais, voyez-vous, un certain allant que soulignait mon aspect comique. Un homme qui a une jambe paralysée à la suite d'une attaque n'est pas complètement infirme. Il peut souvent marcher à l'aide d'une canne, bien que les muscles de sa jambe ne fonctionnent pas comme ils le devraient. La jambe paralysée, au lieu d'être levée normalement est balancée et décrit un cercle. On peut aussi traîner le pied par terre. Les deux méthodes indiquent l'engourdissement des nerfs.

J'entrai chez Honest Abe, en décrivant un cercle avec ma jambe et frappant de ma canne le parquet de bois ciré avec une énergie volontairement exagérée. Mme Bradford, connue sous le nom d'Auntie, essayait fort sottement de plaire à Honest Abe, célibataire mélancolique au visage mou. Elle faisait la timide et ajustait des épingles à son bonnet à fleurs. Mlle Laurie Blimline regardait des rouleaux de papiers peints fleuris. Dès que je fus entré les deux dames m'observèrent avec une pitié pleine de réserve.

— Honest Abe, dis-je et j'abattis ma canne en bambou en travers du comptoir, faisant frémir les bocaux de fruits et un étalage de couteaux de chasse.

— Oui, monsieur Birch, dit Honest Abe en trottinant vers moi avec l'excessive sollicitude des commerçants d'autrefois.

Mme Bradford mit son grain de sel, et me plaignit de vivre seul dans une vieille maison poussiéreuse sans personne pour s'occuper de moi. Mlle Blimline se joignit au concert d'hypocrisie. C'étaient de détestables commères. Je savais tout ce qu'elles avaient raconté lorsque j'avais épousé cette jeune et vive friponne de Diana. La situation rêvée pour les plaisanteries paillardes et les murmures malveillants. J'avais été au courant des raisons qu'on avait avancées pour expliquer pourquoi la jeune femme avait abandonné « ce vieux Birch » et des références bibliques qui accompagnaient ces commentaires. Tout cela m'amusait intensément.

Puis je déclarai à Honest Abe que je voulais acheter un nouveau réfrigérateur.

— J'ai ici un beau General Electric, dit-il, avec toutes garanties.

— Je sais que votre célèbre devise remplit ses fonctions publicitaires, dis-je, mais il y a une loi qui condamne la publicité frauduleuse. Je veux un réfrigérateur, Honest Abe, mais je veux les conditions de paiement normales. Vous comprenez, normales.

J'abattis ma canne en bambou sur le comptoir, et je balançai ma jambe infirme, décrivant, ce faisant, un parfait ovale, et heurtant un tonnelet de clous d'où bondit un chat qui s'y était installé pour rêver.

Laurie Blimline sourit.

Les lèvres d'Honest Abe frémirent :

— Nous allons faire affaire, monsieur Birch. Votre vieux frigidaire a lâché ?

— Il est vieux, dis-je. Il gémit, il fuit, il ronchonne toute la nuit, et rythme mes insomnies. C'est la goutte d'eau qui a fait déborder le vase et qui a décidé ma chère femme à me quitter. Je me suis montré obstiné, mais je ne suis pas trop vieux pour apprendre. Ce vieux dogue, caquetai-je, est capable d'apprendre un tas de nouveaux tours.

— Je disais justement à mon mari, l'autre jour, fit Laurie Blimline, qu'on a l'âge de ses pensées.

— On se sent jeune, hein, mademoiselle Blimline ? dis-je.

Et je fis une de mes figures au sol les plus compliquées et les plus fantastiques, agitant ma jambe comme un danseur de french-cancan, et réussissant presque un audacieux pas de zéphir. Puis tout en contournant Mlle Bradford, je fis, à l'aide de ma canne, un geste plutôt obscène en direction d'Auntie.

Elle poussa des cris :

— Espèce de sale vieux bouc, espèce de... horrible vieil épouvantail. Vous êtes affreux.

Elle s'enfuit de chez Honest Abe. Je parvins à grand-peine à contrôler ma joie prête à éclater. Être insultant signifie souvent ne pas être comme tout le monde, et ne pas être comme tout le monde, cela vous donne de la personnalité.

Honest Abe sourit :

— C'est bon de voir que vous vous sentez encore si gaillard, monsieur Birch. Ça a dû être un coup pour vous que votre femme s'en aille comme ça en vous laissant tout seul ?

— Quand on arrive à mon âge, dis-je, on prend ces choses-là avec philosophie. Diana avait l'instinct grégaire. Elle avait besoin de jeunes amis joyeux. Je ne la blâme pas de m'avoir quitté. Mais c'est pour ça que j'achète un nouveau réfrigérateur, Honest Abe. Ma prochaine compagne jouira de tout le confort. J'ai l'intention de tout rénover, d'installer une cuisine moderne, avec freezer, essoreuse, lave-vaisselle automatique et une cuisinière électrique qui fait tout.

Honest Abe parut stupéfait :

— Vous envisagez de vous remarier ?

— Envisager, diable ! fis-je en brandissant ma canne. Ma future femme arrive en ville ce matin ! (J'adressai un clin d'œil suggestif à Honest Abe. Laurie Blimline rougit.) Elle s'installera chez moi en qualité de — mettons infirmière à domicile ? — jusqu'à ce que mon divorce avec Diana soit réglé. Nous n'aimerions pas susciter de commérages inutiles, n'est-ce pas ? ajoutai-je en ricanant.

Abe parvint à sourire :

— Non, bien sûr.

Laurie Blimline sortit précipitamment de la boutique, en remuant les lèvres malgré elle. D'ici une minute, je le savais, la nouvelle se serait répandue en ville et parmi les banlieusards incultes. Une fois de plus ce serait le sujet de plaisanterie favori, qui s'accompagnerait de grands coups de coude.

Je sortis la photo de mon portefeuille et laissai Honest Abe lorgner Lara McElveen qui posait sur un rocher en ne portant pour toute parure que son bronzage et quelques morceaux de tissus :

— Un petit morceau tout à fait bien bâti, n'est-ce pas, Honest Abe ?

Abe regardait la photo avec de grands yeux, et produisait le même bruit qu'une pompe aspirante, tandis que je caquetais et cabriolais comme il convient. Après avoir récupéré la photo de ma bien-aimée, je libellai un chèque pour le réfrigérateur qu'Honest Abe promit de me livrer le jour même, dans son pick-up Ford.

— Inutile de débrancher le vieux, dis-je. Je m'en suis occupé et je l'ai repoussé sur la terrasse de l'entrée de service. Je crois à ce genre d'activité,

Honest Abe, cela vous garde en bonne condition physique.

Puis je regagnai mon domicile en boitillant pour attendre l'arrivée de Mme Lara McElveen.

***

J'avais, je m'en souviens maintenant vaguement, laissé ouverte la porte d'entrée menant vers la longue terrasse à colonnes. Les stores étaient tirés dans le vaste living-room, je me tenais assis dans l'ombre, pratiquement invisible, près de la cheminée sans feu, confortablement installé avec une nouvelle série de Martini. J'étais impatient, j'éprouvais cette joie pleine d'anxiété d'un lutin qui attend la veille de la Toussaint et je m'amusais à me remémorer les séquences les plus piquantes concernant McElveen et la *Société des Cœurs Solitaires de Chicago*, Illinois.

Nous arrangeons pour vous des correspondances romantiques. Des milliers d'amis attendent d'entendre parler de vous.

Présentations empreintes de dignité par courrier pour personnes seules. Renseignements envoyés par la poste sous enveloppe cachetée ne portant aucune mention.

Riche veuve de 38 ans, bonne présentation, bonne éducation, blonde étourdissante, propriétaire d'une grande plantation, désire correspondre vue mariage avec homme ayant de la tenue, situation en rapport. Photographie Numéro 3.

Ayant manifesté un certain intérêt pour la photo numéro 3, j'avais écrit à la société en joignant un mandat — s'il vous plaît, pas de chèques — et j'avais reçu le nom et l'adresse de Mme Lara McElveen. Les prix de la société allaient de dix *cents* jusqu'à vingt-cinq dollars. Mme Lara McElveen avait été cotée quinze dollars soixante plus taxes par les faiseurs de mariage de Chicago.

Je relus quelques-unes des lettres rédigées mécaniquement par la femme. Elles semblaient être sorties directement d'un manuel de correspondance. Je pensais à mes propres lettres — qui, pour leur part, avaient été rédigées avec compassion. Monsieur d'un certain âge, quelque peu abîmé par le temps, riche, mais toujours aussi seul au monde, espérant encore de la vie quelques années de paix et de confort, aspirant à la joie d'une compagne compréhensive au cœur chaleureux. Tandis que je me versais un autre Martini et que j'allumais un Corona, je pensais aux nombreuses âmes tristes et solitaires (comme moi-même et la pauvre Mme McElveen) qui se trouvent dans le monde. C'est pour cette raison que la *Société des Cœurs Solitaires* organisait quelque vingt mille liaisons par an, et que fonctionnaient un nombre incalculable de sociétés similaires.

Commentaire intéressant sur l'état des choses. Autrefois j'aurais ruminé cette idée très sérieusement et ma tension serait montée de façon alarmante. Autrefois j'étais terriblement sérieux à propos de ces choses-là ; c'est la raison pour laquelle ces derniers temps j'ai commencé à trouver tout tellement amusant. Est-ce ce qu'on appelle la loi des contraires ? Non, la loi des compensations, je crois. Quelle que soit la personnalité dans laquelle on se cristallise en avançant en âge, il est sûr que l'on a été le contraire dans sa jeunesse. Le sauvage devient agressif. Le timide médite des meurtres. L'amour se change en haine et vice versa. Le bon devient amer et le pécheur, le plus souvent, se réfugie dans la sainteté, tout au moins en surface.

J'entendis la voiture qui, je le vis bientôt, était un break flambant neuf, remonter l'allée sinueuse et couverte de graviers entre les cyprès mélancoliques. J'entendis le bruit caractéristique des hauts talons effrontés sur la terrasse.

— Entrez, criai-je, entrez directement, chère madame McElveen.

Elle se tenait sur le seuil de la pièce sombre, et regardait dans ma direction avec ce qui devait être, je le sais maintenant rétrospectivement, l'ardeur aveugle d'une chauve-souris vampire.

— Entrez, ma chère.

Elle entra dans la caverne humide, timidement, mais sans avoir peur le moins du monde, vous pouvez en être sûr. Soudain je me levai et m'avançait vers elle en faisant des entrechats, cognant ma canne, caquetant et souriant.

— Vous... vous êtes M. Birch ? souffla-t-elle.

Puis elle me donna un exemple d'une de ses habitudes, celle de rire de façon enfantine à n'importe quelle occasion.

— Bienvenue à Birchhaven, dis-je en dessinant des arabesques avec ma canne.

Elle entra dans la pièce. Je claquai la porte d'un coup de canne et la débarrassai de sa jolie petite veste de cuir vert, tandis qu'elle inspectait la pièce du regard, contemplait l'escalier circulaire en acajou, les lourdes draperies, les murs tapissés de livres, le bureau en bois de teck. Elle ne pouvait s'y tromper, c'était bien une atmosphère de splendeur — bien que vieillotte et quelque peu moisie — et elle était forcément impressionnée.

Je lui versai un bourbon ; elle s'assit avec un soupir de fatigue et croisa des jambes longues, mais dont on n'aurait pas pu dire qu'elles étaient minces ou lisses.

— Vous êtes plus âgé que je ne le pensais, me dit-elle plus tard après deux autres bourbons.

Il n'y avait rien de malveillant dans son ton. Elle paraissait plutôt satisfaite par ce qui avait été, de ma part, une sorte de présentation erronée des faits.

— Voyons, ma chère, dis-je, qu'attendiez-vous dans votre imagination romantique ? Un homme mystérieux, nerveux, d'un certain âge, mais parfaitement conservé sans aucun doute, portant une veste de velours, un tricot de peau beige, une moustache bien taillée et peut-être un bandeau mystérieux sur l'œil ?

Elle eut un rire appréciateur et but un bourbon Old Crow tout en m'observant, tandis que je sautillais çà et là pour qu'elle se trouvât à son aise, lui servant de jolis petits sandwiches et faisant des entrechats avec une verve bien à moi. Ses yeux verts, largement écartés, avaient une drôle de façon de m'inspecter et un de ses sourcils avait des sursauts bizarres. Elle se *délovait* d'un fauteuil ou du sofa et vidait avec des gestes spasmodiques les cendriers dans la cheminée. Le reste du temps elle ne disait presque rien, fumait sans arrêt et faisait jaillir de ses narines frémissantes comme celles d'un animal de petits jets de fumée semblables à des défenses d'éléphant.

Pendant environ une semaine elle me parut très jolie et désirable. Elle souriait, s'occupait de moi, préparait mes repas et faisait mes courses.

A un moment quelconque au cours de la seconde semaine, je lui fis des avances et fus repoussé avec une extraordinaire méchanceté. Ce qui m'amusa, car je savais qu'elle était loin d'être une charmante créature.

Je me tenais sur le palier, près de la rampe de

l'escalier en spirale et j'essayais de m'arrêter de rire, car les muscles de mon estomac étaient littéralement paralysés de joie et j'étouffais tout en m'accrochant à la rampe, ce qui affaiblissait considérablement ma force physique déjà insuffisante pour me défendre.

Elle se jeta vers moi en hurlant, les poings fermés.

— Riez, espèce de vieux fou ahuri ! Riez ! Qu'y a-t-il de si drôle ?

— Tout, dis-je en m'étouffant. Tout, ma chère Lara ; ne voyez-vous pas ? Même le rire n'est que vanité.

— Vous êtes piqué ! hurla-t-elle. Piqué comme un hanneton.

Elle n'avait aucune imagination, était incapable d'aucune métaphore sortant un peu de l'ordinaire. Je m'appuyai contre la rampe, puis sur ma canne, de nouveau presque plié en deux de rire. L'idée me vint qu'il était bien difficile de se faire d'elle une image idéalisée. Elle n'était pas vieille, bien sûr, mais ce n'était pas non plus une enfant, il s'en fallait d'un bon nombre d'années. C'était une créature plutôt bête, en dépit d'une certaine malignité méchante. Victime de l'ennui, elle se jetait tête baissée dans le bruit du jazz et dans les magazines de cinéma. Le type de femmes à qui l'on dédie les annonces publicitaires. De temps en temps, dans l'ombre, elle pouvait encore suggérer vaguement la beauté de la Vénus de Botticelli, mais c'était un épouvantable boulet, encore moins supportable que l'avait été Diana.

— Eh bien, voyons si vous rirez de celle-là ! hurla-t-elle d'une voix aiguë.

Bien que ce fût drôle, je fus plutôt choqué de me rendre compte qu'elle m'avait fait perdre d'un coup de pied le support de ma canne, et que, de ce fait, je dévalais douloureusement l'escalier et rebondissais de façon grotesque sur les marches en spirale.

Un homme jeune aux tissus souples et aux os élastiques n'aurait pu, sans danger, faire une chute aussi monstrueuse. Pour un vieux monsieur de mon espèce, cette chute prolongée, cul par-dessus tête, fut cruellement destructive. Je gisais quelque part au pied de l'escalier, incapable de bouger aucune partie de mon être à l'exception de mes cordes vocales, ce qui était heureux car si je n'avais pu donner libre cours à mon rire, j'aurais certainement étouffé.

Cette Lara, je devais le reconnaître, avait agi avant que je m'y attende et de façon beaucoup plus directe que je ne l'en aurais cru capable. Qui plus est, elle avait bel et bien noyé dans l'œuf les intentions malhonnêtes que je nourrissais vis-à-vis d'elle. Autrefois j'avais été plutôt robuste. Il n'y a pas tellement longtemps — en fait, cela fait moins d'un an — je n'avais encore jamais eu d'attaque et j'étais remarquablement bien conservé. Mais maintenant j'étais mince et sec ; aussi Lara me tira-t-elle dans l'escalier et me mit-elle au lit aussi facilement qu'elle l'aurait fait d'un sac de plumes d'oie. Elle me priva de tous mes vêtements et de ma canne. De toute façon, j'aurais été incapable de bouger même si j'avais disposé de cet instrument. Elle refusa de me nourrir pendant plusieurs jours, et m'enferma à clef.

Elle s'offrit la naïve et vive satisfaction de me priver de nourriture jusqu'à ce que j'accepte de signer le testament qu'elle avait préparé, testament par lequel je laissais tous mes biens, compte en banque, maison et mobilier à ma chère infirmière et bienfaitrice, Mme Lara McElveen.

Elle annonça à toute la population de Lakeville que j'étais tombé, que j'avais rompu un certain nombre de mes vieux os friables, mais qu'elle allait rester auprès de moi et s'occuper de moi jusqu'à la fin.

Chaque fois qu'elle entrait dans ma chambre, je ne pouvais m'empêcher de rire, ce qui la conduisit à abréger mes jours beaucoup plus rapidement qu'elle ne l'avait prévu à l'origine. Je devenais de plus en plus faible. J'éprouvais parfois des nausées désagréables. Je savais qu'elle m'avait empoisonné et que j'étais en train de mourir. Je suis encore mourant, et dans quelques heures ce voyage turbulent sera terminé. Quand je demandai à Lara de me le confirmer, elle le fit sans la moindre hésitation et avec une grande joie.

Je pensais à ces longues années studieuses que j'avais péniblement passées à m'éduquer, à ces années de voyage affreusement sérieuses, consacrées à m'imprégner de culture et de brillant, avec une ténacité d'idéaliste. J'avais toujours été une sorte d'exilé, un clown amoral, n'appartenant à aucune catégorie définie. J'avais vieilli sans m'en rendre compte et je mourais sans le savoir. A vrai dire, même, sans aucune espèce de sentiment, si ce n'est que j'appréciais l'humour intense de la situation.

— Vous êtes en train de mourir, me hurla-t-elle. Qu'est-ce que ça a de drôle ? Non, mais dites-moi ce que ça a de drôle ?

Je me demandais combien d'autres personnes elle avait assassinées grâce au mécanisme de la *Société des Cœurs Solitaires*. Mais je ne lui posais pas la question. Un bon petit nombre, m'imaginais-je, car Lara m'avait donné l'impression d'être efficace, expérimentée, dure, une femme au cœur de glace que personne n'avait jamais réchauffé. En la regardant, mes épaules osseuses tressaillirent de joie.

— Qu'avez-vous projeté pour vous débarrasser de mes restes ? lui demandai-je. Les autopsies sont si faciles de nos jours, qu'on n'hésite pas à en faire.

— Vous disparaîtrez, espèce de vieil imbécile, me dit-elle. Et de toute façon, qui se soucie suffisamment de vous pour se montrer curieux ?

— Personne, dis-je. Pas une âme. Débarrassez-vous de moi totalement et personne ne vous soupçonnera. Nous savons l'un et l'autre combien d'êtres de notre espèce disparaissent chaque année, n'est-ce pas ? Des milliers et des milliers. Des légions, en fait.

— J'ai dit à tout le monde dans cette saloperie de ville que j'allais vous emmener à Nachville, dans une grande clinique, pour un traitement spécialisé.

— Excellent, dis-je. En attendant, que ferez-vous de moi ?

— Je les emmène toujours le plus loin possible. On finit toujours par trouver ceux qui sont enterrés et je n'aime pas les autres façons d'opérer. Elles sont terriblement sales, toutes autant qu'elles sont. N'êtes-vous pas d'accord ?

— Je suis d'accord, dis-je.

— Je quitterai la ville en voiture ce soir, je reviendrai demain matin et je dirai à tous ceux qui pourraient se montrer curieux que je vous ai emmené à Nachville. A ce moment-là, Dieu merci, vous serez mort. Il n'y a ici ni caisse, ni malle qui me convienne et, de toute façon, je crois que le réfrigérateur vaut mieux. Demain après-midi, un camion de déménagement viendra et emportera ce que je veux. Le réfrigérateur sera fermé et cerclé de fer et je les surveillerai tandis qu'ils le chargeront et le déchargeront. J'ai un ami qui m'aidera par la suite à me débarrasser du réfrigérateur. Je connais un endroit idéal dans un marais où ce vieux réfrigérateur sombrera comme un morceau de plomb.

— Ingénieux, dis-je. Vraiment, je le pense, ma chère Lara.

Elle faisait les cent pas et fumait de cette façon désagréable qui est la sienne.

— Puis, après un laps de temps raisonnable, poursuivit-elle, je signalerai votre disparition. Plus tard, quand vous aurez été légalement déclaré mort, je toucherai l'argent. J'ai toujours dit que vous étiez dingue. Si quelqu'un m'interroge, je lui dirai que vous êtes sorti de voiture en allant à Nachville et que vous vous êtes sauvé.

— On trouvera ça vraisemblable, j'en suis sûr, dis-je. Je suis connu pour ma vivacité !

A ce moment-là, j'éclatais littéralement. Un bon quart d'heure dut s'écouler avant que je pusse refréner mon rire.

— Vous n'hériterez pas du nouveau réfrigérateur, dis-je. Honest Abe viendra le rechercher demain matin.

— Rechercher ?

— Je n'ai pas pu payer les traites. Un des éléments amusants de la situation, c'est que je n'ai pas d'argent, pas de biens, rien qu'une monstrueuse hypothèque et de vieilles dettes.

Elle hurla. Mais que pouvait-elle faire d'autre ? Elle me traita de menteur à plusieurs reprises.

— Vous verrez, ma chère Lara, lui dis-je. Quelle cynique vous êtes de penser qu'un homme mentirait sur son lit de mort. Je suis arrivé ici, dans cette ville, voici un peu moins d'un an et je me suis installé dans cette vieille maison à la suite d'un accord avec un agent immobilier désespéré et en faillite. Il y a eu quelques détails ennuyeux concernant une deuxième ou troisième hypothèque et je devais faire je ne sais quelle opération immobilière pour le paiement en argent liquide et Dieu sait quoi. Je ne m'y entends guère en affaires. Le fait est que cette propriété ne vaut rien, car les impôts élevés et la lourde hypothèque qui la grèvent en rendent l'achat ridicule.

— Mais vous l'avez achetée !

— Mais je suis tout à fait fou, je l'ai toujours été. Je pensais m'en servir comme de façade, mais j'ai eu une attaque qui a mis un terme à mes plus grandes ambitions. C'était une façade convaincante, vous ne pourrez que le reconnaître. Quelqu'un d'autre s'est laissé impressionner avant vous. Vous comprenez, ma chère Lara, j'ai beaucoup travaillé moi aussi avec la *Société des Cœurs Solitaires.*

Son visage se brouilla, sembla flotter au-dessus de moi comme un ballon peint ou un vieux soleil sale. Elle recula en faisant des bruits bizarres, puis sortit en courant de la pièce.

Plus tard, elle revint, en biberonnant à même le goulot d'une bouteille de mon Brandy favori :

— Il faut tout de même que je me débarrasse de vous, dit-elle. Je refuserais de vous désintoxiquer même si je le pouvais. Honest Abe est en bas, il emporte le General Electric, mais je me servirai du vieux réfrigérateur et le camion de déménagement va venir cet après-midi. Il se peut qu'une partie du mobilier soit ancien.

— C'est possible, dis-je ; le bureau en bois de teck pourra peut-être rapporter quelque chose.

Comme je recommençais à rire, Lara fut tellement furieuse qu'elle fit demi-tour et sortit en courant et en sanglotant. Je m'imaginais recroquevillé dans ce vieux réfrigérateur silencieux et frais. Ç'aurait été intéressant de quitter le monde de la même façon que j'y étais entré. Je veux dire, replié sur moi-même comme un fœtus.

Cependant, ce regret passager s'efface rapidement

tandis que je me dépouille en riant de mon enveloppe charnelle. Lara McElveen en verra de toutes les couleurs pour m'introduire dans ce vieux réfrigérateur.

C'est là que j'ai mis Diana et... et...

The last Mrs. Birch.
Traduction de Nicolète et Pierre Darcis.

Table

Hitchcock présente...

Histoires diablement habiles 3001

Diablement habiles, ces histoires qu'Alfred Hitchcock avait choisies avec un soin jaloux : *Comme dans un cauchemar*, vous découvrirez ce qu'il y a *Derrière la porte*. Vous vous direz que c'est *Une question d'acoustique* et que, une fois trouvé *Le défaut de la cuirasse*, il y a plutôt *De quoi mourir de rire*. Mais *A la vôtre !* Car c'est compter sans *Ma sœur Annabelle* et *La voiture qui la suivait* dans *Un coin perdu*, tel *Un gibier précieux !* Finalement, vous douterez que, sous son *Nom d'emprunt*, *L'hypnotiseur* soit *Un ami véritable* et, parvenu au *Point de chute*, repensant à tout cela, vous vous poserez la question : « *Cauchemar ou trop beau rêve ?* »

Histoires piégées 3005

Si, errant par la pensée dans *La ville fantôme* et y cherchant *A la pâle clarté des réverbères* quelque *Interlude pour un meurtre* qui soit *Garanti sans douleur*, vous laissez par *Simple curiosité*, *Une si gentille serveuse* vous entraîner *A travers le mur* vers un *Duel à mort* mettant aux prises *Quatre amis sûrs*, vous aurez soudain *La peur pour compagne* et vous vous sentirez *Passionnément coupable*, au point d'estimer que cela mériterait une *Édition spéciale*... comme celle que vous offre ici, en un court roman, le célèbre écrivain William P. McGivern !

Histoires à n'en pas revenir 3002

Non, vous n'en reviendrez pas de tout ce qu'Alfred Hitchcock est parvenu à rassembler dans cette anthologie : outre deux fantômes — dont un bien charmant ! — une dame guère plus réelle et une chanson, non moins inquiétante, il y a une adorable victime, un mort accusateur, une leçon de morale, un agent secret par intérim, un médium indésirable, et quantité d'autres choses propres à mener vos nerfs presque au point de rupture... sans parler d'une histoire d'amnésique qui, due à Jack Ritchie, est tout simplement... inoubliable !

Histoires macabres 3003

Même quand on a *Quatre chances sur cinq,* si on se livre à *Un faux calcul,* cela risque d'entraîner un *Changement de programme,* et il suffit dès lors qu'on cède à *Un peu de pitié* pour qu'on écope de *La mort en prime.* Auquel cas, il convient d'avoir *L'œil tranquille* pour bien voir *Comment s'en débarrasser.* Mais *Méfiez-vous des sourds* et multipliez les *Réflexions avant le crime,* qui vous permettront peut-être de réussir une *Impasse au cerveau.* Toutefois, que ce soit *Sur la piste des diamants* comme ailleurs, *Une mort ou une autre,* sachez-le bien, *Ça fait des bulles !...* et il vaut cent fois mieux être parmi *Les survivants,* afin de pouvoir se délecter de toutes ces macabres histoires !

Histoires angoissantes 3004

On ne peut plus angoissantes, oui, car au fil de cette vingtaine d'histoires, la mort change sans cesse de visage. Pathétique avec *La petite fille qui voulait mourir,* elle se fait terriblement féminine dans *Le thé de l'inimitié,* acharnée à la recherche du *Meilleur endroit pour mourir,* impitoyable pour *Tous les coupables,* horrifiante dans *Pire qu'un cauchemar,* perverse dans *Je t'aime un peu,* trompeuse dans *L'auto-stoppeur,* paraît sans détour dans *Profession : tueur,* se fait annoncer dans *Science ou fiction,* et devient expiatoire à *La fin de la bataille,* mais elle desserre aussi les dents du *Piège* et s'efface *Dans le noir* !

Histoires riches en surprises 3006

Les auteurs réunis dans cette anthologie se sont ingéniés à vous ménager quantité de surprises. Il y en a autant pour les assassins que pour les victimes. A vous donc de juger quelles sont les bonnes et les mauvaises, tout dépendant du point de vue auquel on se place ! Il y a aussi les surprises que provoquent les enfants précoces ou les vieilles filles, celles qui punissent les élèves inattentifs en cours de physique. Vous en trouverez même à propos d'exécutions capitales. Seront-elles celles qu'espérait l'assassin ou celles que souhaitait l'avocat ? De toute façon, elles vous surprendront, *vous*, et c'est l'essentiel !

Composition réalisée par C.M.L., Montrouge

IMPRIMÉ EN FRANCE PAR BRODARD ET TAUPIN
Usine de La Flèche (Sarthe).
LIBRAIRIE GÉNÉRALE FRANÇAISE - 6, rue Pierre-Sarrazin - 75006 Paris.
ISBN : 2 - 253 - 04882 - 8 30/6588/5